LA VIEILLE FRANCE
Bretagne

Texte lithographié & dessin par ROB

LA

VIEILLE FRANCE

BRETAGNE

OUVRAGES DE A. ROBIDA

LA VIEILLE FRANCE. — NORMANDIE. Un volume in-4°, illustré de très nombreuses gravures dans le texte et hors texte. (A la *Librairie illustrée*.)

LES VIEILLES VILLES D'ITALIE. Un volume in-8° raisin, illustré de nombreuses gravures. (Maurice Dreyfous, éditeur.)

LES VIEILLES VILLES DE SUISSE. Un vol in-8° raisin, illustré de nombreuses gravures. (Maurice Dreyfous, éditeur.)

LES VIEILLES VILLES D'ESPAGNE. Un volume in-8° raisin, illustré de nombreuses gravures. (Maurice Dreyfous, éditeur.)

VOYAGES TRÈS EXTRAORDINAIRES DE SATURNIN FARANDOUL. Un fort in-8° jésus, illustré de nombreuses gravures. (A la *Librairie illustrée*.)

LA GRANDE MASCARADE PARISIENNE. Un volume in-8° jésus, illustré de nombreuses gravures. (A la *Librairie illustrée*.)

LE VINGTIÈME SIÈCLE. Un volume in-8° colombier, illustré de gravures dans le texte et hors texte. (A la *Librairie illustrée*.)

VOYAGES DE MONSIEUR DUMOLLET Un volume in-8° colombier, illustré de gravures dans le texte et hors texte. (A la *Librairie illustrée*.)

LE DIX-NEUVIÈME SIÈCLE. Un volume in-8° colombier, illustré de gravures dans le texte et hors texte. (A la *Librairie illustrée*.)

ŒUVRES DE RABELAIS, illustrée de très nombreuses gravures, dans le texte et de gravures hors texte en couleurs. (A la *Librairie illustrée*.)

MESDAMES NOS AIEULES, DIX SIÈCLES D'ÉLÉGANCES. Un volume in-18 couronne, illustré de très nombreuses gravures en noir et en couleurs. (A la *Librairie illustrée*.)

LA
VIEILLE FRANCE

TEXTE, DESSINS ET LITHOGRAPHIES

PAR

A. ROBIDA

BRETAGNE

PARIS
A LA LIBRAIRIE ILLUSTRÉE
8, RUE SAINT-JOSEPH, 8

Tous droits réservés

LA TOUR D'ELVEN

Lith. BELFOND & Co, 10, rue Gaillon, PARIS

ALIGNEMENTS DE KERMARIO A CARNAC

BRETAGNE

I

VITRÉ

A VOL D'OISEAU
UNE POMPÉI DU MOYEN AGE
VIEILLE VILLE ET GRAND CHATEAU
LE CHATEAU DE VITRÉ
ET SES SOUVENIRS
LE DERNIER SEIGNEUR
LE CHATELET
ET LA LIGNE DES TOURS
LE MANOIR DE PIERRE LANDAIS

LE MOULIN DU SILLON
A SAINT-MALO

Terre de Bretagne, que partout soulève le granit, pays des chênes et des Celtes aux fibres résistantes, landes silencieuses et mélancoliques feutrées d'ajoncs épais ou de bruyères roses, solitudes où se dressent indéchiffrés sous le ciel, par-dessus les touffes jaunes des genêts, les mystérieux sphinx celtiques, les dolmens et les cromlechs, les alignements de menhirs.....

Hérissement terrible des rocs de la côte, caps poussés loin en avant dans la mer hurlante, estocs de la Vieille Armorique pointés contre son vieil ennemi l'Océan, pour le combat éternel de la vague et du rocher, passages ou abîmes, récifs dévorants ou gouffres, — aux noms sinistres comme la baie des Trépassés, la pointe du Raz, l'Enfer de Plogoff ou la Torche de Penmarch, — villas et bourgs ayant, tout comme les habitants, fidèlement gardé l'habit du pays...

Vieilles cités à la mode d'autrefois, encore enfermées dans leurs murailles derrière leurs tours et leurs douves, — lignes désordonnées de pignons ardoisés portés sur des porches gothiques, vieux châteaux démantelés relevant leur manteau de lierre sur leurs créneaux édentés et trempant du pied dans l'eau verte des étangs.

Villages aux vieux toits de chaume, chapelles de pèlerinages, fontaines sacrées ou fabuleuses, où la légende chrétienne côtoie la tradition druidique, croix de carrefour mettant la prière et la poésie à côté des trivialités de la route, le calvaire monumental non loin de l'auberge paysanne à la branche de gui...

Bonnes gens habillées des vêtements de leurs ancêtres, des antiques costumes de la terre bretonne, solides gars en vestes de toutes les couleurs et en bragoubrass, femmes à riches corsages et grandes collerettes, villageoises aux coiffes innombrables et variées...

Voilà ce dont on rêve dans le wagon, en route pour le vieux pays d'Armor, devant le rapide défilé de paysages, la grande course vertigineuse des bois et des vergers, des villes et des villages. Peu à peu les kilomètres dévorés s'ajoutent aux kilomètres, les terrains familiers disparaissent, les lignes s'accentuent, la physionomie du sol, celle des villes traversées et des villages change. Voici les genêts aux fleurs d'or tapissant la friche ; plus de fermes blanches, mais des bâtisses de pierres grises ou de granit. Est-ce une idée, il y a un peu plus de moyen âge dans les silhouettes des villes, comme si, en même temps qu'on avance vers la vieille province on reculait dans le passé, remontant à chaque tour de roue d'un cran en arrière dans l'horloge des siècles.

C'est la Bretagne.

Elle surprend au premier abord ; où donc l'austérité des horizons, la mélancolie des landes stériles, la sauvagerie des sites? Voilà pourtant çà et là les affleurements granitiques, les chênes tordus, mais « la terre de granit recouverte de chênes » est diaprée à perte de vue d'un multicolore déroulement de moissons, puis les petits bois succèdent aux petits bois, encadrant les champs et les villages d'une magnifique verdure, les villages ont un aspect prospère, des troupeaux d'oies gardent les fermes, tandis que les vaches paissent dans de gras herbages.

Plus loin, après deux heures employées à traverser ces Arcadies, un peu plus de granit se montre, écorchant un sol mouvementé, la mer apparaît au loin scintillant par-dessus des roches bleuâtres ou noires.

Mais ici aussi la tradition est déroutée. C'est la côte de Saint-Malo au cap Fréhel, mais au lieu de la Bretagne n'est-ce pas plutôt l'Italie? Sous le grand soleil d'été, la mer bleue prend des airs de Méditerranée, le sable des grèves étincelle, les rochers de la côte, les rochers des îles trempant dans l'émeraude et l'azur n'ont pas la moindre austérité. Cette île de Cézembre à côté du Grand-Bey, tombeau splendide de Chateaubriand, est-ce Cézembre ou bien Capri? cette ligne blanchâtre de villes balnéaires se prolongeant sur les falaises des criques, est-ce la rive de Sorrente, la corniche de Gênes ou la côte Malouine?

MURAILLES DE VITRÉ AU-DESSUS DE LA VILAINE

Et après les paysages d'Ille-et-Vilaine viennent les bonnes campagnes des Côtes-du-Nord, pays d'abondance, de culture et d'élevage où l'austérité manque encore. Tout verdoie ou jaunit jusqu'aux confins de l'horizon, champs, chênaies ou châtaigneraies. Avec leurs grands toits surmontés d'épis de terre cuite, éparpillés dans les jardins ou serrés autour de hauts clochers, les villes antiques ont l'aspect de bourgeois aisés des siècles passés soignant leurs treilles et vivant largement.

Après les belles campagnes de Tréguier et les horizons souriants où les vers durcs bleuissent au loin autour de quelque vieux bourg ou de quelque noble ruine, épave d'une puissante baronnie de la Bretagne de jadis, commence le Finistère, toujours aussi plantureux d'abord et si gai près de Morlaix.

Voilà bien la région des beaux calvaires à innombrables personnages taillés dans le granit, véritables monuments où tout le drame de la Passion se déroule mêlé d'épisodes naïfs et de diableries, la croix de Jésus accompagnée des gibets des larrons, mais le pays n'est toujours pas triste !

Enfin apparaît le roc dur, le hérissement rébarbatif des côtes du pays de Léon et de la Cornouaille ; ici la terre bretonne se découpe en anses profondes, en promontoires granitiques percés de grottes où le flot mugit, en caps éternellement battus en brèche où le sol crevassé résonne et bourdonne sous le choc perpétuel des vagues. C'est donc enfin la Bretagne avec son caractère de grandeur épique, les horizons rudes, les éléments en lutte, une autre nature.

VITRÉ, UN MORCEAU DES REMPARTS

Du sommet des hautes falaises on plonge dans toutes les anfractuosités, sur les criques et les pointes d'une côte découpée, fendue, déchiquetée en fiords parfois riants, parfois sauvages, toujours superbes — et sur la nappe étincelante de l'Océan aux franges dentelées d'écume, se balancent les cuirassés et les monitors aux formes étranges, les castels flottants de la rade de Brest, la Bretagne militaire et maritime allongeant des milliers de canons par toutes ses embrasures de terre et de mer.

Plus bas, après le pays de Léon, après la rocheuse Cornouaille, après les luxuriantes campagnes de Quimper et Quimperlé, la région des menhirs déroule ses mystères autour de la petite mer d'Auray aux îles nombreuses bossuées de buttes mystérieuses.

Les dolmens, les cromlechs, les pierres énormes alignées en longues files ou rangées en cercles autour de quelque gigantesque tumulus, se dressent parmi les bruyères des landes, toujours debout sur l'horizon sévère, malgré le nombre inconnu de siècles, de bourrasques et de tempêtes qui pèse sur leurs têtes chenues, — énigmes laissées à leurs arrière-descendants par les ancêtres préhistoriques.

C'est le vieux Morbihan celtique.

Cette fois, nous sommes au cœur de la Bretagne druidique, la locomotive passe sur les os de bien des guerriers couchés dans la lande, leurs haches de pierre ou de bronze sous la main, et le sifflet des trains

VITRÉ, CARREFOUR RUE POTERIE

trouble peut-être au fond de quelque grotte tumulaire non découverte encore, les âmes de Velléda et des neuf druidesses...

Voici Carnac et les alignements du Menec, de Kerlescan et Erdeven, Locmariaquer et ses gigantesques dolmens, le dolmen sous tumulus de l'île de Gavr'inis couvert de signes indéchiffrés.....

Ici même c'est, recouvrant les vestiges des lointains fabuleux, l'histoire d'hier, les souvenirs funèbres qui n'ont pas encore un siècle, le spectre de la chouannerie planant sur les sables de Quiberon et sur les plaines d'Auray.

Par le pays de Vannes aux landes et fondrières sauvages autour de splendides ruines féodales, pays de légendes, domaine nocturne des Korrigans et des poulpiquets, gagnons la Loire, l'immense fleuve qui traverse Nantes, la ville de la duchesse Anne, et qui francisa de bonne heure jusqu'à son embouchure ses rives armoricaines. Dans ces horizons illimités, l'austérité des sables et des marais salants est corrigée par la gaîté des arrière-plans de collines courant vers Guérande, ligne de montagnes vivantes par toutes les ailes de leurs moulins.

Non, la Bretagne n'est pas triste, non, en dépit de la convention qui prétend la couvrir toujours d'un voile uniforme de mélancolie, elle présente au contraire une très grande variété de sites et d'aspects, plus souvent agrestes et allègres.

En certaines régions peu favorisées de la nature, où le sol ingrat nourrit à peine de pauvres villages ou de malheureuses fermes éparpillées dans les ajoncs, sur certaines côtes aux roches bouleversées et chaotiques battues par une mer toujours houleuse, certes, le paysage est mélancolique, mais ce sont là des coins perdus dans un ensemble verdoyant — et d'ailleurs ces landes stériles, ces montagnes ravinées et désertes, ces côtes où l'océan écume en mordant le granit ont dans leur tristesse un tel caractère de grandeur sauvage, que cette mélancolie leur va bien et que tout ce qui l'atténue, le soleil et le ciel bleu, détonne et fait franchement tort aux aspects si fortement impressionnants quand tout est d'accord, la nature et le temps, quand le vent souffle sur les herbes ou sur les vagues, quand le nuage s'accroche aux rochers et aux bons vieux chênes tortillés !...

Quelle belle entrée dans la vieille Bretagne féodale, où le passé incomplètement effacé s'entrevoit encore sous le présent, où le vêtement uniforme imposé par le siècle n'a pas encore tout recouvert ! Quelle admirable porte que la vieille cité de Vitré, rempart de la Bretagne en avant de Rennes, du côté de la France, avec sa voisine Fougères, de physionomie féodale comme elle et pourvue encore aussi d'une partie de sa vieille ceinture de remparts et d'un énorme château fort !

Le château de Vitré et le château de Fougères, ce sont deux donjons jumeaux encadrant la porte de la province et les deux villes sont également pittoresques, bien que Fougères n'ait pas gardé aussi complètement que Vitré sa couleur moyen âge.

Très petite ville, pas même dix mille habitants, Vitré est encore, quoi que lamentablement éventrée, mutilée et découpée du côté que des escarpements naturels ne défendaient pas contre les démolisseurs et chirurgiens municipaux, une des plus curieuses villes de France et peut-être d'Europe, une Pompéï du moyen âge, une petite Nuremberg bretonne restée debout à travers les siècles, parvenue au seuil de notre époque presque intacte, d'un seul morceau, spécimen oublié dans la fraîcheur de sa vallée de ces villes fortes d'autrefois, hérissées de belles et vaillantes tours, de châtelets et barbacanes, — ville sans industrie ni commerce, vivotant doucement et quelque peu momifiée dans sa décadence.

Très petite et peu vivante, ville éteinte, grand cadavre si vous voulez, soit, mais cadavre superbe, — cité vieillotte mais dix mille fois plus belle et plus fière dans sa décrépitude et son abandon que tant de villes modernes, bien plus riches et plus prétentieuses, mises au goût du jour, le goût municipal qui n'est peut-être pas le goût idéal.

Vitré dans un pays très verdoyant, couronne un mamelon assez peu élevé au-dessus de la Vilaine qui baigne le flanc nord du coteau. C'est par le côté opposé, le sud, que le XIXe siècle est entré dans Vitré et il faut voir quelle brèche il a faite, tandis que la face tournée vers la petite rivière gardait sa physionomie. Ce côté sud c'est la ville moderne, le flanc ouvert pour laisser passer le chemin de fer. Les remparts ont disparu, des quartiers ont surgi, les pentes se sont aplanies et

VITRÉ, LA TOUR SAINT-LAURENT
VUE DE L'INTÉRIEUR DU CHATEAU

la ville descendant de sa colline a glissé dans le bas avec un flot de constructions toutes neuves. Mais passons ce décor de quartiers neufs et blancs posé devant l'antique Vitré et voyons la vieille cité grise et vermoulue.

Une ligne de remparts borde la crête de la colline et plonge dans la fraîche vallée, où la Vilaine fait tourner et chanter les roues de vieux moulins invisibles dans la verdure.

Les maisons du Vitré serré là-haut ont débordé sur ces remparts, les tours se sont transformées en habitations ; sous les mâchicoulis des courtines, des fenêtres ont été percées, des balcons s'accrochent, des jardins se suspendent.

Il n'y a guère que quelques rues coupées de ruelles au sommet du

VITRÉ, PRÈS L'ANCIENNE PORTE D'EN-BAS

coteau, derrière ce débris de la vieille enceinte, mais quelles rues superbement pittoresques et quelles perspectives ouvertes sur les temps d'autrefois. L'église Notre-Dame est au centre de ce tortueux ensemble de rues étranges, de ce pêle-mêle enchevêtré de hautes constructions de granit aux grands toits moussus, de

vieilles maisons de bois à auvents, à pignons posés sur de gros murs en pierres, de maisons ventrues lourdement assises sur des porches.

Rue de la Poterie, rue de la Baudrairie, rue Notre-Dame, êtes-vous habitées par des gens de notre époque ou par de bons bourgeois et manants d'autrefois, oubliés par le temps et restés en qualité de figurants dans les antiques logis du vénérable quartier ? Nous autres, gens d'à présent qui passons ici et demandons à jeter des regards curieux dans ces intérieurs vermoulus, à grandes cheminées, à poutres énormes, dans ces cours étroites où l'escalier de bois tourne autour de piliers branlants, nous avons bien conscience que nous sommes des anachronismes ici et que partout notre présence détonne.

En avant de ces vieilles rues se dresse le château, relié aux murailles de l'enceinte au bout du plateau, vraie bastille développant un formidable ensemble de tours très élevées autour d'une vaste cour. Ce château sort actuellement, avec lenteur il est vrai faute de fonds, de l'état de délabrement où les révolutions plutôt que le temps et la guerre l'avaient plongé.

On le restaure, on le guérit

VITRÉ. MAISON RUE D'EN-BAS

de ses blessures et dans un temps prochain peut-être, il aura retrouvé sinon ses splendeurs intérieures, du moins, avec la santé toute sa force et toute sa grandiose apparence extérieure.

Solide forteresse, gardant malgré tout dans son aspect actuel quelque chose de dominateur, planant encore avec fierté malgré tous les changements et bouleversements sur la vieille cité docilement assise à son ombre, sur *sa* ville, le château de Vitré est un des plus magnifiques morceaux d'architecture du haut moyen âge, témoignant plus que nul autre d'un temps de puissance et de grandeur terriblement imposante, d'un siècle de vraie force naturelle, simple et non compliquée.

C'est le prince et le seigneur visibles, en solide harnois de guerre, gardant du haut de leurs tours les marches de frontière et surveillant toute l'étendue de leurs terres — lourds sans doute, écrasants parfois, pesant fortement du poids de tant de pierres accumulées et de tant d'armures de fer réunies derrière les bonnes murailles, mais défendant aussi, et protégeant ces terres et ces villes qui se confondent en leur personne et suivent leur fortune...

Le château de Vitré occupe un vaste espace triangulaire à la tête de la colline; la base du triangle, tournée vers la ville, s'appuie aux extrémités sur deux grosses masses cylindriques et dresse au milieu un énorme châtelet d'entrée, où la porte s'ouvre entre deux grosses tours imposantes aux poivrières aiguës.

Le côté gauche du triangle est défendu par quatre tours de forme et de grosseurs diverses, en plus ou moins bon état, le côté droit ne présente entre les deux tours d'angle qu'une longue courtine et les bâtiments affectés à la prison de la ville.

Une grande cour bordée de vieilles maisons grises précède l'entrée, c'est l'ancien bayle ou basse-cour du château, espace vide où se trouvaient jadis les bâtiments accessoires. Voici l'aspect saisissant qui se découvre d'un seul coup lorsqu'on débouche dans cette vaste avant-cour après avoir parcouru sinueusement les étroites ruelles :

A gauche, la belle et robuste *tour Saint-Laurent*, un gros donjon cylindrique flanqué de tourelles octogonales et d'une tour carrée, coiffés de hauts combles ardoisés ; en face, après une courtine couronnée de broussailles, le *Châtelet*, une tour carrée et deux grosses tours à grands mâchicoulis, énorme bâtiment surmonté de combles immenses par-dessus lesquels les tours pointent encore leurs gigantesques éteignoirs.

Une courtine en mauvais état aux mâchicoulis privés de créneaux, longue muraille où se distinguent encore des traces de brèches, réunit le colossal Châtelet à l'autre tour d'angle moins forte dite tour des *Archives* ou de la *Madeleine*.

Le Châtelet est actuellement restauré à l'intérieur comme à l'extérieur, et la tour Saint-Laurent est rétablie dans son état d'autrefois, du moins quant au dehors; en ce moment on décombre les douves du château qui furent comblées à la fin du siècle dernier, et c'est pour ainsi dire une demi-exhumation. Cette belle tour Saint-Laurent déterrée surgit du fond du fossé ; avec ses quatre étages et l'étage en retrait, elle a maintenant le double de la hauteur qu'on lui voyait de ce côté il y a quelques années.

Pour le moment une passerelle provisoire en planches tient lieu de pont-levis et aboutit à la sombre voûte d'entrée du Châtelet.

Du château primitif bâti par les premiers barons de Vitré fondateurs de la ville au milieu du xie siècle, il n'est guère resté que peu de vestiges, un pan de mur seulement et une arcade romane, porte de la chapelle du premier château de Vitré, récemment mis à jour près du Châtelet dans la cour intérieure.

Le château a été reconstruit, agrandi et renforcé successivement par les seigneurs des différentes familles qui se le sont transmis, les Vitré, les Laval et les Montfort-Laval. Les tours et les remparts actuels, remarquables par leur élégance guerrière et la pureté de leurs formes, datent de la fin du xive siècle et du commencement du xve.

Il faut admirer surtout la belle garniture de mâchicoulis du Châtelet aux consoles énormes, réunies par des ogives en trèfles. Le Châtelet sur la cour est d'apparence sévère aussi, avec sa haute muraille percée de fenêtres à croisillons de pierre et sa tourelle d'escalier en saillie au milieu de la façade. L'intérieur restauré est fort remarquable. On a logé, dans les belles chambres à grandes cheminées de ses divers étages, la bibliothèque municipale et aussi le musée qui contient de curieux souvenirs du vieux château et des hôtes disparus : fragments de sculptures, écussons d'un style magnifique, vieux coffres, épis de faîtières en terre ou en plomb... En montant dans les combles pour voir la belle charpente compliquée, pour admirer le vaste paysage et le hérissement de la ville en dessous, le curieux heurte du pied l'histoire moderne dans un coin de ses combles, des bustes de monarques, rois, présidents ou empereurs ensevelis sous la poussière et les toiles d'araignées... Tout passe et tout casse, excepté les bustes de plâtre.

Quelle vue aussi par la galerie du crénelage, l'étroit balcon de défense suspendu aux tours, une succession de coins de la ville entrevus à vol d'oiseau par chaque créneau ! Mais en même temps que l'on plonge du regard au centre des pâtés de maisons, au fond des vieilles cours si pittoresques, cachées entre les pignons entre-croisés, il faut bien regarder aussi où l'on pose le pied pour ne pas glisser soudainement par les grands mâchicoulis et se trouver reporté à terre avec trop de rapidité sans passer par l'escalier.

La cour intérieure du château est partagée en deux par le mur de la prison qui occupe les bâtiments de droite; sur la partie de gauche, quelque peu ruinée ou en restauration, les remparts sont couronnés de broussailles. La tour Saint-Laurent sur le côté intérieur se présente par son pan coupé accosté de deux tourelles, et elle n'est pas moins belle que vue des dehors.

Accrochée au pignon de la tour qui fait face au Châtelet, un peu cachée par le mur de la prison, se trouve une des plus jolies choses du château, un petit détail élégant et coquet, une espèce de balcon couvert ou de Chaire de la Renaissance qui fait ici le pendant de la chaire extérieure gothique de l'église Notre-Dame de Vitré. C'est en vérité une charmante tourelle suspendue à la muraille, ouverte par trois arcades élégantes, sous un petit dôme à écailles terminé par un

VITRÉ. COUR DU CHÂTEAU

tout petit lanternon reproduisant les mêmes arcades. Cette chaire, car la tradition veut que l'édicule, accroché au local servant de prêche aux huguenots du château, ait été une véritable chaire opposée à la chaire catholique de l'église, fut édifiée vers 1560 par la comtesse Guyonne de Rieux de Laval, dite Guyonne la Folle, qui, ayant dilapidé sa fortune et quitté son mari, adopta la Réforme et introduisit le protestantisme dans la ville où il gagna vite une partie de la population, les gros bourgeois surtout.

Cette chaire est absolument couverte des plus délicates sculptures, de frises à rinceaux charmants, de jolis médaillons et de petites figurines ornementales, trop fines et trop fouillées comme toute la décoration de la Renaissance. De grands écussons aux armes des Laval ornent chaque panneau sous les fenêtres, au-dessus d'une inscription : *Post tenebras spero lucem*, qui serait une allusion de prédicateur calviniste, au flambeau de Genève dissipant les ténèbres romaines.

Pauvre château délabré, si formidable aux temps héroïques lorsque, premier rempart de la nationalité bretonne, ces tours regardaient fièrement en montrant leurs dents de pierre du côté de la France, et si resplendissant lorsque les fastueux États de Bretagne se réunissaient à Vitré, et tenaient leurs séances dans l'Audi-

VITRÉ, LE CHATELET, CÔTÉ DE L'INTÉRIEUR

toire de la baronnie devenu à notre époque irrespectueuse le théâtre de la ville, où les tirades de mélodrame du boulevard et les flonflons des vaudevilles en vogue retentissent dans le lieu des tumultueuses et parfois dramatiques délibérations.

Aux grands jours des États, le château rempli de soldats, de gentilshommes, de cavaliers et de dames venus des quatre coins de la province, déborde de magnificence, de bruit et de mouvement sur la ville affairée, mise sens dessus dessous par les entrées et les cavalcades, par les carrosses courant sur les pavés pointus des vieilles rues, dont les antiques hôtels s'étonnent d'entendre les violons des bals, par les cérémonies et les prodigieux dîners dont parle Mme de Sévigné, châtelaine des Rochers, aux portes de la ville, — qui nous dépeint les magistrats, les gouverneurs pour le roi, les seigneurs « *dorés jusqu'aux yeux* » et les petits gentilshommes-paysans de la basse Bretagne portant le costume de leur village, le bragou-brass et la rustique ceinture de cuir avec l'épée de la noblesse...

La fin de toutes ces splendeurs fut lugubre, la Révolution souffla sur le château, alors encore complet avec ses tours et ses magnifiques appartements, et elle fit du superbe castel une grande ruine, pendant que tombait la tête de son dernier seigneur. Ce dernier seigneur de Vitré fut le prince de Talmont, de la famille de la Trémouille, qui tenait le château après les Coligny depuis Henri IV.

Le prince de Talmont, général de la cavalerie de la grande armée vendéenne, errant déguisé en paysan dans les environs de Fougères après la déroute définitive de Savenay, fut amené devant une commission militaire siégeant dans son propre château de Vitré, condamné à mort après un superbe et dramatique dialogue avec le républicain Rossignol rapporté par Louis Blanc, et exécuté quelques jours après à Laval.

Avoir possédé tout cela, avoir été le maître de ces tours et de bien d'autres avant que soufflât la tourmente et se voir, cruelle ironie du sort, juger et condamner dans son propre château et s'en aller mourir, avant la trentaine, sur une guillotine dressée devant d'autres tours familières, les tours du château de Laval, autre domaine de sa famille !

Il faut monter sur la colline en face pour bien juger de l'ensemble du grand Castel de Vitré à l'extérieur, se dressant glorieusement malgré ses blessures, au-dessus des petites maisons des faubourgs, au-dessus des jardins et des masses d'arbres qui verdoient au fond du val de la Vilaine.

Près de la gare, parmi des blancheurs de bâtisses neuves, se voient des fragments de remparts, une tour restaurée de l'enceinte de la ville, à la place de l'ancienne *Porte d'en bas* démolie il y a peu d'années, puis une courtine basse et ruinée rejoignant le bas de la tour Saint-Laurent.

Voici la rude silhouette du château. Les maisons serrées au bas de l'escarpement rocheux ne permettent guère que des vues en raccourci, mais en montant du côté du Bourg-aux-Moines, faubourg de vieilles maisons remplaçant de plus anciens logis bâtis vers l'an 1000 par les moines de Noirmoutiers sur l'emplacement d'un château des premiers barons de Vitré, la vue se développe.

Entrons sous la grande porte d'une auberge de campagne, « *à Saint-Julien* » sur la route de Rennes, poussons à travers les charrettes jusqu'à l'étroite cour en terrasse qui domine des jardins en pente et voici tout entière la grande masse du château qui se dresse et emplit l'horizon : la tour de Montafilant à l'angle sud-ouest, la tour carrée de l'Argenterie, la tour de la Chapelle, le donjon de Saint-Laurent et, en arrière, le haut de la tour des Archives et du bâtiment du Châtelet.

Grimpons au-dessus du Rachapt, à la colline dite des Tertres noirs, dans un antique faubourg campagnard, à travers des cultures et des fermes. Toute la ville apparait, les murailles des remparts couronnant l'escarpement, les vieilles maisons sur les murailles, le château vu sur deux de ses faces et le clocher de

VITRÉ, MANOIR DE PIERRE LANDAIS.

Notre-Dame au-dessus d'un profond fouillis vert sous lequel, au tic tac de ses moulins, coule la petite rivière de Vilaine.

Pour le passant qui erre à l'aventure à travers ces files de vieilles maisons, parmi ces vieux logis, bien fermés, silencieux et parfois mystérieux, comme ces murailles vénérables et ces grands toits moussus prendraient souvent un intérêt puissant, s'il était possible de connaître le secret de ces vieux murs et des vies humaines qu'ils ont abritées, de savoir quelles existences curieuses, tranquilles ou agitées, se sont déroulées là dedans avant de sombrer dans l'oubli, — mais ces murs silencieux ne disent rien, ou si par hasard ils parlent, c'est seulement à des chercheurs locaux. Et pourtant, vieux hôtels, maisons branlantes, que de choses et de gens vous avez vus !

Ici dans ce faubourg rustique est une ancienne ferme ou manoir ayant appartenu à un homme qui joua un grand rôle dans la Bretagne du xve siècle, à Pierre Landais, ministre du dernier duc breton. C'est le manoir de la Greurie, petite cour de ferme, amalgame pittoresque de grands toits et de tourelles occupé par divers ménages de cultivateurs dans un agreste entourage de vergers en pente.

Landais, né à Vitré d'un pauvre tailleur, connut tous les degrés du bonheur et du malheur, partit de bas et monta aux plus brillants sommets d'où il fut enfin tragiquement précipité.

Tailleur du duc, Pierre Landais fut distingué par François II, père de la duchesse Anne, qui en fit d'abord son valet de chambre, puis son conseiller et enfin son ministre et son trésorier. Aux prises avec le roi de France Louis XI, lequel, débarrassé de Charles de Bourgogne, se tournait du côté de la Bretagne pour étouffer le duc et absorber le duché, François II trouva dans Pierre Landais un ministre capable de lutter d'astuce avec le redoutable Louis. Pierre Landais n'avait pas plus de scrupules d'aucune sorte que Louis, mais il n'était pas roi ; parvenu au comble de la puissance, insolent, cupide et dur, il vit la haine des seigneurs bretons éclater furieusement contre lui, presque comme une révolte contre le duc. Après bien des péripéties, après avoir échappé d'abord à ses ennemis qui s'étaient emparés du château de Nantes et de la personne de François II, après un retour de fortune et un triomphe momentané, après un commencement de guerre civile, il fut repris une seconde fois dans le château de Nantes, saisi au fond d'un bahut où il s'était caché aux abois, jugé comme traître, meurtrier, trésorier prévaricateur et traîné au gibet.

VITRÉ, PLACE DU MARCHIX.

VITRÉ. LA CHAIRE EXTÉRIEURE DE NOTRE-DAME.

II

VITRÉ (SUITE).

LA VILLE. — SOUS LES PORCHES. — QUELQUES VIEILLES COURS
LA CHAIRE EXTÉRIEURE DE NOTRE-DAME. — LE CHATEAU DES ROCHERS
ET MADAME DE SÉVIGNÉ. — LE CHATEAU MARIE

Ces porches de maisons honnis par les municipalités et impitoyablement jetés bas, ces porches qui disparaissent un à un, dont il ne reste plus guère à Dol et qu'on ne voit plus à Fougères, sauf dans la seule rue Poterie, je les ai bénis ici, à Vitré, à ma première visite avant même d'admirer le pittoresque de leur structure.

Arriver le soir dans une ville comme celle-ci, se promener au clair de lune de la rue de la Baudrairie au château. — Oh, Vitré la nuit, les rues fantastiques et le fantastique château ! — se promettre bien des joies pour le lendemain et dès le milieu de la nuit entendre l'ondée tomber sur le pavé, la pluie continue battre les toits, retrouver au jour cette pluie, ce déversement large et sans intermittence de toutes les eaux du ciel, attendre, bâiller furieusement, puis sortir quand même et battre le pavé parmi les flaques d'eau... avoir dès le premier tournant de rue son parapluie chaviré et mis hors de combat, par une brusque surprise de bourrasque, voilà qui est terriblement dur !

La pluie est supportable, mais à travers champs, là elle donne même certains charmes particuliers aux paysages. Vive la pluie parfois !... Les gros nuages noirs courant dans le ciel, poussés et effilochés par des coups de vent, avec des éclaircies, des trous blancs dans les accumulations de vapeurs, avec des rayures d'ondées qui crèvent au loin... Ces ciels tourmentés, ces nuées qui tourbillonnent, ce sont des sépias magistrales, des encres de Chine que l'artiste suprême *lave* à grands coups de pinceau dans le firmament...

Mais à Vitré, à bas la pluie ! Tant de choses à voir, une ville comme celle-ci à explorer et se trouver maussadement immobilisé dans un hôtel par l'ondée !...

... Cependant quelques pas encore sous ces averses maudites, et voici les porches ! On est sauvé ! En filant sous les lignes d'arcades, on va pouvoir circuler à l'abri, sauf des intervalles de rues à traverser d'un saut et des manques où l'on maudira énergiquement le goût municipal moderne...

Et peu à peu pendant ce temps-là, l'ondée diminue, l'eau s'écoule et, grâce aux arcades, une matinée a été sauvée...

Les belles vieilles rues, les curieuses maisons, pourvues ou dépourvues de porches ! Quel joli carrefour au point d'intersection de la rue Sévigné et de la rue Poterie ! Un pignon jaune, en ogive, avec ardoises découpées sur les poutres, pointe entre les deux rues et de chaque côté s'ouvre une perspective de maisons aux étages surplombants, de toits surmontés d'épis, de lucarnes à auvents. De fortes ombres sous les enfilades de galeries soulignent vigoureusement le tableau, derrière les piliers des porches en vieilles pierres déjetées ou en bois tordu, rongé et vermoulu, qui supportent les grosses poutres des maisons.

C'est surtout dans la rue Poterie et la rue Saint-Louis, sur le côté de l'église Notre-Dame, que se voient encore ces maisons à porches du XVIe siècle, composées de deux gros murs latéraux en pierre ou granit, réunis par une façade en pans de bois dont toutes les poutres et les têtes de solives sont plus ou moins décorées. Juste devant la célèbre chaire à prêcher extérieure de l'église, il y en a quelques pittoresques échantillons de ces vieux pignons aigus couverts d'ardoises.

L'église Notre-Dame a deux façades importantes : un grand portail de la dernière époque du gothique au fronton orné de crochets horizontaux peu gracieux, et la façade latérale sud présentant une série de gables, flanqués de contreforts saillants, hérissés des mêmes crochets horizontaux. Ce côté de l'église est le plus intéressant ; tout près de la belle porte très finement décorée, ouverte sous un arc en anse de panier, s'accroche à l'un des contreforts une chaire à prêcher extérieure du plus élégant style gothique, ornée de délicates arcatures et figurines et pourvue d'un abat-voix en forme de dais ou de clocheton.

L'église Notre-Dame intérieurement est peu riche ; elle n'a conservé qu'une faible partie de ses anciens vitraux ; on y peut voir quelques belles fenêtres, quelques figures grotesques sculptées dans les bas côtés, en culs-de-lampe ou en clefs de voûte, des inscriptions tumulaires et aussi un tryptique composé de trente-deux petits émaux de Limoges du XVIe siècle consacrés à l'histoire de la sainte Vierge.

Dans ce vieux quartier central autour de Notre-Dame, partout des épis, des toits aigus, des pointes de tourelles ; il est peu de pignons où ne grince une girouette, peu de combles ou de lucarnes qui ne brandissent comme un pennon de chevalier une tige de fer hérissée de pointes, une faîtière de terre cuite ou de plomb.

Devant l'église, un grand vieil hôtel élève sur la rue un pignon robuste flanqué au retour d'équerre sur la cour d'une grande tour carrée ; ces bâtiments de haute mine — ancien hôtel Hardy, actuellement restauré et occupé par un orphelinat — sont ornés de crochets sculptés aux rampants du pignon, de sculptures aux portes et fenêtres à frontons et encadrements du style de la Renaissance. Aux angles du pignon sur la rue, sous les corniches s'allongent deux belles gargouilles

VITRÉ.
GARGOUILLE DE L'HÔTEL HARDY

de plomb d'un nerveux dessin héraldique, deux guivres fantastiques montrant aux passants des dents et des griffes féroces.

Un autre vieil hôtel aristocratique se voit pas bien loin au fond de la place du Marchix, grande place que par malheur notre époque a bien abîmée. Cet hôtel appartient, je crois, à M. de la Borderie, dont il faut lire les travaux sur Vitré, pour comprendre tout ce que la pauvre ville a perdu de nos jours.

On ne voit guère du vieil hôtel, en partie masqué par des maisons, qu'un haut pavillon, de grands combles, une tourelle à couronnement bizarre et de superbes épis de faîtière. Les vieilles maisons qui le flanquent ont été dénaturées, les façades emboutiquées à la mode actuelle ont perdu tout caractère.

Les étroites rues populaires ont moins perdu, elles, et par la rue Baudrairie, il faut aller de maison en maison, et tout regarder du haut en bas, car tout est curieux, et partout, depuis la porte jusqu'au grenier, des détails intéressants sautent aux yeux. Le plus étonnant groupe de façades, c'est vers le bout, le numéro 7, daté de 1579, dont la porte ouvre entre deux pilastres surmontés d'un buste d'homme moustachu et d'un buste de femme à fraise, ayant bien le

VITRÉ. LA MAISON DES BUSTES, RUE BAUDRAIRIE.

caractère du XVIᵉ siècle — et le numéro 5, une maison très bizarre qui porte sur le côté, comme une sorte de tourelle quadrangulaire ouverte, un grand escalier à balustres de bois rouge.

Un peu plus haut dans la rue une autre maison curieuse, à pans de bois, montre des poutrelles écaillées, des corniches et auvents de lucarnes supportés par des consoles à têtes de lions et quatre bustes sur la façade, deux de chaque côté de la fenêtre, figures mythologiques, semble-t-il, ou peut-être portraits d'anciens possesseurs.

Et un peu partout éparpillées, les façades flanquées d'ardoises découpées en pointes ou en écailles, arrangées en losanges ou en triangles, — des tours rondes avec un large étage carré posé en encorbellement tout en haut. — puis des arrangements imprévus de cours et de bâtiments surajoutés, enchevêtrés, montant les uns sur les autres. Dans la rue de Paris, au faubourg Saint-Martin, notamment, il y a une espèce de cour de ferme avec de très vieux bâtiments et des tours rondes à très hauts éteignoirs, entre une maison de 1602 recouverte d'ardoises qui s'arrangent en compartiments et en dessins, et la vieille auberge XVIᵉ siècle de la *Corne de Cerf*, façade aux poutres sculptées, appuyée sur les deux jambes de bois de son porche, et ornée sous ce porche au-dessus du linteau sculpté de sa porte d'un vieil écusson au chef cornu.

La rue Notre-Dame possède aussi nombre de maisons intéressantes. Le numéro 7 avait naguère une grande cage d'escalier de bois du XVIe siècle, remar-

VITRÉ. ESCALIER EXTÉRIEUR RUE BAUDRAIRIE.

quable et toute couverte de fines sculptures. Cet escalier a été vendu récemment et enlevé, mais la cour de la maison reste et la cour est fort jolie.

Au fond de cette cour s'élève une deuxième maison, divisée comme toujours en rez-de-chaussée de pierres, étage de pans de bois en surplomb, étage du pignon, également surplombant, tout fretté d'ardoises. Cette façade au fond de la cour est bien conservée et semble toute fraîche, les poutres et les corbeaux moulurés ont leurs arêtes intactes ; enfin au milieu du rez-de-chaussée s'ouvre une très belle porte sculptée en anse de panier surmontée d'une accolade aiguë, entre deux colonnes en spirale. Le fleuron de l'accolade figure l'Arbre du bien et du mal, avec le serpent tentateur enroulé à son tronc et passant sa tête de mauvais ange au milieu du bouquet de feuillage, tandis que Mme Ève d'un côté et Adam de l'autre, au sommet des colonnettes, croquent chacun une moitié de pomme.

Un puits s'ouvre dans le mur de face à droite de cette belle porte par laquelle on aperçoit le laboratoire d'un charcutier. Combien de cours aussi intéressantes, dans une ville comme Vitré, se cachent derrière ces rangées de pignons des rues, au fond des pâtés de maisons. J'ai pu en entrevoir quelques-unes en m'enfonçant dans les allées sombres, à la recherche de quelques vieilles cheminées, signalées dans certaines rues ; rien ne peut faire deviner ces curiosités au passage, il faudrait, pour les trouver, pénétrer vraiment dans l'intimité d'une ville, mais que d'étranges, que d'étonnants intérieurs doivent se trouver encore cachés derrière des maisons à devanture refaite, banalisées seulement à la surface.

Ce que Vitré a perdu à notre époque navre la pensée de tout artiste et de tout archéologue. Y avait-il réelle nécessité à ces éventrements, à ces écorchements? Evidemment pas partout. Les chirurgiens municipaux pouvaient se contenter de quelques saignées çà et là, de quelques emplâtres à la vieille cité et non ouvrir une plaie générale pour guérir quelques verrues. En tout cas, ce qui est tout à fait inutile, c'est la banalisation des façades par le mauvais goût particulier, banalisation qui gagne, attaque toutes les rues et passera un jour partout.

Le Château restauré, vaillant et solide heaume de chevalier, va étinceler et briller encore sur sa colline, en avant de sa ville, tandis que la pauvre cité elle-même transformera peu à peu son surcot et sa coiffe de bourgeoise du xve siècle en une mesquine et prétentieuse confection sans forme ni caractère... Pauvre Vitré !

Vitré a perdu tout un côté de son enceinte, non sous les horions des sièges, mais sous les coups de la pioche moderne, bien plus active que les vieux canons. Les portes de Gatesel, d'En-haut et d'En-bas, ont été abattues et les fossés comblés. Il ne reste à la Ville close que les remparts dominant la vallée de la Vilaine, ouverte par la poterne du Val, simple entre-bâillement sombre donnant derrière l'église Notre-Dame.

Ces remparts, flanqués de tours et chargés de maisons, portant à leur sommet la sous-préfecture et d'autres grands bâtiments, montrent encore, incrustés dans leurs pierres, quelques boulets envoyés par les canons du duc de Mercœur, lors du grand siège soutenu contre les troupes de la Ligue.

Quand les premiers troubles de la Réforme éclatèrent, quand, saisissant l'occasion, la Bretagne tenta, sous prétexte de religion, de reconquérir l'indépendance de sa nationalité et se rangea presque tout entière sous les drapeaux du duc de

VITRÉ. MAISONS FAUBOURG SAINT-MARTIN

Mercœur, gouverneur pour la Ligue et, par les Penthièvre, descendant de ses anciens ducs, tandis que Fougères prenait parti pour la Ligue, la calviniste Vitré ferma ses portes et arma ses tours.

L'armée de la Ligue, dix mille soldats avec vingt mille paysans des environs qui s'étaient joints à elle, se présenta devant Vitré en février 1589, ouvrit le siège et canonna vigoureusement la ville et le château. Vitré avait de braves capitaines, de ces huguenots si fermes dans les guerres, le cuir et l'esprit tannés et durcis par tant d'années de chevauchées à travers les provinces, de luttes, de revers et de reprises d'armes après les pacifications passagères : Vitré avait aussi, pour

VITRÉ. UNE COUR RUE NOTRE-DAME

surexciter l'ardeur des soldats et entraîner les habitants, une brave et belle héroïne protestante, Christine de Rieux, qui mena même les femmes aux remparts. Malgré ses canons qui ouvrirent des brèches aux tours et aux murailles du

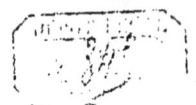

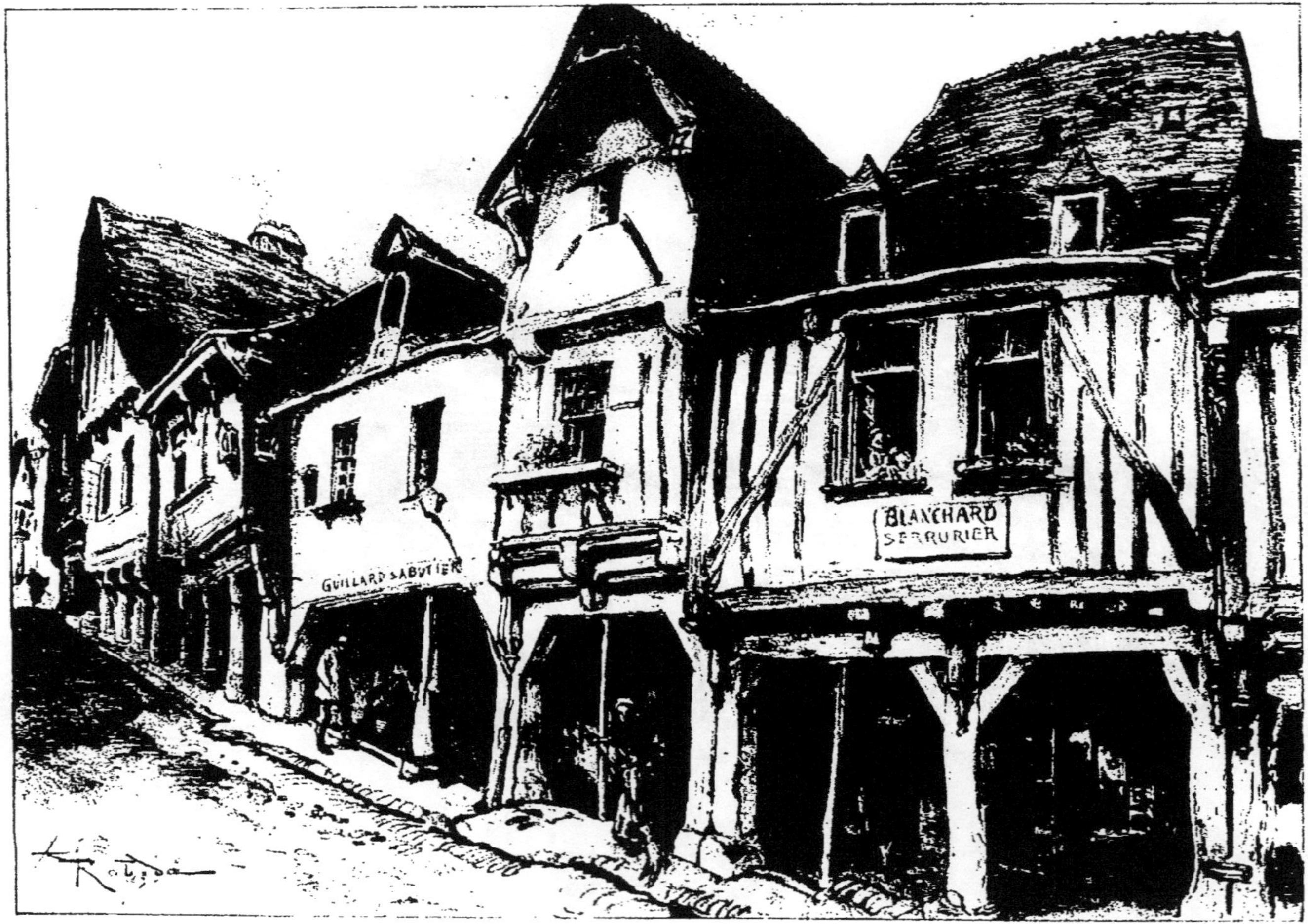

4 RUE POTERIE A FOUGERES

Val et qui allèrent fêler la cloche municipale, le duc de Mercœur, après trois mois d'efforts, dut se résoudre à lever le siège devant l'arrivée d'une armée de secours conduite par le prince de Dombes.

Dans le nouveau quartier de Vitré qui a pu prendre ses aises en passant par-

VITRÉ, MAISONS RUE POTERIE

dessus les remparts, sur la place d'Argentré s'élève la jolie église Saint-Martin, toute neuve, d'un style roman très ornementé. Si Notre-Dame est toute en pignons, celle-ci est toute en clochetons écaillés et en pinacles. Les autres églises, Sainte-Croix au-dessus du *Bourg aux Moines*, datant de la Restauration, et la chapelle des *Trois Maries*, au bout du faubourg du Rachapt, sont laides et insignifiantes.

Un couvent d'Ursulines de l'autre côté du chemin de fer, élève juste au bord de la voie son haut pavillon à lucarnes, une porte à fronton et ses grands bâtiments sévères du style XVIIe siècle. L'hôtel de ville ainsi que le collège sont installés dans les bâtiments d'anciens couvents ; à la mairie, la cour à lourdes arcades en plein cintre, est un cloître de Bénédictins.

Au bout des avenues d'arbres du champ de foire, sous les ombrages du jardin-parc de la ville, on rencontre le château Marie, ancienne maison de campagne de la princesse de Tarente, amie de Mme de Sévigné ; c'est un grand manoir en grands pavillons blancs peu ornés, à grands toits gondolés, à lucarnes penchées de travers, actuellement dépôt d'étalons du haras d'Hennebon.

Quatre à cinq kilomètres à peine séparent Vitré du château des Rochers, l'habitation de Mme de Sévigné qui a donné dans ses lettres la chronique d'une *tenue* des Etats de Bretagne, et tracé de si jolis et de si malicieux croquis des nobles personnages amenés à Vitré, gentilshommes et parlementaires, des belles dames et de toute la société de la province.

La grande épistolière a parlé de même et aussi légèrement des troubles de Bretagne, des moyens employés pour calmer les émotions populaires et des pendaisons de pauvres Bretons à tort et à travers. La Bretagne ne lui tient pas rancune et montre avec satisfaction le château des Rochers, grand manoir à tourelles, intéressant surtout par les souvenirs de la marquise, le parc où elle aimait à se promener et à lire, entre deux lettres à Mme de Grignan, quand le duc de Chaulnes ne l'envoyait pas quérir avec des escortes de cinquante cavaliers pour ces grandissimes dîners d'apparat qui se succédaient tous les jours pendant les tenues des Etats, ou quand elle n'était pas dérangée par les visites de tous ces gentilshommes de basse ou de haute Bretagne, de toutes ces dames dont elle s'amuse à écorcher plaisamment les noms.

VITRÉ, ADAM ET ÈVE, SCULPTURES RUE NOTRE-DAME

FOUGÈRES
LA PORTE SAINT-SULPICE

III

FOUGÈRES

UNE VILLE HAUT PERCHÉE. — LES RUINES DES REMPARTS
LE CHATEAU DE FOUGÈRES ET SES TOURS. — SURIENNE LE PRENEUR DE VILLES
LA DESCENTE DE LA RUE POTERIE. — PONTORSON ET CANCALE

Séparée par six ou sept lieues d'un pays de collines boisées et de prairies, avec des déroulements de forêts bleuissant à l'horizon du côté où se trouve le bourg de Saint-Aubin-du-Cormier qui vit tomber en 1488 l'indépendance bretonne, la ville de Fougères, si voisine de Vitré, serait presque un autre Vitré. Encore entourée en partie de ses vieux remparts comme Vitré, du côté que l'on n'a pas pu démolir à cause de l'escarpement, sur la crête du promontoire accidenté qu'elle couvre de ses maisons serrées et débordantes, elle dresse en avant de ce promontoire les tours d'un vieux château romantique et superbe, plus abîmé qu'à Vitré et tout enguirlandé de lierre.

Pour continuer l'analogie, le vieux Fougères est masqué par Fougères tout neuf et il faut le chercher plus longtemps que le vieux Vitré, derrière son rideau de constructions modernes, surtout quand on suit les rues courant sur la face nord du très long et très bizarre mamelon.

Mais quand, tournant du bon côté, on a trouvé le vieux Fougères, le vrai Fougères, on est vite remis de sa peine, l'appétit du pittoresque a pour se satisfaire un formidable plat de résistance servi dans un décor de paysage vraiment superbe.

FOUGÈRES, LE BEFFROI

Fougères ressemble un peu à Falaise en Normandie et sur certains points à l'extraordinaire Fribourg de Suisse, par la situation de ses maisons et de ses édifices à la crête d'un rocher. Ce Fougères que, dans une description célèbre, Victor Hugo a comparé à une cuiller, dont la ville sur son très long mamelon serait le manche avec le château fort au bout, campe donc en haut de ce mamelon ses édifices, églises et beffroi de ville qui ont l'air de jouer au chat perché, ses maisons tassées dans un complet tohu-bohu, grimpant sur les remparts, les dépassant même, s'accrochant aux mâchicoulis, suspendues au-dessus des ravins boisés, et dévalant sur la pente devant le château en une débandade fantastique.

Cette ville qui fait si étrange figure au sommet de sa colline, a pourtant été en grande partie régularisée à la suite de terribles incendies qui la ravagèrent au XVIIIe siècle, et les grandes maisons rebâties dans les rues élargies ont l'aspect bourgeois de ce temps ; toute la partie à droite en suivant le plateau est plus ou moins modernisée et banalisée, tandis que la partie gauche qui borde l'escarpement a conservé une allure plus pittoresque.

A l'entrée, tout à côté de l'hôtel de ville établi dans un vieil hôtel de la Renaissance, appuyé d'un grand pavillon monumental, s'élève l'église Saint-Léonard, grand édifice des XVe et XVIe siècles, pas très remarquable et aggravé d'une tour à lourd couronnement du XVIIe siècle. La situation de Saint-Léonard est admirable, sur une belle esplanade ombragée, véritable belvédère du haut duquel on plane sur de vastes espaces, au-dessus de lavoirs rustiques établis dans les bouquets d'arbres, au-dessus des rives du Nançon qui va se jeter plus loin dans le Couesnon, au-dessus des moulins battant l'eau qui mettent une si jolie musique dans les paysages.

Sur la droite à travers le feuillage secoué par le vent, apparaît le château, irré-

FOUGÈRES, ENTRÉE DU CHATEAU

gulier triangle de murailles flanquées de hautes tours. L'assiette de ce château est aussi bizarre que celle de la ville, le château est en contre-bas étagé sur un plan escarpé, remontant vers l'extérieur, mais complètement dominé par la ville; jadis des remparts de celle-ci la vue plongeait tout à fait et à très courte distance dans les cours et sur les courtines du château.

Dans la vallée tout proche du château, un clocher aigu, une noire aiguille ardoisée pointe à travers les verdures, c'est l'église Saint-Sulpice, fort intéressante, encadrée dans son vieux cimetière. En avant du château, les collines se relèvent brusquement à courte distance, montrant, entre les fermes et les habitations, leurs flancs éventrés par des carrières. Le faubourg de Rillé, à droite, s'étage sur la colline et monte vers les grands bâtiments modernes, seule partie restante de l'ancienne abbaye de Rillé.

A quelque distance de l'esplanade de Saint-Léonard, également au sommet du plateau, se montre par-dessus les maisons qui l'enserrent et empêchent d'apercevoir sa base, le beffroi de la ville, jolie tour octogonale dressée sur un étage carré, sans autres ornements que des armoiries sous une arcature ogivale, des gargouilles et une belle balustrade formée d'accolades gothiques.

En retrait de la balustrade s'élève un mince clocheton avec sa cloche au sommet sous un lanternon à jour. Cette tour qui dépendait de l'ancien Auditoire des gouverneurs de Fougères, date de la fin du XVe siècle. Quand on la voit d'en bas ou des coteaux en face, elle domine admirablement sur son soubassement de remparts ce côté incohérent et désordonné de la ville.

Mais voilà bientôt, après les grandes maisons du XVIIIe ou du XVIIe siècle, après les rues à grands magasins de notre temps et le très somptueux théâtre tout neuf, de plus vieilles bâtisses, des murailles plus noires, des ruelles plus étroites et enfin la raide descente de la rue Poterie.

Cette rue Poterie descend au château par une pente invraisemblable, plus raide que celle de la fameuse rue de Jerzual à Dinan; c'est une vraie rue de montagne russe, qui ne doit pas être longue à descendre l'hiver.

Des porches sous une partie des maisons de gauche forment une galerie continue. Ce sont de vieilles maisons de pierre ou de pans de bois comme à Vitré, à un seul étage reposant sur des poutres moulurées ou sculptées posées sur les gros vieux piliers de bois, usés en bas par le frottement de plusieurs siècles. La ligne des toits, coupée de quelques pignons, se silhouette pittoresquement en escalier; c'est avec les bâtiments serrés au fond des cours, ce grand dévalement de toits aux teintes bleues, cette cascade d'ardoises qu'on aperçoit des collines situées en face du château.

En se laissant descendre jusqu'en bas de la rue Poterie, lorsqu'on atteint le terrain à peu près plat, une bifurcation se présente. A gauche, c'est la rue de la Fourchette, conduisant à la porte Saint-Sulpice, rue de la vieille enceinte de la ville, qui débouche dans le val sur le flanc du château, devant l'église Saint-Sulpice. A droite, c'est la porte du château.

Des arches moussues sur des dérivations de la petite rivière, des eaux longeant de vieux murs où chaque fente de la pierre a son paquet d'herbes, trois tours, deux rondes et une carrée, — trois vieilles tours percées de hautes meurtrières avec le trou rond au milieu pour l'arquebuse, — des pierres jaunes, vertes ou noires, des plaques de mousse feutrant la base des murailles, des bouquets de fleurs à tous les créneaux... c'est l'entrée du château.

Au bas de la tour carrée du milieu s'ouvre l'ogive sombre de l'ancienne porte à demi recouverte d'un lierre qui envahit les bâtiments et escalade jusqu'au comble de la tour de gauche, masse de verdure épaisse émergeant du fossé.

Le château est retourné à sa destination primitive : la porte, seule partie habitable de l'immense ruine, du verger sauvage encadré de remparts, est occupée par le commandant de la place de Fougères. Entre la tour carrée et la tour ronde de droite un perron tournant monte à l'habitation ; un bruit de sabre retentit sous la voûte, c'est un officier à pantalon rouge qui sort de ces vieilles tours et monte à cheval à la porte, au lieu d'un capitaine du xvie siècle à casaque de buffle et à hautes bottes, au lieu de l'officier de la Ligue qui tint la place pendant quinze ans pour le duc de Mercœur, — derniers souvenirs guerriers du vieux château, derniers jours bruyants de sa vie militaire avant que Richelieu ne le mit hors d'état de servir en jetant bas le donjon bâti par Clisson.

Un coin de paysage charmant s'abrite à droite sous les hautes courtines du château ; des eaux étincellent à travers la verdure, la petite rivière file entre des bouquets de peupliers et de saules, sous le battoir des lavandières. Les lierres qui donnent partout l'assaut définitif aux forteresses du passé, grimpent de ce côté jusqu'en haut et couronnent victorieusement les parapets, avec des panaches fleuris que le vent fait frissonner joyeusement ou mélancoliquement, suivant que le soleil se montre ou se cache.

La ligne des remparts remonte sur le monticule de rochers et se termine à la pointe par la haute tour du Gobelin. Une poterne ouverte entre deux tourelles du xve siècle en encorbellement, se rattache au corps des remparts par une courtine basse à mâchicoulis en feuillagés. Ici, saillant de la place, deux énormes tours s'élèvent majestueusement, formant avec une troisième moins forte une espèce de triangle au milieu duquel s'élevait le donjon disparu. Les deux hautes tours sont des constructions formidables du xiiie siècle, des cylindres de pierre sans mâchicoulis ni créneaux montant à quarante mètres au-dessus du rocher, la première s'appelle tour du Gobelin, un vieux nom de farfadet ou de lutin, et porte encore à son sommet un châtelet en retrait. La seconde, cerclée d'assises de pierres foncées, est dite tour Mélusine, parce qu'elle fut élevée au milieu du xiiie siècle par un seigneur de Lusignan, descendant de la fée Mélusine qu'épousa Guy de Lusignan, roi de Jérusalem.

La courtine crénelée descend rapidement suivant la pente du roc, de la tour Mélusine à une troisième tour moins ancienne, pourvue de beaux mâchicoulis et de créneaux et encore recouverte de son comble, laquelle tour est suivie d'une quatrième de forme pareille et de quelques autres encore.

Le château de Fougères en compte une douzaine parmi lesquelles il faut encore

FOUGÈRES
LA TOUR DU GOBELIN ET LA POTERNE

citer la tour Surienne, ainsi appelée du nom d'un capitaine aragonais au service de l'Angleterre l'aventurier Francesco de Surienne, grand preneur de villes, un spécialiste en surprises et échelades, qui, pendant une trêve, par une nuit de mars 1448, enleva cette tour par escalade, s'empara du château, et après avoir soigneusement tout pillé dans la ville, se défendit contre l'armée bretonne pendant plus de cinq mois avant de rendre la forteresse.

Les remparts du château vont rejoindre ensuite les remparts de la ville à la porte Saint-Sulpice, ouvrant entre deux tours rondes surmontées de mâchicoulis à fortes consoles réunis par des arcatures en ogives tréflées, avec le même chapeau de feuillages échevelés que les tours du château.

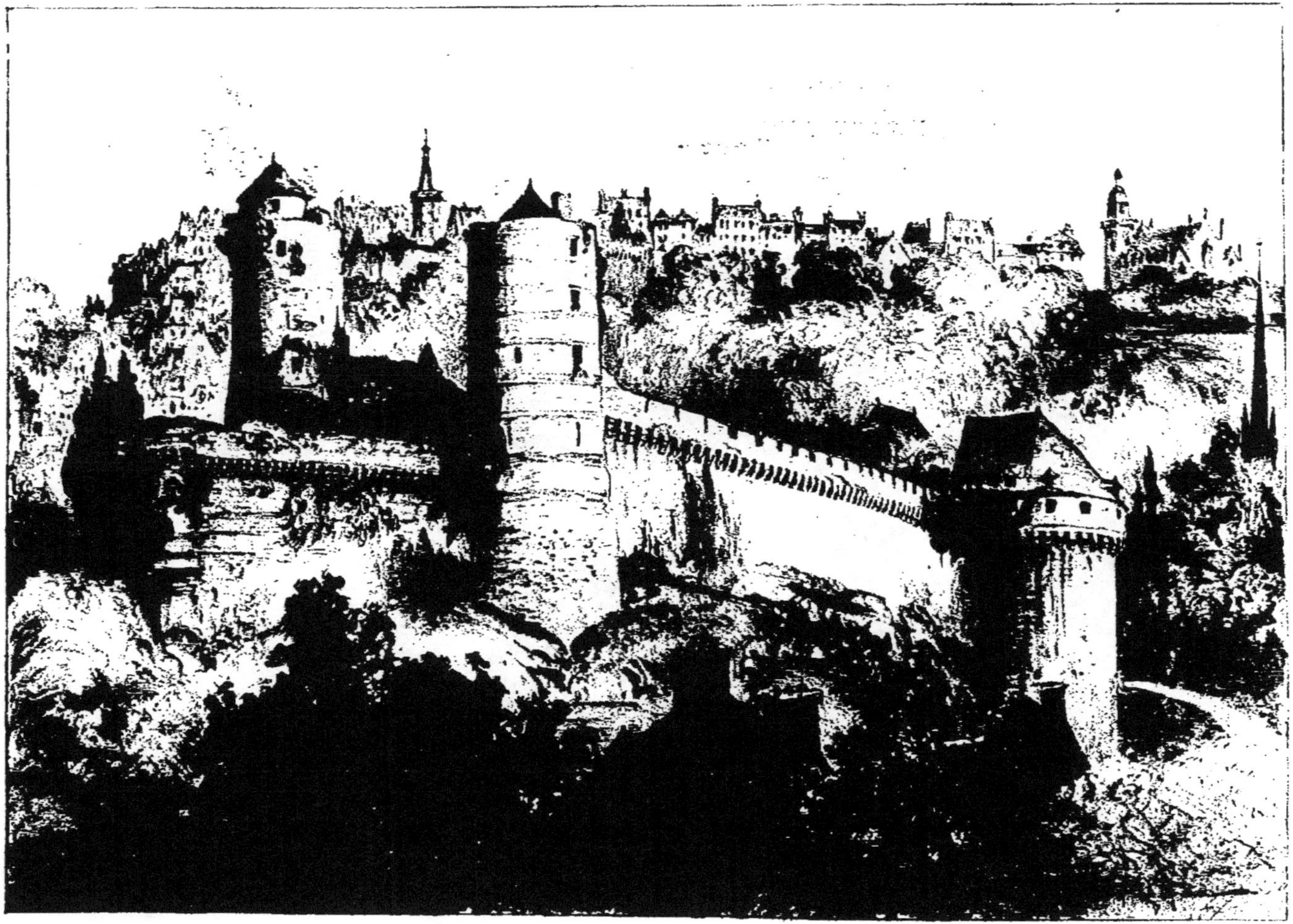

CHATEAU DE FOUGÈRES

Lith. BELFOND & Cie, 10, rue Gaillon, PARIS

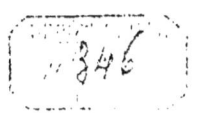

FOUGÈRES
SOUS LES REMPARTS

Ce château de Fougères est bien difficile à voir dans son ensemble. En grimpant sur les collines qui l'enserrent, on est arrêté tantôt par des murs, tantôt par des carrières, ou gêné par des arbres. Après avoir essayé bien des petits chemins, en suivant la rue des Fontaines aux petites maisons basses badigeonnées de blanc, en escaladant le sentier, simple arête épaisse d'un mètre formant cloison entre deux carrières ouvertes au-dessus de l'église Saint-Sulpice, je finis par trouver au-dessus d'autres carrières, au sommet de la colline dominant la route de Rennes, dans les verdures d'une petite ferme, le balcon nécessaire, l'espace largement ouvert à la hauteur des tours. Ce n'est plus un morceau du château, un fragment de remparts entrevu à travers le balancement des arbres, c'est le château tout entier, la tour du Gobelin et la tour Mélusine en avant, se détachant sur la verdure du fond, et derrière, au-dessus de ces verdures, la ville perchée sur son plateau, avec la dégringolade des maisons de la rue Poterie.

L'église Saint-Sulpice, bâtie presque dans les fossés du château au pied de la tour Surienne, est un édifice aux murs très ornés, très fouillés, de la fin du style gothique, flamboyant et tourmenté, montrant des gargouilles bizarres et féroces, de curieuses sculptures sous une flèche d'ardoises très haute et très mince.

Ce quartier pittoresque est égayé par le tapage des moulins et le caquet des lavandières ; sur la petite rivière de grandes roues tournent, des moulins compliqués s'étalent avec des toits étranges, des auvents, des lucarnes, des bâtiments surajoutés, des cahutes et des barrages, des retenues, des vannes et de vieux murs de jardins — et des maisons posées n'importe comment, des escaliers descendant à la rivière, des planches posées sur des pierres, des petits lavoirs de côtés et d'autres...

Par là-dessus, se dressent en un bien autre désordre pittoresque, les vieux remparts de Fougères, mutilés, ébréchés, coupés, entaillés et retaillés — raccommodés ici avec des emplâtres de moellons, là percés de trous, de fenêtres et de portes — utilisés comme murs de fond ou comme soubassement par les maisons... un assemblage hétérogène de mâchicoulis et de balcons à jardinets, de créneaux et de fenêtres où sèche le linge, avec de vieux rentiers lisant le *Petit Journal* dans une embrasure transformée en belvédère et des paillasses de marmots sur les parapets, quelque chose comme une vieille armure de fer arrangée en robe de chambre !

Il y a des rognures de tours qui portent des maisons juchées les unes par-dessus les autres, serrées sur un bout de courtine ; des cheminées passent à travers les gros murs, les meurtrières ont des pots de fleurs, des poternes sont transformées en portes de jardins...

Et c'est ainsi sur toute cette face et sur l'autre tournant de remparts de l'autre côté du château. Par là les grands arbres baignant dans la petite rivière grimpent jusqu'au pied des murailles, et la petite vallée, dans ce fossé de la ville, a des fraîcheurs de prairie et des senteurs de ferme, des chants d'oiseaux et des mugissements de bestiaux à l'abreuvoir, montant aux fenêtres des maisons si haut perchées.

Le pays de Fougères fut un pays de chouannerie; on peut dire, sinon que la chouannerie naquit ici, du moins qu'elle y fut baptisée, car les Cottereau, Jean, dit Jean Chouan et ses frères, sont des environs.

Le château entendit à cette époque ses derniers coups de canon; en mars 93,

FOUGÈRES. LES MURAILLES DE LA VILLE.

la ville, attaquée par 8,000 paysans des alentours, résista victorieusement avec sa garde nationale, mais six mois après, la grande armée vendéenne marchant sur Granville parut devant ses murs et les emporta de vive force, et le drapeau fleurdelysé flotta pendant quelques jours sur le vieux castel, lequel peu après revit encore les Vendéens poursuivis, faisant tête partout et cherchant des chemins pour regagner la Loire.

Que de colères, que de haines armées, roulées par les vagues de la tourmente révolutionnaire, par le flux et le reflux de la victoire, défilèrent sur ces routes bretonnes! Des deux côtés, que d'héroïsme et aussi que d'existences brisées, de désespoirs farouches, de lamentables misères et de larmes! Un siècle ne s'est pas encore écoulé, et comme c'est loin déjà!

Comme le paysage sourit, comme le soleil dore aujourd'hui gaiement le haut sommet embroussaillé de la tour du Gobelin qui fut, en ces jours désolés, bondée de malheureux prisonniers.

Le Nançon, simple filet d'eau, après avoir joué son rôle de fossé réflétant l'escarpe ensevelie sous les ramures, s'en va se jeter dans le Couesnon, la rivière folle et changeante qui mit, selon le dicton, le mont Saint-Michel en Normandie.

Dans l'immense baie, en tête de la digue construite pour gagner le mont, se trouve la petite ville de Pontorson, une grande rue alignée dans une plaine où la *tangue*, le sable cendreux de la baie, s'envole en poussière sous les coups de vent du large, où, dans les prairies balayées par la grande bise marine respirée à pleins naseaux, les juments des éleveurs galopent avec leurs poulains.

A Pontorson il n'y a que l'église, un pignon ouvrant dans un grand arc entre deux petits clochetons, une petite porte romane encadrée d'une archivolte de têtes barbues, et une tour centrale à toit en batière ; bonne église rurale qui possède un retable d'autel à compartiments remplis de figures sculptées fort mutilées. Près du pont, dans les bâtiments d'une grande teinturerie, reste-t-il quelques pierres bien cachées, subsiste-t-il même un vestige de l'ancien château qui défendait la ville? On n'en voit rien et les derniers débris ont sans doute dès longtemps disparu. Il était là sur la rivière, le castel que défendit dans une surprise nocturne, en digne sœur de héros, Julienne Du Guesclin. Les Anglais, escaladant la muraille avec la complicité de quelques servantes, furent précipités en bas avec leurs échelles par la brave demoiselle bretonne, qui possédait sans doute avec la vaillance un peu des muscles vigoureux de son frère. La tradition rapporte que les servantes infidèles furent en punition de la trahison cousues dans des sacs et confiées au Couesnon qui les emporta vers la mer.

De l'autre côté de la baie, cette pointe rocheuse, c'est le *Grouin* de Cancale, le nid de ces centaines de barques de pêche aux voiles blanches, flottille de grandes mouettes pêchant à l'horizon de la baie, et pays des innombrables parcs où s'élèvent les huîtres qui ont fait de par le monde la célébrité de la petite cité marine.

Saint-Malo est à quelques heures, derrière le promontoire du Grouin, avec ses îles, avec ses forts dressés sur des rochers cerclés d'écume, et sur la gauche cette colline bien découpée, isolée comme une île au-dessus des plaines basses, colline qui semble vivante avec ses moulins qui tournent, c'est la montagne de Dol.

GARGOUILLE A SAINT-SULPICE

PLACE DU MARCHÉ A COMBOURG

IV

DOL ET COMBOURG

LES DERNIERS PORCHES. — COLONNES ET CHAPITEAUX AUX GRAVATS
UNE RUINE DE GRANDE CATHÉDRALE
L'ÉVÊCHÉ DE DOL ET SON DERNIER ÉVÊQUE. — LES REMPARTS ET LE MONT DOL
COMBOURG UN JOUR DE MARCHÉ
L'ÉTANG ET LE CHATEAU DES CHATEAUBRIAND

Dol de Bretagne ! Encore un morceau caractéristique de la France d'autrefois, une pièce remarquable de la splendide couronne de vieilles cités de notre pays ! Parmi ces bonnes villes pittoresques, encore une physionomie bien particulière !...
Oui, mais un morceau qui s'en va, une ville qui tombe, car il faut déchanter. Cela était encore vrai il y a une dizaine d'années, malgré bien des pertes subies par la ville, mais cela ne l'est plus guère maintenant et le siècle qui finit, ayant reçu des siècles passés une curieuse et artistique vieille cité, aura la satisfaction de laisser aux suivants des maisons rasées de frais, un Dol décoloré, bien ratissé et transformé en un bourg maussade sommeillant au pied de sa magnifique cathédrale, qu'on ne peut exproprier comme tant d'autres pour la fameuse raison d'ali-

gnement, mais qu'on laissera tout doucement se délabrer et crouler tout à fait sur le parvis envahi par l'herbe.

Dol n'est pour ainsi dire qu'une rue, une longue et large rue coupée de quelques ruelles, avec la cathédrale Saint-Samson sur une place latérale à l'un des bouts. Jadis cette longue rue était à peu près entièrement bordée de maisons à porches formant galerie couverte de chaque côté de la rue. Ces porches, c'était l'originalité de Dol. Ils ont aujourd'hui à peu près tous disparu et les derniers seront attaqués bientôt.

L'ÉGLISE DE PONTORSON

A quelques années de distance, je ne retrouve déjà plus certaines maisons, quelques jolis coins de rue dessinés autrefois.

Un beau groupe de ces maisons à l'angle d'une ruelle, à peu près à la moitié de la rue, a été rebâti à la moderne ; il y avait là des porches soutenus par des colonnes gothiques différentes de forme, parmi lesquelles une colonne en spirale. Plus haut dans la rue, la maison de la boucherie Ribault, d'une si belle carrure sur les deux arcades ogivales de son porche, vient d'être jetée bas, on est en train de la reconstruire en boutique. Comme les morts, les porches vont vite !

C'était pourtant bien joli, mais la mode en est passée, on ne veut plus que des fenêtres bien régulières sur la rue, ou des devantures vernies et grinçantes.

Voici donc ce qu'était Dol. Une longue suite de maisons à pignons, bâties séparément l'une à côté de l'autre, avec un mince intervalle entre les gros murs latéraux de chacune. Ces pignons en encorbellement, ventrus et renversés en arrière, portaient sur des piliers de toutes les formes, de tous les styles, à chapi-

LA MAISON DES PLAIDS A DOL

teaux romans, gothiques ou Renaissance. C'était très curieux, mais cela n'est plus. Il reste à peine trois ou quatre porches, dans la ville banalisée. Et si vous voulez étudier un peu les chapiteaux sculptés de ces vieux piliers, allez en haut de la rue, au tournant des remparts, il y en a encore là un tas, jetés dédaigneusement dans un coin, avec les gravats des dernières démolitions !

Sur la place du marché où des halles de charpente ont été remplacées par un marché couvert en fer et briques, deux beaux piliers gothiques en granit sculpté, dont un à personnages comiques, sont restés debout, isolés, vestiges de quelque porche démoli. Pourquoi ceux-ci ont-ils seuls obtenu grâce ? mystère.

La Grande Rue de Dol, à son endroit le plus large, devant le bassin de sa fontaine, possède une des plus vieilles maisons de France, une maison romane appelée la *maison des Plaids* ou le *palais de justice des Évêques*. C'est une vieille façade, jaunie et noircie, à un seul étage, très abimée par les modifications, montrant encore une très large arcature romane à grandes dents de scie à côté de traces d'autres arcades bouchées et dénaturées; au premier étage s'ouvraient deux autres baies en plein cintre encadrées d'ornements effrités, de petites dents de scie, elles sont bouchées aussi et remplacées par des fenêtres quadrangulaires.

MAISON A PORCHE DANS LA GRANDE-RUE A DOL.

Derrière cette façade s'aperçoivent de grands toits à fortes cheminées de granit. Une petite ruelle, un couloir filant entre de sombres bâtisses conduit à un boulevard tracé sur le revers des anciens fossés. Par-dessus des débris de remparts et des fossés en jardins, s'aperçoivent les façades postérieures des maisons de la grande rue et les vieux bâtiments du fond des cours. Ici les vieux toits pointant derrière la maison des Plaids se retrouvent, c'est toujours le pâté de bâtiments de l'ancienne Justice, mais de ce côté c'est une sorte de manoir campé sur d'anciens remparts, un vieux manoir silencieux, presque mystérieux, aux murailles grises coupées de cordons de granit bleuâtre, aux combles très élevés d'une coupe bizarre, flanqué de deux petites tourelles, avec des charmilles sur la terrasse et tous les feuillages, les glycines et les lierres de son jardin tombant dans le vieux fossé de la ville.

Le café Pierel en face la maison des Plaids offre encore un petit spécimen de porche au fond duquel de vieilles portes donnent accès dans une cour aux sombres constructions; la colonne qui soutient le porche a son chapiteau sculpté et la petite porte est en accolade fleuronnée comme il s'en trouve d'autres çà et là.

Dol monte à présent et devient ville de commerce agricole, grâce aux progrès du desséchement de l'immense marais formé au VIIIe siècle par les grands envahissements de la mer, qui avaient creusé des baies, créé des îles et profondément modifié la côte du mont Saint-Michel à Saint-Malo, en engloutissant la forêt de Siscy avec des villages, des petits ports et un immense territoire dont on ne put reconquérir qu'une partie par de grandes digues.

Dol ne fut jamais qu'une toute petite ville, elle possède cependant une superbe

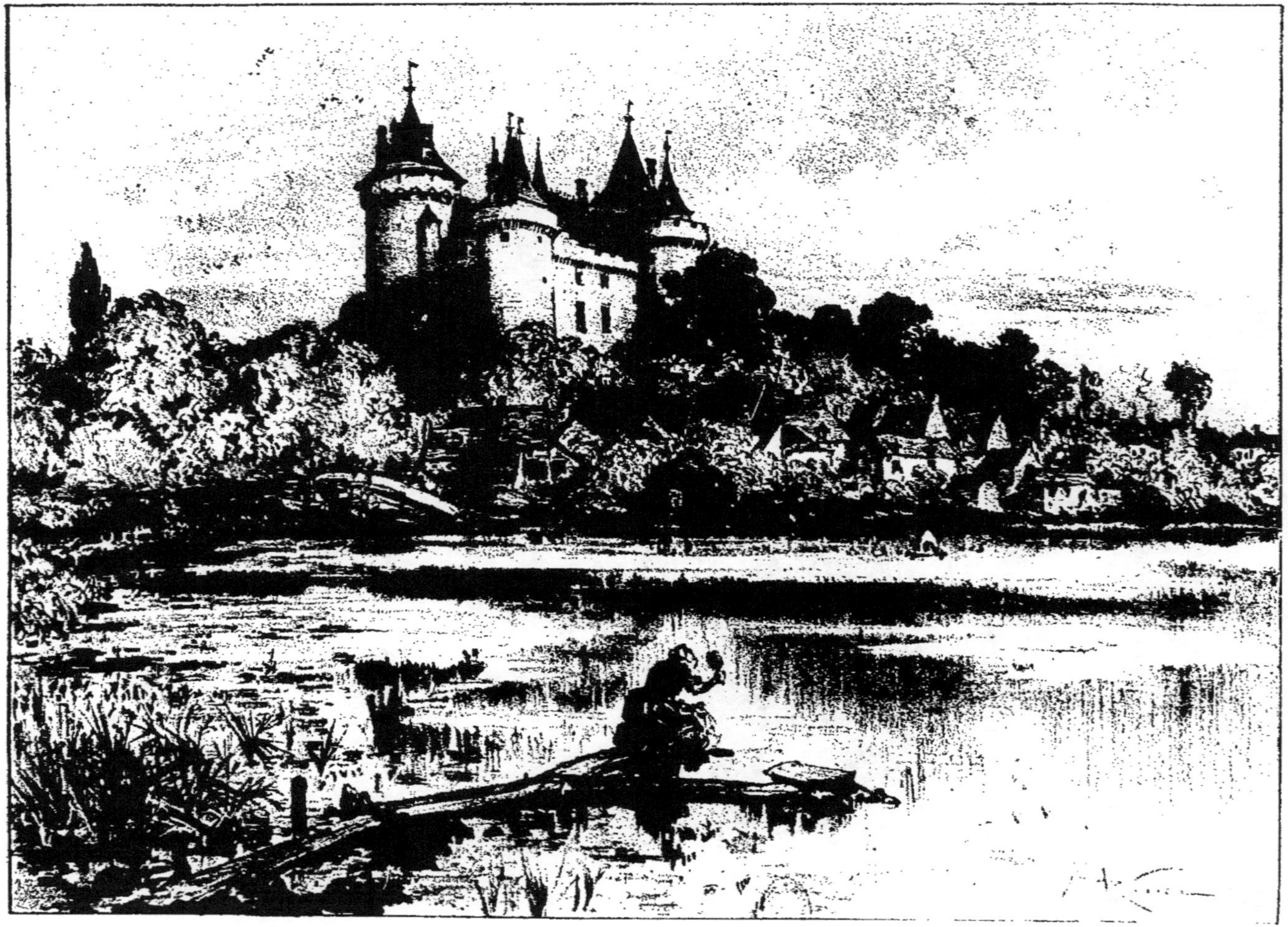

CHATEAU DE [illegible]

Lith. BELFOND & Cie, 10, rue Gaillon, PARIS

2

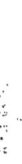

cathédrale et fut autrefois le siège d'un archevêché important, métropolitain d'Armorique d'abord, devenu simple évêché au XIIe siècle. Les archevêques ou évêques, comtes de Dol, qui tiennent grande place dans l'histoire de Bretagne, ont eu plus que nuls autres une existence accidentée, et ils ont même soutenu luttes et batailles pour leur suprématie ou leurs privilèges.

Cet évêché militant devait finir sur un champ de combat sous le canon et la fusillade. Terminant héroïquement la liste de ces prélats remuants et courageux, le dernier évêque, Monseigneur Hercé, malgré son grand âge, débarqua en 95 sur les grèves de Carnac avec les troupes de Sombreuil et de Puisaye. Pris dans la déroute de Quiberon, il périt avec les autres prisonniers fusillés au Champ des Martyrs.

La cathédrale de Dol, grande, noble

DOL, PORCHE DANS LA GRANDE-RUE.

et sévère église, veuve de ses évêques, a extérieurement sur la grande place l'aspect désolé et abandonné d'une ruine, lamentable surtout sur le flanc gauche dominant un espace désert envahi par les herbes. Ici le vent qui souffle sur les toits du triste édifice, les corbeaux qui tournent en croassant semblent soulever toutes les mélancolies du passé défunt et les faire tourbillonner fantastiquement dans le ciel au-dessus de la ville.

Des deux tours du portail, l'une est tout à fait une ruine, l'autre, la tour de droite, ogivale du XIIe siècle comme la nef, est en meilleur état. Elle a été couronnée à la Renaissance d'un haut clocher accosté d'une fine tourelle bien détachée.

Le côté gauche de l'église, relié jadis aux remparts, est crénelé au-dessus des travées du chœur. Le chevet se termine par un mur droit percé d'une immense fenêtre ayant gardé sa verrière du XIIIe siècle.

Sur la droite, l'église a deux porches, un petit sous la tour et un autre plus grand au transept, à côté du bâtiment dit « *du Trésor* » appliqué à l'église. Percé de grandes arcades à roses et subdivisions ogivales ajourées, sous une terrasse bordée d'une balustrade en rosaces, ce deuxième porche tombe en ruines et perd, l'un après l'autre, les élégants meneaux de ses arcades.

La nef, d'une unité remarquable et d'une grande sévérité de lignes, est d'un effet superbe avec ses piliers cylindriques cantonnés de quatre colonnettes dont deux sont détachées complètement. Le chœur très long est garni de stalles de bois sculpté à dossier bas, en avant desquelles s'élève le monumental trône de l'évêque, orné des grandes armoiries épiscopales.

Le fond du croisillon opposé au porche est rempli par un grand tombeau d'un évêque du XVIe siècle ou plutôt par la ruine de ce tombeau de la Renaissance, signé sous le pilastre gauche par un élève de Michel Colomb ; des pilastres à rinceaux de la plus grande finesse encadrent une niche vide, au fond de laquelle se voient seulement des statues et des bas-reliefs brisés, anges et figures allégoriques.

Une grande partie des murailles de Dol subsiste encore, mais enclavées dans des propriétés particulières. Le revers du fossé, sur la pente nord, a été arrangé en promenade ; c'est une allée d'arbres suivant le pied des tours éventrées et trouées, des courtines croulantes misérablement abîmées par les maisons d'en haut et prêtes à tomber dans le fossé avec leurs jardinets et leurs appentis.

On a, de l'autre côté de la Promenade, à travers les arbres, de belles échappées de vue sur le mont Dol, colline bien découpée, sur laquelle s'élève une antique petite chapelle à côté des moulins tournant à la grande brise de la baie du mont Saint-Michel.

Dans cette grande rue de Dol, qui forme toute la ville, se livra, le 20 novembre 1793, l'une des plus furieuses batailles de la grande guerre civile. Le sang d'une farouche tuerie éclaboussa toutes les maisons. L'armée vendéenne, après l'échec de sa tentative sur Granville, se reposait haletante à Dol, dans l'encombrement terrible de ses blessés, de ses fourgons, des femmes et des enfants qu'elle traînait avec elle, lorsque soudain, à minuit, Westermann se précipite sur la ville. Surprise épouvantable, les Vendéens effarés courant aux armes, les blessés rangés sous les porches au milieu des combattants, des barricades de charrettes, des canons en batterie, les charges de cavalerie vendéenne ou républicaine passant au milieu de tout cela... Dans ce pêle-mêle effroyable, « on prenait des cartouches aux mêmes caissons, » dit l'histoire.

Les Bleus sont repoussés, mais à quatre heures du matin, les colonnes de Kléber et Marceau arrivent et le carnage reprend hors de la ville, Stofflet, La Rochejaquelein, d'Autichamp, Talmont arrêtent les Vendéens mis d'abord en déroute; les prêtres, comme dans les batailles antiques, bénissent les combattants, les femmes chargent avec les hommes et dans l'horrible frénésie qui jette tous ces Français les uns sur les autres, l'avantage reste aux Vendéens désespérés. Il en est de même encore le lendemain, à la troisième reprise corps à corps...

Et ces lambeaux sanglants de la grande armée vendéenne ayant repris haleine, mais toujours traqués et harcelés, misérables et affamés, peuvent continuer cette longue et lamentable retraite qui devait aboutir un mois après, à la fin de décembre, au désastre de Savenay...

Dol est placé entre le berceau de Chateaubriand, le vieux castel de sa famille à Combourg et son poétique tombeau à Saint-Malo, sur l'îlot du Grand-Bey,

CATHÉDRALE DE DOL

émergeant de la mer, à peu de distance de la maison où il naquit.

En sortant de la grise et mélancolique cité de Dol qui semble pleurer le passé, on s'attend, influencé des idées et des souvenirs de lectures, à trouver Combourg encore plus mélancolique et l'on tombe dans un petit bourg à l'aspect riant, bien que fort vénérable aussi, étalé sur la rive d'un bel étang, au pied de son antique château fort.

Et Combourg est animé; il est bien vrai que c'est jour de marché et que les rues sont encombrées de paysans et de paysannes, de voitures et de charrettes, d'innocents petits veaux couchés à terre les pattes liées, de cochons roses ou noirs, gros ou petits, grognant dans leurs cages carrées, mais en oubliant la symphonie du marché, les petits meuglements plaintifs des veaux et les grognements aigus des porcs, en s'en tenant au décor de la scène. Combourg n'en reste pas moins un joli petit pays pittoresque, sans aucune maussaderie d'apparence.

C'est simplement une longue route égayée par de grands arbres et des auberges à touffes de gui, et des charcuteries de campagne où l'on vend à boire et à manger, puis une longue rue aux vieilles maisons blanches et enfin une belle place de marché, pittoresque, entourée de pignons et de grandes maisons de granit, avec une halle de charpente au milieu, par-dessus laquelle se dessinent le sommet des tours du château, et les combles en poivrière.

DOL, LE GRAND PORCHE DE LA CATHÉDRALE

Ceci n'est qu'un fond; ce qui fait le tableau, c'est le premier plan, une haute et robuste maison de granit gris, maison solide percée de quelques meurtrières et de fenêtres Renaissance, avec une échauguette en encorbellement par derrière et une grosse tour sur le côté, presque sans autres ouvertures que des meurtrières.

Les paysans du marché font une foule bien sombre; n'étaient les coiffes des femmes, tout serait noir. Nous sommes ici dans la Bretagne noire qui gagne tous les jours sur la Bretagne multicolore, sur la vieille Armorique aux si magnifiques costumes; une tache noire qui s'étend comme une tache d'huile supprimant partout le pittoresque de l'habitant. C'est comme une loi, il faut que partout, du nord au sud, le moderne enlaidisse et attriste les paysages. C'est écrit!

Le costume breton, mais c'est un monument historique et il devrait être *classé* comme tel, ainsi que les monuments de pierre. Interdiction de le rejeter pour prendre l'affreux uniforme du paysan moderne. Bien entendu, il s'agit de ces costumes du Morbihan et du Finistère qui varient quelquefois de village à village. L'Ille-et-Vilaine et les Côtes-du-Nord, vouées au noir, n'ont pas de ces

DOL, LA GRANDE-RUE

costumes, les hommes ont seulement la veste longue et le petit chapeau breton.

J'ai vu dans un chef-lieu de canton du Morbihan le greffier de la justice de paix portant le costume du pays, moins les braies, et il avait ainsi une autre prestance qu'en redingote. Mais tout s'en va, les Bretons qui ressemblaient autrefois à des Turcs avec les vestes de toutes les couleurs et les bragou-brass, les Bretons bruns et rasés ont maintenant avec la petite veste et le pantalon un faux air de toreros andalous.

Les femmes seules ont conservé les costumes, les corsages ou *justinous* bien plaqués, à entournures de velours sous les épaules, les jupes à grands plis et à bordures de velours, l'étonnante variété des coiffes et aussi la majesté des belles collerettes empesées particulières au Finistère. Dans les pays Gallots, Ille-et-Vilaine, Loire-Inférieure et Côtes-du-Nord, le costume c'est le châle presque toujours noir qu'elles gardent même à la maison, le tablier à « *devantière* » et la coiffe.

Marché, fête ou assemblée, toute réunion bretonne, que les femmes aillent au marché ou au pardon, danser à une fête les rondes, les *dérobées*, espèces de farandoles coupées d'avant-deux, ou *piler l'aire neuve*, — sauterie donnée pour piler le sol des maisons neuves, par le propriétaire qui paie la musique et le cidre aux voisins et amis; — qu'elles aillent porter leur beurre au marché, conduire leurs oies aux grandes foires de septembre, ou qu'elles restent à tourner le rouet sur le pas de leur porte, c'est toujours le même costume noir, les mêmes silhouettes sombres sous la blancheur des coiffes, petites ou grandes, serrées aux tempes ou palpitantes comme des ailes blanches de grands oiseaux.

DOL, LA PROMENADE DES REMPARTS

Le marché de Combourg tourne autour du château et gagne par une rue aux vieux logis le bord de l'étang. Ici le tableau est vraiment beau. La mélancolie de René est loin. L'étang encadré de grands arbres étincelle au soleil, c'est une vaste et superbe nappe d'eau reflétant la course des nuages entre de larges zones de roseaux et de grandes plaques jaunes traversées par le sillage des bandes de canards, par de brusques scintillements, ou coupées de miroitements d'argent qui semblent des éclairs d'épées gigantesques.

Le bourg s'allonge sur la rive, les maisons au ras de l'eau, avec l'église à la pointe; arrière-cours, jardins fermés de vieux murs broussailleux, abreuvoir où les chevaux du marché viennent en troupe plonger, s'ébrouer et provoquer des jaillissements d'eau, petits lavoirs, moulins à eau à demi cachés sous le balancement des arbres, tout cela est dominé par les tours du château se dressant dans un beau moutonnement de feuillages.

Grands ormes, voûtes de verdure, ombrages du mail, ils sont revenus les vieux arbres, le majestueux écrin du château dont Chateaubriand pleurait la disparition. Frappés comme lui par la foudre, tombés avec tout ce qu'il aimait dans le grand abattis, lorsque sur tout ce qui portait trop haut, hommes ou édifices, vieux chênes ou antiques institutions, souffla la grande tourmente de vingt-cinq années, ils ont repoussé depuis, comme repoussent malgré tout tant de choses abattues non déracinées, et le donjon de Combourg, restauré, s'épanouit aujourd'hui dans son écrin de feuillages, sous un renouveau de jeunesse et de soleil.

Le château, masse robuste posée sur une éminence au-dessus de la ville, se compose de quatre grosses tours rondes à combles d'ardoises pointant haut leurs épis et leurs girouettes, tours à créneaux et mâchicoulis, réunies par de grands bâtiments. La plus haute sur l'angle opposé à la ville, c'est le donjon à base du XIe siècle, complété d'un magnifique couronnement à larges mâchicoulis, créneaux immenses et archères.

Que de grands noms attachés à ces belles murailles depuis les Tinteniac, les Du Guesclin, les Malestroit, les Coetquen, jusqu'aux Chateaubriand qui devaient leur donner une illustration nouvelle. Le nid d'aigle dans lequel, aux heures tourmentées, le destin jeta une âme de poète, le château, battu et dévasté par la grande tempête, aujourd'hui remis de ses blessures, est encore occupé par la famille du grand écrivain, en possession du domaine depuis le XVIIIe siècle.

VIEIL HÔTEL A DOL

SAINT-MALO. — ENTRÉE DU CHATEAU.

V

SAINT-MALO. — SAINT-SERVAN

LE VAISSEAU DE GRANIT ET LES FORTS DE LA RADE
CHATEAUBRIAND SUR LE GRAND BEY
LE TOUR DES REMPARTS DU MOLE A LA QUIQUENGROGNE
LE NID DE CORSAIRES

Comme un vaisseau à l'ancre dans une magnifique baie semée d'îlots et de rochers que la mer entoure de franges d'écume, comme une frégate d'autrefois avec sa longue jetée pointant en avant ainsi qu'une proue, avec la flèche de son église pour grand mât, avec château d'avant et château d'arrière, vieilles tours au-dessus de la jetée et gros donjon à la poupe, — le château et la Quiquengrogne de la duchesse Anne, — avec ligne de remparts percés de sabords sur les flancs, telle apparaît la vieille cité de Saint-Malo.

C'est aussi la vieille ville de guerre, comme une forteresse mère allongée sur un rocher, avec ses petits autour d'elle, les forts et fortins accroupis sur tous les rocs de la baie jusque très loin au large.

UNE RUE DE ST MALO

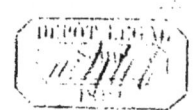

Tous ces créneaux, toutes ces embrasures, toutes ces pierres accumulées pour la défense ont joué leur rôle autrefois; ils servent, pour le moment, de repoussoir aux plus charmants tableaux de la vie moderne, de décor guerrier aux éblouissantes et resplendissantes féeries de la Saison, lorsque sur cette Côte d'azur de l'Ouest l'envahissement annuel se produit, et qu'affluent toutes les élégances du jour, mondaines, aristocratiques ou boulevardières, sur ces plages merveilleuses au fin sable d'or, nichées dans toutes les criques de la côte, sous les falaises et dans les grands écroulements de rochers noirs.

Autrefois il n'y avait, sur ce magnifique coin de terre, à l'embouchure de la Rance aux rivages si admirablement découpés, que les deux villes jumelles de

LE CHÂTEAU DE SAINT-MALO

Saint-Malo et Saint-Servan, l'une maritime et l'autre terrienne, se regardant quelque peu en chiens de faïence; — il y a maintenant comme un quadrilatère de villes, depuis que Paramé s'allonge sur la grande grève de droite devant le château de Saint-Malo et que Dinard à gauche couronne de ses villas les belles falaises d'extrême pointe sur la Rance, deux vieilles cités et deux villes toutes neuves et grandissantes.

Il y a peu de temps encore, puisque les travaux ne sont pas entièrement terminés, Saint-Malo était presque une île, rattachée à la terre par une digue étroite, appelée le *Sillon*, une amarre qui venait l'accrocher sous les tours du château, et que la vieille cité corsaire n'avait qu'à trancher, semblait-il, pour s'élancer sur les flots, vers les hasards, les batailles et les chances de la guerre maritime.

Saint-Malo, il y a quelques années, ne tenait donc à la terre que par le *Sillon* et ne communiquait avec Saint-Servan que par le célèbre pont roulant, qui, des énormes quais de granit formant l'entrée du port commun aux deux villes, portait incessamment, à marée haute, ou à marée basse, les passants d'une rive à l'autre; maintenant, au lieu d'un isthme, Saint-Malo en a trois, le Vieux Sillon, et deux isthmes nouveaux de granit, deux longues chaussées partant de la porte

Notre-Dame et se dirigeant l'une vers la gare et l'autre vers le quai de Saint-Servan et le fort du Naye.

Ces changements ont fait un peu perdre à Saint-Malo de son aspect d'autrefois, quand le port était encore l'immense lac intérieur non subdivisé en bassins, et non coupé de larges chaussées et de quais, quand sur l'autre rive de cette petite mer Saint-Malo apparaissait, à peu près insulaire, émergeant des flots verts ou bleus.

Complètement ceinte de ses belles murailles grises, Saint-Malo montre par-dessus les créneaux, du côté de la terre, une façade de grands hôtels d'aspect solide et monumental comme les remparts eux-mêmes, hôtels des xviie et xviiie siècles élevés au temps de la grande prospérité commerciale de la ville, par ses gros armateurs, négociants en denrées des colonies ou en boulets de canon, qui lançaient des escadres sur les mers pour le commerce ou pour la course.

Les remparts en bel appareil ont été élevés à leurs frais par les riches Malouins, sur les plans de Vauban, au commencement du xviiie siècle, en même temps que les forts de la rade. On peut faire sur la plate-forme des courtines et des bastions le tour complet de la ville. La face tournée vers le large, après le gros bastion qui domine le môle, est le côté ancien des remparts. On a gardé là une partie des vieilles murailles du moyen âge, aux parapets portant sur mâchicoulis. Quelques fragments datent du xiiie siècle, ils ont bravé les premières attaques des Anglais dans la longue série de descentes repoussées, de sièges soutenus et de bombardements subis par le dur corsaire de granit breton.

Cinq portes percent cette ceinture de remparts : la grande porte Notre-Dame au centre de l'enceinte, ouvrant entre deux énormes tours rondes, — la porte de Dinan près du Môle, simple ouverture devant Saint-Servan en face du gros rocher d'Aleth que couronne le fort de la Cité, — la porte Saint-Vincent au bas du château, la porte Saint-Thomas donnant accès à la plage au pied de la tour Quiquengrogne, — et enfin du côté du plus pittoresque et le plus ancien de la ville et des fortifications, la poterne de Bon-Secours, d'où part le sentier qui conduit à marée basse aux îlots du Grand-Bey et du Petit-Bey.

Faire le tour du rocher de Saint-Malo par la plate-forme du rempart est une promenade superbe. Balcon sur la ville, donnant des vues au fur et à mesure qu'on avance, sur tout le labyrinthe de rues étroites, découvrant des files de toits, des bouts de ruelles singulières, étranges parfois ; c'est aussi le balcon sur la mer, sur l'immensité ouverte, sur la rade semée d'îlots qui se développe largement, des pointes cachant Cancale aux falaises bleues du cap Fréhel, avec le chapelet de forts égrenés par Vauban sur les roches d'avant-garde.

D'abord, de la porte Saint-Vincent à la porte de Dinan, c'est, du côté de la ville, la bordure de grands hôtels des armateurs de jadis, une longue ligne percée de rues étroites, sombres, comme la rue des Orbettes qui semble tranchée dans un bloc de colossales maisons, une coulée noire au bout de laquelle, par-dessus les fumées des toits, se dessine la blanche flèche de l'église.

Quand on a doublé la pointe du Môle et grimpé le grand escalier du rempart, on domine la partie ancienne de la ville, les rues plus embrouillées aux vieilles maisons noires. L'étroite galerie du rempart, passe entre des bastions de Vauban et d'anciens murs à mâchicoulis et échauguettes. Ici, au pied des murailles, débouche la poterne de Bon-Secours, dans l'échancrure dessinant une grève encaissée — la plage populaire non loin de la grande plage élégante sous le château.

Roches sur roches, longues traînées de récifs sur lesquels écume le flot à marée haute ; entre les blocs couverts de varechs, circule un petit chemin conduisant au gros soulèvement de rochers du Grand-Bey, que couronnent des remparts fortement cramponnés. A droite du fort, sur une crête surplombant la mer, à 40 mètres au-dessus des vagues, une croix de pierre entourée d'une grille s'aperçoit comme un simple point perdu dans l'espace.

Cette croix, c'est le tombeau de Chateaubriand suspendu à la fois dans le nuage du ciel et dans l'embrun de la vague, dans le tourbillonnement des vents et des oiseaux de la mer, recevant les douces caresses de la brise et bravant les colères farouches de la tempête, au bruit, — murmure ou rugissement, — des grandes orgues éternelles célébrant les gloires de la création et du Créateur.

RUE DES ORBETTES A SAINT-MALO

Le tombeau du grand écrivain lui avait été préparé, sur sa demande, dès 1828 ; il a été ensuite, toujours de son vivant et l'attendant, inauguré et béni par le clergé de Saint-Malo, avec une grande et émouvante solennité.

A 4 ou 500 mètres en avant dans la mer, le Grand-Bey a un frère, le Petit-Bey.

Mêmes rochers couronnés de hautes murailles guerrières, mêmes embrasures allongeant des gueules de canon. Au large tout à fait, émergent bien des récifs points noirs au milieu d'un cercle d'écume ; la belle île de Cézembre, la perle de la rade, dresse au-dessus des flots, à deux lieues dans la fraîcheur de la pleine mer.

SAINT-MALO, TOMBEAU DE CHATEAUBRIAND

ses hautes falaises et ses pentes vertes, entre lesquelles étincelle une plage de sable jaune.

Et tout cela n'est rien. Vienne une grande marée, et tout un continent nouveau surgira. Les marées sont formidables sur ce point de la côte ; aux équinoxes la mer monte, dévore tous ces rochers, et envoie à l'assaut des remparts ses vagues

SAINT-MALO, LE GRAND BEY

follement déchaînées. Puis les vagues reculent, la mer baisse de quinze mètres et découvre au loin le fond de la baie, le hérissement de rochers noirs ou chevelus que les eaux recouvrent et de vertes prairies marines entre les chaînes de rocs. Les îlots se soudent aux îlots, de longs plateaux dressent d'innombrables chicots noirs ou rougeâtres, entre lesquels verdoient toutes les merveilles de la flore marine, de véritables champs d'algues et de varechs, fouillis du vert le plus tendre, longues chevelures rousses embroussaillées, prairies jaunissantes encadrant des mares et des lacs, tout cela vivant, remuant, s'agitant, tout cela grouillant de tout le petit monde de la mer surpris dans ses retraites.

Mais restons sur le rempart. Quand on a passé la pointe de la poudrière, un autre

SAINT-MALO. LE REMPART DE LA PORTE NOTRE-DAME.

horizon se découvre. Du côté de la ville ce ne sont que vieux toits serrés et arrière-façades des maisons du Saint-Malo moyen âge. Du côté de la mer, c'est encore un grand fort hissé sur un îlot au bout d'une longue pointe de roches noires désordonnées, battues et lavées incessamment par la vague, allongée dans les flots verts comme un écroulement de montagnes.

Celui-ci, c'est le fort National, devant le château, en tête de la grande grève.

Le château de Saint-Malo, le vieux gardien de la ville qui tonna si souvent de toutes ses bombardes et de tous ses canons, présente avec une majesté fière et rude, un robuste ensemble de grosses tours rondes, reliées par de longues courtines en partie arrangées par Vauban, solidement campé en avant de sa ville pour la défendre à la fois contre tout ennemi venant de la mer ou de la terre, au débouché du *Sillon*, l'étroite chaussée qui la rattachait à la terre ferme.

L'entrée du château, sur une belle place très animée, ombragée de grands arbres, est un beau décor militaire moitié xve et moitié xvie siècle, une porte ouvrant sous de grands mâchicoulis et dominée par le vieux donjon, mais obstruée par un élégantissime et superbissime kiosque à musique tout doré, qui a poussé là tout récemment.

Entre la porte Saint-Thomas qui relie au château les remparts de la ville sous les grosses tours, s'abritent les cabines de bains, cabines roulantes descendant à marée basse jusque sous le fort National et, quand la mer monte, se repliant en bon ordre sur l'étroite marge laissée par elle au pied des murailles, que défend un premier rempart rustique de troncs d'arbres tordus, noircis et verdis par la mer, plantés en lignes devant la digue des dunes. Admirable plage de sable qui s'en va le long du Sillon, des rudes tours féodales aux villas et aux castels capricieux et fantaisistes, rejoindre le jeune Paramé.

La fameuse tour Quiquengrogne de la duchesse Anne, la voici à l'angle du château, à côté de la porte Saint-Thomas.

Le vieux Saint-Malo du moyen âge, véritable république de gens de mer reconnaissant fort peu l'autorité ducale ou royale, gouvernée par ses évêques et toujours en différends avec les ducs, avait déjà, après la grande guerre civile du xive siècle, après la lutte entre les deux prétendants au duché, Charles de Blois et Jean de Montfort, vu s'élever le grand donjon, autant pour défendre la ville que pour la mater.

Au siècle suivant, après la guerre pour la succession de François II, après Saint-Aubin-du-Cormier, la duchesse Anne, devenue, par son mariage avec Charles VIII, reine de France, pour en finir avec les prétentions des Malouins à l'indépendance, posa sur leurs têtes la masse rébarbative du château actuel et sur la tour d'angle regardant la ville, fit graver, en avis à celle-ci, l'inscription bien connue :

> Quic-en-groigne
> Ainsy sera,
> C'est mon plaisir.

Cette inscription disparut en 93, grattée en même temps que les écussons aux fleurs de lys de France et hermines de Bretagne, en même temps que Billaud-Varennes enlevait à la ville la cloche Moguette de la grande porte qui sonnait chaque soir le double signal du couvre-feu pour les bourgeois et du lâcher sur le Sillon, des dogues, garde canine de la cité.

Le vieux donjon avait eu déjà ses jours d'épreuves et de gloire : les Anglais, en 1376, amenés sous ses murs par le duc de Lancastre, s'efforcèrent vainement de le renverser avec leurs bombardes en batterie sur le Sillon, et plus tard, dans la lutte entre Clisson et le duc Jean de Montfort, il soutint encore victorieusement les attaques des troupes ducales.

Les Français, à leur tour, après Saint-Aubin-du-Cormier, parurent devant Saint-Malo conduits par La Trémouille, qui dressa sur le sable même, à l'autre bout de la ville, sous le rocher d'Aleth, ses batteries qu'à chaque marée les canonniers recouvraient de peaux suifées et cirées.

Le château de la duchesse Anne et la Quiquengrogne ne reçurent le bap-

LE MOLE DE SAINT-MALO ET LE FORT DE LA CITÉ EN SAINT-SERVAN

tême du feu qu'au temps de la Ligue. En même temps que la Bretagne, mal mariée encore à la France, cherchait, en se donnant au duc de Mercœur, à briser le lien qui l'attachait au pays gaulois depuis Anne de Bretagne, Saint-Malo songeait à son indépendance particulière et visait à se transformer en une petite république à la mode des villes Hanséatiques.

Une garnison royale occupait le château ; une question de taxes et le refus des Malouins de reconnaître pour roi, à la mort d'Henri III, le Béarnais non converti encore, ayant alors brouillé le gouverneur, le comte de Fontaines, avec la ville, les Malouins résolurent, par un coup d'audace, de s'affranchir d'une autorité qui leur pesait.

Une soixantaine de jeunes gens, par une nuit sombre, descendent du mur de la ville dans le fossé du château, une corde leur tombe d'en haut jetée par deux soldats de la garnison gagnés à la conspiration. Aussitôt une grappe de Malouins renouvelant l'exploit de Bois-Rosé à la falaise de Fécamp, bat contre le mur de la tour ; sous leur poids la corde glisse le long de la couleuvrine à laquelle elle est attachée et reste à peine retenue par le renflement du bronze à la gueule de la pièce. Les Malouins montent toujours, ils gagnent tous la plate-forme et, laissant une douzaine d'hommes pour la garder, ils se répandent dans la place... Un vio-

CHATEAUBRIANT, MAISON DE LA DUCHESSE ANNE.

lent tumulte éclate, la garnison se défend. Au bruit des premières arquebusades, la garde bourgeoise de la ville paraît et s'efforce d'enfoncer la porte du château. A ce moment, le comte de Fontaines, essayant d'une fenêtre du donjon de se reconnaître dans la bagarre, est renversé par un coup de feu. Le gouverneur tué,

les assaillants de l'intérieur menaçant de faire sauter les poudres, la garnison se décide à capituler, et les Malouins joyeux sont les maîtres de cette forteresse élevée pour les brider.

Cependant la Ligue tombée, le roi Henri converti enlevait ou rachetait, l'une après l'autre, toutes les provinces et les places de son royaume. Après avoir vécu quelques années en république, force fut bien aux Malouins de rentrer sous l'autorité royale ; ils se décidèrent et, moyennant la confirmation de leurs privilèges, se donnèrent au roi et par la même occasion lui offrirent Dinan, leur voisine, qu'ils allèrent enlever à la Ligue.

Pendant tout le cours des deux siècles suivants, le vaisseau de Saint-Malo vogue triomphalement. C'est le temps de la grande prospérité de la ville. Saint-Malo est un arsenal privé, organisant la course, lançant des flottilles et des escadres de bâtiments pour la grande ou pour la petite guerre maritime. Tous les Malouins sont marins; sous Louis XIV, c'est à Saint-Malo qu'appartient l'honneur de fournir l'équipage du vaisseau amiral de France.

SAINT-MALO. UNE PORTE RUE MAHÉ-DE-LA-BOURDONNAIS.

Dans toutes les guerres et expéditions maritimes, Saint-Malo se lance en avant et la fortune lui sourit ; l'audace fabuleuse des corsaires malouins est constamment récompensée par le succès. Pendant le cours des guerres du grand roi, des milliers de prises, navires d'Angleterre ou galiotes de Hollande, furent traînées dans le port et des flots d'or coulèrent en ville.

Aussi Hollandais et Anglais tentèrent-ils plusieurs fois de détruire ce terrible nid de corsaires qui leur coûtait si cher. En 1693, ce fut l'expédition de la *machine infernale*. Dix gros vaisseaux anglais et cent galiotes à bombes, ayant paru dans la rade, s'emparèrent du fort de la Conchée comme pour en faire la base d'une attaque en règle. Un ingénieur anglais avait préparé pour ruiner la ville et faire sauter ses défenses une invention effroyable, un bâtiment de 90 pieds de long, rempli de poudre, de bombes, grenades, ferrailles et matières incendiaires.

Le dimanche 29 novembre, à huit heures du soir, par un vent favorable, la machine infernale se lance toutes voiles dehors sur le port ; mais, par suite d'une fausse manœuvre, elle touche sur un rocher et soudain s'immobilise pendant que les canons de la ville dirigent tous leurs boulets sur elle. Sous cette averse de fer, l'inventeur, troublé, se presse trop vite de mettre le feu à ses mèches ; il n'a pas le temps de se sauver dans les chaloupes et saute avec les quarante hommes qui montent la machine. Cent mille tonnerres éclatent à la fois, à faire crouler toutes les falaises de la baie, et aussitôt après mille débris retombent sur la mer et sur la ville, sans produire grand mal, heureusement ! L'effroyable explosion révèle à la ville le danger qu'elle a couru. Un des mâts de cette machine tombe debout sur un toit et perfore la maison du haut en bas.

Deux ans après cette tentative avortée, une grosse flotte anglo-hollandaise se présente encore, bombarde la ville ; mais devant les vigoureuses ripostes des forts elle est forcée de se retirer, laissant ce Saint-Malo détesté fort avarié, mais bien vivant.

Duguay-Trouin est le grand nom de cette époque comme Robert Surcouf est celui de la période également glorieuse de la République et de l'Empire. Chacun de ces deux noms illustres représente et résume une génération de héros malouins, de brillants officiers de mer, avec leurs qualités d'audace, leur esprit d'entreprise, — et de corsaires aux folles témérités, voltigeurs de la mer jouant avec le danger, se lançant sur toutes les mers, dans les plus fabuleuses aventures, étonnant les océans par leurs prodigieux exploits.

Ce sont les bénéfices de ces expéditions, des navires faisant le grand négoce avec les Indes et les colonies en temps de paix et armant pour la course pendant les périodes de guerre, qui ont élevé ces opulents et grandissimes hôtels, qui ont payé cette ceinture de remparts et fondé aussi la ville d'à côté, Saint-Servan, commencée en simple faubourg de maisons de campagne des gros négociants ou des corsaires enrichis.

Le vieux vaisseau de pierre ancré sur le granit, rempli de marins, d'hommes à la fois négociants hardis et braves officiers, de matelots ayant roulé sur toutes les eaux, de glorieux écumeurs de mer vivant à outrance et jetant par toutes les fenêtres l'or de leurs parts de prise, lâchait sur les marines ennemies, lorsque pour de longues années la guerre régnait sur l'Océan, d'innombrables navires, vaisseaux de haut bord ou coquilles de noix, montés par ses terribles enfants.

Et quand l'ennemi se décidait encore une fois à essayer d'écraser leur repaire, comme en 1758, et lançait ses flottes à l'abordage de la ville corsaire, les remparts élevés par les Malouins se couvraient de feux, par tous ses sabords le vaisseau de pierre dégarni, surpris presque sans soldats, renvoyait superbement ses boulets à l'ennemi.

Cent cinq navires anglais en cette année 1758, avec un corps de douze mille hommes débarqués sous le commandement du grand Marlborough lui-même, se heurtèrent inutilement au *Vieux Rocher*. Tout ce que put faire Marlborough ce fut de brûler à Saint-Servan les chantiers où naissaient et d'où s'élançaient ces insaisissables corsaires et les navires surpris dans le bassin de cette ville et dans le port Solidor.

Vingt années après cette dernière tentative des Anglais, quand la guerre d'Amérique éclata, tout un essaim de corsaires s'élança encore de la ville contre sa vieille ennemie et, après un court intervalle de repos, ce furent vingt années encore de courses et de luttes épiques, la longue guerre de la République et de l'Empire, l'effroyable dépense de sang, de poudre et de bravoure dans laquelle Saint-Malo paya largement sa quote part.....

Vingt années pendant lesquelles le seul négoce fut celui des boulets de canon, pendant lesquelles, Surcouf en tête avec une foule de braves capitaines, on vit les petits navires malouins lancés à travers les croisières, rompant les blocus, ruinant le commerce ennemi, tombant sur ses convois, les minces goélettes attaquant les escadres, les petits équipages de corsaires abordant, la hache au poing, les gros navires chargés de soldats et de canons, — et tous ces corsaires lâchés à terre, au retour, officiers et matelots, tous enrichis par leurs parts de prise, remplissant la ville de leurs folies et jetant littéralement par les fenêtres cet or payé de leur sang puisqu'ils allaient en ce temps, pour s'amuser un peu, jusqu'à faire frire les louis, les napoléons et les guinées pour les jeter tout bouillants au populaire amassé sous les fenêtres des restaurants où ils faisaient ripaille.....

SAINT-MALO ET LE FORT DE LA CITÉ

VI

SAINT-MALO. — SAINT-SERVAN

GRANDS HOTELS ET VIEILLES RUES. — QUELQUES MAISONS ILLUSTRES
LA GARDE CANINE DE SAINT-MALO
COTÉ AUSTÈRE ET COTÉ GAI DE SAINT-SERVAN
LA VIEILLE CITÉ D'ALETH. — LA TOUR SOLIDOR ET SES PETITS PORTS

Trois ou quatre rues très commerçantes et très animées, allant de la Porte Notre-Dame à l'église ou de l'église au château, quelques places, toute la vie de Saint-Malo est concentrée sur cet étroit espace, dans ces rues à peine assez larges pour une voiture et bordées de maisons prodigieusement hautes.

Le reste de la ville, ce sont les hôtels en bordure sur le rempart regardant la terre, et un réseau de petites rues plus anciennes, aux maisons plus noires, offrant quelques profils de vieux hôtels du XV° siècle, des ruelles aux maisons vermoulues, revêtues d'une cuirasse d'ardoises déclouées et tombantes, pignons tout en fenêtres, en cages entièrement vitrées, suspendues en avant corps à chaque étage comme dans la rue Boyer, hautes façades de pierres jaunies, écornées et disjointes.

On peut regretter, dans ces vieilles rues, l'ancienne halle au poisson, construction de bois pittoresque dans un carrefour bordé de façades du XVI° siècle. Les maisons y sont encore, mais la poissonnerie a été remplacée en ces dernières années par un marché à carcasse de fer. Une attaque de plat modernisme a de même atteint les vieilles maisons à grands toits donnant sur le rempart en face du Grand-Bey, à côté de la Porte Notre-Dame. Ces maisons ont été ravalées, les grands toits ont été rasés et les grandes lucarnes arrangées en petites fenêtres à bandeaux de zinc.

Devant le château, dans un coin de la place aux façades modernisées, une de ces maisons anciennes appartenait à la famille de Chateaubriand. Le grand écrivain naquit dans une des chambres donnant par-dessus le rempart sur l'immensité ouverte avec ses splendeurs et ses ouragans; au fond de cette maison on trouve une petite cour sombre et triste avec un large escalier à balustres de bois, sous l'enfoncement, à côté d'un puits couvert d'un petit auvent.

Autres maisons natales à peu de distance. Celle de Lamennais d'abord, austère et mélancolique, dans la rue Saint-Vincent, et celle de Duguay-Trouin à l'entrée de la rue Jean-de-Châtillon. Celle-ci est vitrée du haut en bas, chaque étage est semblable à une grande cage à petits carreaux conservant même, dans le vieux fenestrage, des compartiments de vitraux losangés. Ces immenses verrières devaient être l'originalité des maisons du vieux Saint-Malo; on n'en trouve plus que quelques-unes éparpillées dans certains bouts de rue, ou sur les cours.

SAINT-MALO. MAISON DE DUGUAY-TROUIN

La maison de Duguay-Trouin avait ses fenêtres appuyées sur des poutrelles sculptées dont les statues de bois ont été rognées; un écusson soutenu par deux lions orne encore la petite porte du rez-de-chaussée, devenu cabaret où l'on vend à boire et à manger.

Rue Mahé de la Bourdonnais, — autre nom de Malouin illustré par ses triomphes dans l'Inde, héros malheureux, embastillé plus tard à Paris, — une vieille façade sévère du xvii° siècle encadre une superbe petite porte de bois sculpté dans le style Louis XIII, ouvrant sous un cintre garni d'une demi-rosace à fuseaux bretons.

C'est ici le coin ancien, aux habitations pittoresques, à deux pas du mouvement, des rues à magasins et des hôtels, à deux pas de la plage et des gaîtés du présent, mais à trois ou quatre cents ans en arrière dans le temps. Un grand logis de pierres flanqué d'une haute tour, et gardant encore quelques cordons de fenêtres sculptés, s'élève au fond d'une sorte d'impasse, cour de la Houssaye. Cela s'appelle la maison de la duchesse Anne; la reine Anne de Bretagne, toujours duchesse pour les Bretons, l'habita quelque peu lorsqu'elle fit construire le château et la forte Quinquengrogne qui mettaient les Malouins si mal à l'aise.

La cathédrale, à côté de la place de l'Hôtel-de-Ville, sur laquelle est une statue de Duguay-Trouin, élève un assez vilain portail à fronton, pilastres et colonnes engagées, appliqué au xviii° siècle sur une nef en partie du xvi°. Le bel effet extérieur est au chevet, dressant au-dessus des maisons serrées de la principale rue et des pignons grimpant les uns par-dessus les autres, une grosse masse flanquée de contreforts à forte saillie, et percée d'une grandissime fenêtre ogivale à trois arcatures.

Au dehors de la ville close, au pied des tours du château, aboutit le Sillon, qui fut jadis la seule communication de la ville avec la terre ferme. La milice canine de Saint-Malo, vingt-quatre dogues déchaînés chaque soir à la sonnerie du couvre-feu, rôdaient toute la nuit sous le château et sur les grèves pour la sûreté de la ville commise à leur garde et nul n'aurait pu s'y risquer sans avoir affaire à leurs crocs. Ils eurent, pendant plusieurs centaines d'années jusqu'au siècle dernier, la garde de la ville, laquelle portait en leur honneur, avant 1615, ses armoiries d'argent à un dogue de gueules.

D'un côté le Sillon actuel a sa belle plage, si animée l'été, magnifique grève de sable, champ de course à l'occasion, et sur laquelle à marée basse, se passent les revues de la garnison aux jours de fête, et de l'autre les bassins du port, le quartier des chantiers et des magasins, tout le matériel de l'industrie et du commerce modernes.

Des vieux moulins qui jadis, en ligne sur le Sillon, recevaient la grande brise de mer et trempaient presque leurs ailes dans l'écume des vagues, il ne reste qu'un seul, énorme tour renflée à côté d'un calvaire de granit tout neuf.

Ville de l'histoire dans la ceinture de murailles ancrées sur le roc de Saint-

Malo, — ville industrielle et maritime entre Rocabey et la gare, — ville de repos, de rentiers et de communautés religieuses à Saint-Servan et double ville élégante à Paramé et Dinard sur la droite et sur la gauche, — voilà Saint-Malo-Saint-Servan. Les deux cités communiquent par le pont roulant établi au bout du grand quai si mouvementé, près des embarcadères des bateaux de Jersey, de Southampton et de la Rance, quai toujours sillonné de chariots de marchandises et encombré de caisses et de paniers de victuailles, fruits et beurres destinés à dame Albion, la vieille ennemie au si grand appétit.

Ce pont roulant, simple carcasse de fer portant une plate-forme pour piétons et voitures, circule entre les formidables quais de granit qui bordent la passe, sur des rails posés au fond de l'eau. A marée haute, c'est une assez curieuse chose, cette plate-forme fendant l'onde et s'avançant lentement sans broncher sous le choc de la vague.

Si peu de distance entre ces deux villes, et tant de différence ! Saint-Servan, fille de Saint-Malo, faubourg promu au grade de ville à la révolution, ville qui peut se mettre au large et s'étaler à l'aise sur la Rance et dans la campagne, ville aux grandes rues solitaires développant des files de maisons closes et silencieuses, coupées de hautes murailles de couvents et projetant dans tous les sens, vers les champs, des ruelles sinueuses entre de longs murs de jardins, — la ville de Saint-Servan à première vue n'est pas très gaie.

Au calme profond, presque solennel, des grandes places vides, à la monotonie des quartiers bourgeois, où toutes les maisons, d'aspect bonasse, persiennes fermées ou rideaux tirés, semblent de bonnes vieilles qui se laissent en dodelinant tomber dans le sommeil, s'ajoute encore l'aspect glacé et renfrogné des couvents et des communautés religieuses qui tiennent une bonne partie de la ville. On dirait que les habitants, s'il y en a, de ces maisons bourgeoises modernes ou de ces vieux hôtels du siècle passé, vivotent retirés de ce monde, absolument désintéressés de la vie qui continue sans eux.

C'est un peu le royaume du silence. Pas de cris ou de rires d'enfants derrière ces grands murs qui laissent à peine deviner la belle végétation des jardins poussant probablement pour le plaisir des seuls oiseaux. La maussaderie qui plane sur ces rues grises, sur ces quartiers endormis et figés, devient bientôt de l'austérité morne ; au silence bourgeois succède le silence monacal, car en les étudiant, on voit bien qu'il y a des nuances et que ce ne sont pas tout à fait les mêmes silences ; les roitelets se taisent ou mettent une sourdine à leurs gazouillements. Vieux couvents aux sombres murailles ou communautés toutes neuves à fenêtres gothiques ou romanes, de grands bâtiments projettent des ombres austères sur des rues où l'herbe tapisse les pavés comme pour étouffer le bruit des pas des rares passants. Des passants ! A certaines heures, quand une petite cloche tinte quelque part, quelques petites portes s'ouvrent silencieusement, quelques silhouettes noires glissent, se dirigeant vers quelque chapelle, des cornettes blanches ou bleues de religieuses passent lentement ou bien de longues capes noires de veuves venant du quartier des marins, mais c'est tout. C'est dans ce cadre austère que naquit humblement, vers 1835, l'œuvre des petites sœurs des pauvres si considérablement étendue et développée depuis.

Pourtant cette tristesse de Saint-Servan n'est qu'apparente, cette maussaderie est de premier aspect. Saint-Servan gagne à être connu. J'y ai passé un été et j'ai pu découvrir alors un Saint-Servan plus aimable, caché sous la ville monotone et morose.

Cherchez un peu. A côté de ces rues de couvents, traversées par de silencieuses ombres de nonnes, voici d'autres rues plus gaies, des murs de jardins moins hauts, des villas bâties sur les rochers au-dessus de la Rance en des nids de belle végétation, parmi les figuiers et les magnolias, avec des échappées sur la mer ou sur la campagne, et même, on le dirait, un peu plus de soleil.

SAINT-SERVAN, MAISON SOUS LA PAROISSE.

Des rires maintenant, des voix de jeunes filles, des passants bruyants à la démarche leste, des costumes aux couleurs voyantes. Ce sont des Anglais, nombreux à Saint-Servan, des jeunes gens vivant dans les pensions britanniques établies sur la Rance, des familles venant, l'été, faire en Bretagne une cure d'économies pour l'hiver. Bicyclistes ou joueuses de lawn-tennis, baigneurs, promeneurs ou excursionnistes, ils réveillent un peu le somnolent Saint-Servan.

Et à côté des quartiers bourgeois, il y a les vieilles petites rues qui contournent l'anse des Bas-Sablons; à côté des quartiers cléricaux, le pittoresque quartier des marins sur les glacis du fort de la Cité, sur les pentes du petit port Solidor gardé par la belle tour assise sur le roc au ras des vagues.

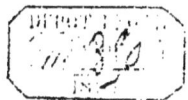

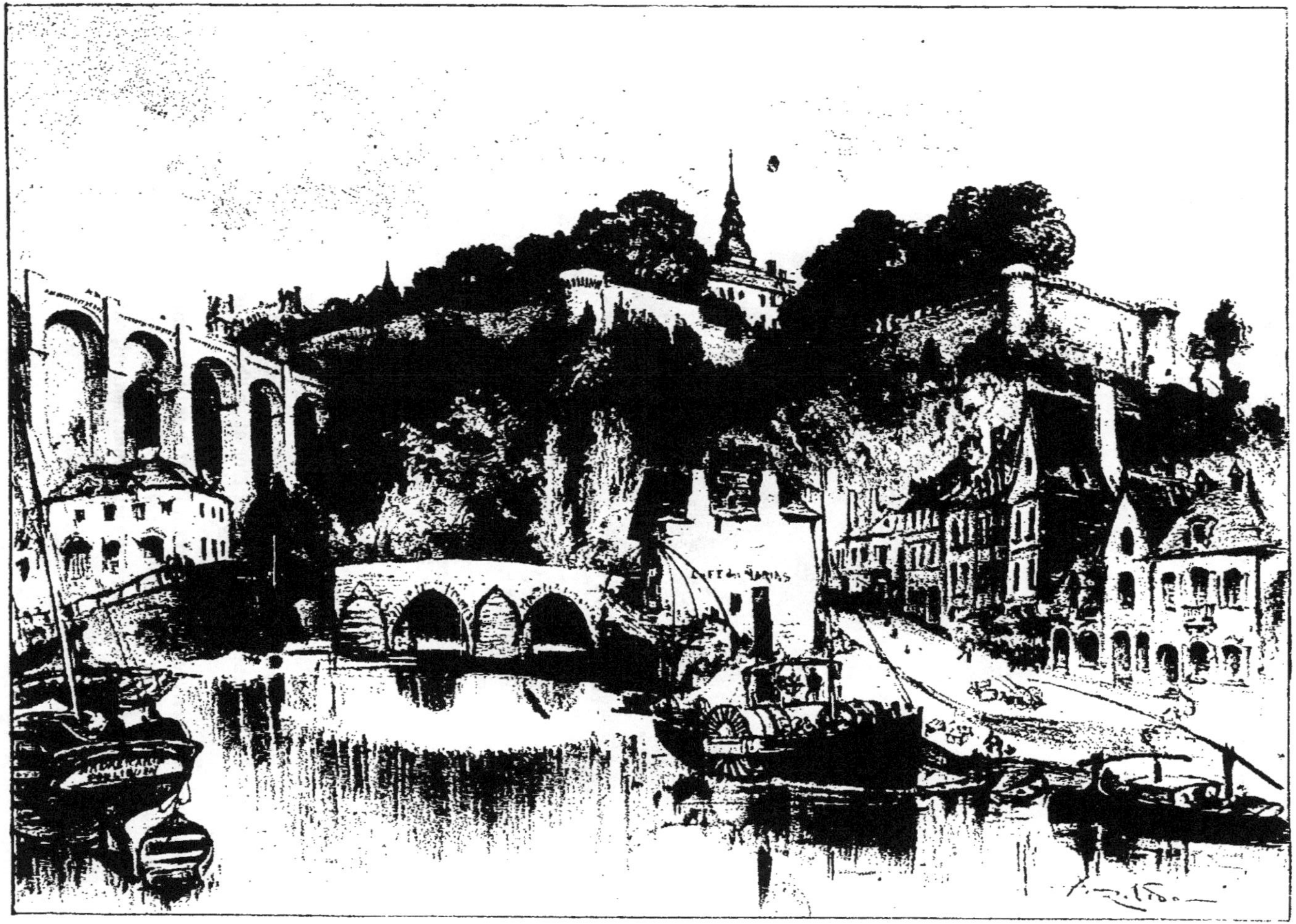

ATLAS

DINAN

Lith. BELFOND & Cie, 10, rue Gaillon, PARIS

Cette anse du port Solidor, c'est le joli côté de Saint-Servan, c'est une compensation aux quartiers un peu ternes, accordée par le ciel et arrangée par les hommes, et une bonne compensation. Autant le côté de la ville tourné vers Saint-Malo, le côté du grand port, est morose, autant celui-ci est pittoresque et gai. Les rues

MAISON ANCIENNE A SAINT-SERVAN

derrière peuvent être ce qu'elles voudront, et se permettre de ressembler à un vaste béguinage, Saint-Servan a la Rance, ses petites grèves abritées dans les rochers, l'anse des fours à chaux, le port Solidor, le port Saint-Père ; Saint-Servan a sa magnifique échancrure ouverte sur la mer et en face la pointe de Dinard si bien découpée.

A ma première arrivée à Saint-Servan, l'omnibus du chemin de fer qui conduisait des voyageurs au bac de Dinard, après avoir longuement roulé à travers les longues et interminables rues grises, me jeta soudainement, par un beau soleil couchant, devant ce magnifique tableau, au pied de la tour Solidor baignée dans le scintillement des flots agités et se dressant dans un ciel jaune et rouge, et à partir de ce moment, en faveur du grand et superbe paysage, je n'ai pu me décider à trouver Saint-Servan le moindrement ennuyeux.

Entre deux anses, une très étroite et une plus large, l'une abrupte et sèche, l'autre encadrée de verdures, sur une grosse pointe rocheuse se prolongeant en une cale de granit, sur un véritable piédestal de roches hérissées trempant dans la vague, se dresse une haute construction féodale, formée de trois tours collées ensemble de manière à dessiner en plan une sorte de trèfle, et rattachées à la terre par un pont qui fut autrefois pont-levis.

Au pied de la tour, à la cale finissant en pente douce sous le flot, du mouvement toujours, les omnibus amenant des tas de malles et des flots de voyageurs pour le bateau à vapeur de Dinard qui fume et halète sous la tour même, les voitures de provisions destinées à ce même Dinard, à côté des bateaux à voiles prenant aussi des passagers pour la courte traversée, des bateaux de pêche, des bateaux de la Rance débarquant des chargements de fagots... Pour fond à ce tableau si bien meublé et si animé, la verdoyante côte de Dinard, les arbres de la pointe de la Vicomté, l'anse et le promontoire aux rochers couronnés de grandes villas blanches.

Les vieilles maisons perchées sur les roches autour du port Saint-Père sont pittoresques aussi, comme tout ce quartier de marins qui commence sous la Paroisse, la lourde et très laide église moderne, portant sur colonnades et fronton une haute tour coiffée d'un dôme en forme de chapeau melon.

La tour Solidor terminée en terrasse avec un sémaphore en haut, vient de recevoir une reconstitution de son ancien comble; par malheur, l'emmanchement des toits des trois tourelles ne se silhouette pas très bien et alourdit quelque peu l'ensemble. Cette tour Solidor date du xive siècle et a été ainsi placée en embuscade derrière le promontoire de la Cité, par le duc Jean de Montfort, — après qu'il eut, avec le concours des Anglais, vainement assiégé Saint-Malo révolté, — pour isoler les Malouins de la terre et leur couper la route de la Rance.

En arrière de la tour, le port Solidor, ancien port militaire, est bordé de vieux bâtiments, hangars ou casernes de la marine, couronnés par les beaux arbres de la pointe Corbière, derrière laquelle se dessinent d'autres criques encaissées sous les jardins de communautés et les villas en corniche. On ne peut suivre malheureusement cette corniche prise par les propriétés, mais en passant par la ville on retrouve la Rance et son joli rivage à l'anse des fours à chaux, qui est la baignade favorite de Saint-Servan, la petite plage si calme, si tranquille, un creux de rochers à portée des frais sentiers dans les vallons ombreux et des parcs aux grands vieux arbres de la Briantais et du Vau garni, tout près de l'échancrure où se cache sous la verdure avec des apparences de manoir anglais, le vieil hôpital du Rosais, flanqué d'un petit cimetière poétique, au-dessus de la Rance.

L'autre côté du port Saint-Père est dominé par l'énorme bloc granitique de la Cité, un amoncellement de roches noires à fleur d'eau, une falaise au-dessus, des corderies à mi-côte et un marégraphe à la pointe extrême, mince tourelle en mer, rattachée par un petit pont de fer à la falaise. Au-dessus de tout cela, s'étendent des pentes herbeuses finissant en embrasures pour les canons du fort de la Cité qui commande l'embouchure de la Rance, gros bloc de bastions élevé après le débarquement des Anglais en 1758, pour empêcher les Marlboroughs de l'avenir de recommencer. Tel est ce gros promontoire de la Cité d'Aleth.

TOMBEAU DANS LE PRIEURÉ DE DINARD

Saint Malo et saint Servan sont nés ici. Dans les brumes de la nuit des temps, une ville celtique occupait cet abrupt rocher, alors que le Saint-Malo actuel n'était encore rien qu'une île sauvage battue par les vagues. Au VIᵉ siècle, cette île eut un ermite, un pieux personnage à qui la légende donne le nom biblique d'Aaron; l'ermitage devint par la suite un couvent et ce couvent eut un abbé nommé Malo qui convertit les Alethiens au christianisme et devint leur évêque. Plus tard, pour mieux se défendre contre les invasions des pirates normands, les Alethiens transportèrent leurs pénates dans l'île et donnèrent à leur nouvelle ville le nom du saint évêque Malo.

Ce promontoire élevé, aux flancs rugueux et déchirés de profondes anfractuosités, quel belvédère admirable chaque soir, pour le finale féerique des journées d'été, les magies du coucher du soleil éclatant sur les splendeurs de la baie, l'astre plongeant dans un bain d'or derrière Cézembre, les explosions de couleurs flamboyantes dans le ciel par-dessus toutes les îles, tous les îlots et tous les rochers du large !

De l'antique cité d'Aleth, jadis posée sur ce granit, il reste parmi les maisons de matelots, sur une grande vieille place montueuse d'une physionomie tout à fait bizarre d'une vieille avenue plus que tranquille, la Tour la Ballue, amer pour les marins, se montrant par-dessus les jardins, au loin vers la belle route de Rennes.....

Pourtant, non loin du port, s'élève une belle maison ancienne parmi les bourgeoises habitations modernes, une forte construction de pierre à cordons de granit bleuâtre, toits d'ardoises à grands épis de faîtière et cheminée monumentale, accostée d'une haute tourelle octogonale en assises de granit alternativement claires et sombres, terminée par un petit dôme bulbeux.

Une inscription gravée au-dessus de la porte de cette belle maison lui donne pour date de naissance 1637.

LE FORT DE LA LATTE AU CAP FRÉHEL

PORTE SAINT-MALO A DINAN

VII

DINAN

LA COTE. DE DINARD A SAINT-JACUT-DE-LA-MER. — SUR LA RANCE
HAUTE SILHOUETTE FÉODALE DE DINAN. — MONTÉE DE JERZUAL
LE BEFFROI — DU GUESCLIN. — LE PRIEURÉ DE LEHON

Jusque vers le cap Fréhel qui, sur l'horizon, a l'air de dresser contre l'Océan un immense rempart bleu, le magnifique paysage malouin déroule une série de plages superbes, des étendues de sable d'or parmi des amoncellements de roches, de hautes falaises herbeuses, des rochers pittoresquement cassés et découpés, des criques charmantes sous le verdoiement des jardins, des plages luxueusement meublées de castels fantaisistes, de villas et cottages comme à Dinard, des grèves sauvages comme à Saint-Lunaire et des anses d'aspect plus calme où la campagne plantureuse vient finir près des premières vagues comme à Saint-Briac, au village qui a gardé à son église reconstruite, un curieux vieux clocher.

Puis viennent Saint-Jacut-de-la-Mer, le rocher des Ebihens, les vieilles tours éventrées du Guildo, au fond de la baie de l'Arguenon, et pour finir magnifiquement le poème de cette côte vraiment admirable, après les coquetteries modernes de Dinard, après le Guildo tragique et gothique, les splendeurs éternelles des paysages du cap Fréhel.

Ici ce sont des étendues de landes sauvages feutrées d'un immense tapis de bruyères roses et d'ajoncs aux fleurs jaunes, des rochers debout dans la mer, portant aussi à leur sommet des bouquets de verdures inaccessibles, de gigantesques perchoirs autour desquels tournent avec des cris stridents des vols de mouettes aux ailes blanches ; puis des falaises vertigineuses percées de fentes qui sont des grottes où la mer à marée basse laisse des mares d'émeraude transparente, enfin d'énormes rochers sur lesquels se dresse l'énorme bloc de tours, bâtiments, courtines et portes à pont-levis du Fort-de-la-Latte, arrangé par Vauban avec les restes d'un donjon moyen âge, une vieille forteresse d'aspect sauvage plongeant ses pieds de granit dans la mer, et regardant à trois kilomètres, à l'autre bout de sa ligne de falaises éternellement assiégées et battues par les vagues, balayées par toutes les brises, les phares plantés sur les murailles grandioses et terribles du cap Fréhel...

Il y a la Rance aussi et le voyage à Dinan par la rivière, c'est-à-dire des paysages d'un autre genre, mais d'une égale beauté, la remontée en trois heures de bateau à vapeur du grand fiord que dessinent la Rance et la mer à travers 30 kilomètres de rivages délicieusement accidentés.

En débouchant du môle de Saint-Malo, le bateau à vapeur file droit sur Dinard et fait sa première escale sous le promontoire aux grands rochers qui portent tant de superbes villas accrochées à leurs flancs, juchées à leur sommet, un Trouville breton, mais un Trouville haut perché, où parmi la verdure des jardins s'échevelant parfois jusqu'au bord de la mer, tant de balcons, de vérandas, de « windows » se montrent suspendus au-dessus des roches et des vagues, dans la magnificence de la baie.

Elle est bien jolie, la cale de Dinard, au pied de ces falaises, et aussi l'étroite échancrure qui forme le port, égayée par le mouvement des vapeurs, des yachts, et des bateaux à voiles passant incessamment le petit bras de mer avec des promeneurs de Saint-Malo. Et quand le bateau repart et s'enfonce décidément dans la Rance, quel panorama se déroule sur les deux rives, aussi charmantes et pittoresques l'une que l'autre, appelant le regard à droite, à gauche, en avant ou en arrière, depuis les larges horizons de l'embouchure embrassant toutes les îles et îlots, Saint-Malo dans son rempart, le gros bloc de granit de la Cité, Solidor, Dinard, le rocher de Bizeux en travers du courant, tout cela formant un immense cercle autour du bateau, — depuis les vastes étendues de mer, jusqu'aux resserrements de cap en cap, entre de belles collines boisées où le pied des chênes s'accroche aux roches baignées par la marée.

Là-bas sous les arbres, au fond de la petite baie de la Vicomté, se cachent les ruines du prieuré de Dinard, débris d'une chapelle du xive siècle où deux statues de chevaliers couchés dorment sous une ogive embroussaillée au pied d'un figuier.

Plus loin les collines verdoyantes de la Briantais et de la Richardais, l'anse de

Troctin, la pointe de l'Égorgerie, nom sinistre d'une maison isolée sur la rive, où jadis, au temps de la Révolution, une famille entière fut nuitamment assassinée. Saint-Jouan-des-Guérets, Saint-Suliac qui voit la Rance s'élargir en lac, village de

DINAN, LE BAS DE LA RUE DE JERZUAL.

marins entre deux lignes de roches, puis des défilés et des détroits et d'autres ouvertures, belles coupes vertes où la Rance se met au large.

Des villages, des villas égayent les rives, des châteaux se profilent sur des escarpements comme au cap du Chêne-Vert, vieilles tours du moyen âge escaladées par le lierre, dressées dans un massif de chênes au-dessus d'une crique rocailleuse. Vient ensuite un long défilé serpentant entre des roches escarpées qu'enjambe un grand viaduc de chemin de fer, puis les écluses du Chatelier, et le bras de mer

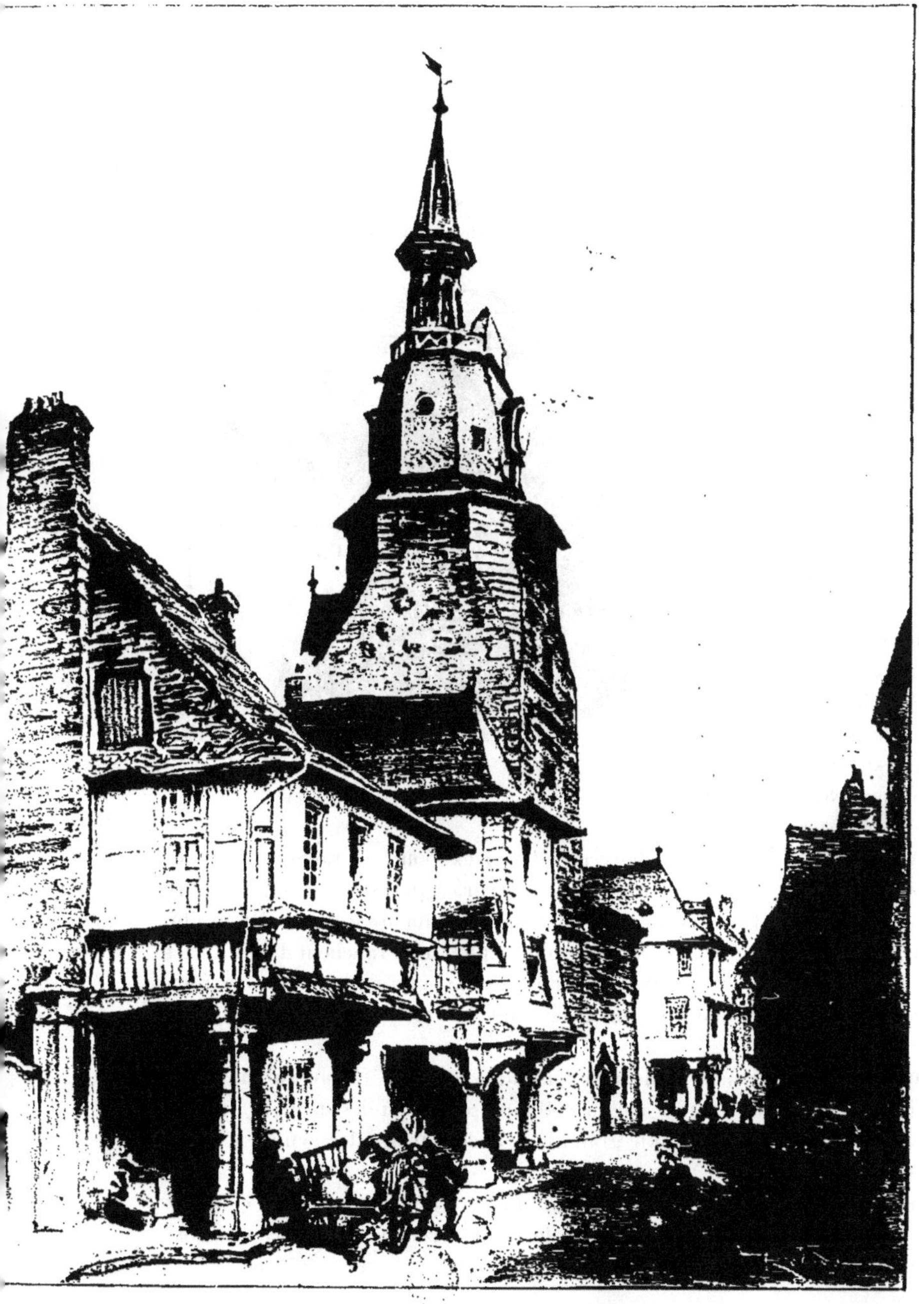

Lith. BELFOND & Cᵒ, 10, rue Gaillon, PARIS

devenu rivière, s'amincissant de plus en plus, de nappe plus étroite en défilé plus resserré, sinuant toujours dans le même admirable pays de roches et de verdure, le bateau à vapeur file dans les détroits granitiques, entre les pointes chargées de villas, les descentes de collines boisées et vient stopper dans le port, sous les tours de la féodale cité de Dinan.

Dinan ! cette vieille ville haut perchée garnissant de ses édifices et de ses maisons le sommet de la colline fortifiée, ces vieilles tours qu'on voit se dessiner et grandir peu à peu du dernier tournant de la rivière, et ce faubourg dans le bas, au bout d'une ligne de grands arbres de parc, c'est un tableau incomparable, un site très frappant où tout est merveille d'arrangement naturel, où tout ce que l'œil découvre successivement est superbe d'imprévu et de pittoresque, — de l'ensemble grandiose aux moindres détails, des maisons du vieux port sous le faubourg, au pont antique que surmontent les arches formidables d'une grande route moderne en viaduc !

Tout est superbe ! De quel côté tourner, par quelle attraction se laisser prendre, quand

DINAN. PORTE DE JERZUAL. INTÉRIEUR

le bateau à vapeur est venu, à deux pas du vieux pont, se ranger parmi les barques de mer et de rivière, jeter ses passagers sur ce quai si pittoresque ? Suivre le quai, tourner vers l'étonnante rue grimpante et sinueuse qui prend à droite, ou bien tourner à gauche, sur ce pont au bout duquel s'embranchent d'autres rues de faubourg non moins pittoresques ? monter tout de suite en haut vers les remparts couronnant la colline ou s'enfoncer dans le val ombreux le long de la rivière ?...

Voici toujours le premier tableau, l'admirable lever de rideau sur la vieille ville moyen âge que sa situation sur la colline escarpée au-dessus de la Rance a défendue jusqu'à présent contre le grand assaut de l'armée des démolisseurs et banaliseurs modernes ;

Ainsi que les portants de premier plan d'un beau décor, se dressent de hauts pignons et de grands toits bien étagés, de beaux groupes de vieilles maisons, comme ce *Café des marins* qui fait tête de pont au débouché de la rue de Jerzual. Dans le bas, un vieux pont aux arches en ogive vu de face détache ses arches jaunies sur le vert de la colline qui s'escarpe derrière, et les reflète dans le vert profond de la rivière, un joli pont moussu coupé à l'extrémité par une arche de bois et qui ne ressemble pas à une épure de géométrie...

Au-dessus un fouillis de verdure et de grands arbres d'où surgissent sur la gauche les grandes jambes du viaduc qui porte la route de Lanvallay d'une colline à l'autre, et par-dessus les arbres et par-dessus le viaduc, les remparts en terrasse flanqués de tours rondes, avec d'autres bouquets d'arbres encore, entre lesquels se montrent des grands toits et des bouts de clochers.

La ville est là-haut, avec toutes ses promesses pour la curiosité déjà excitée. Pour y grimper voici le faubourg de Jerzual.

Autre décor; non plus le large panorama, le vaste ensemble de tout à l'heure, mais un décor où le pittoresque se resserre et se condense, une entrée de ville étonnante, qui tient à chaque pas la curiosité en haleine, une étroite montée tournante et terriblement escarpée, mais où l'on a le temps de souffler, chaque maison sollicitant le regard en haut ou en bas par un détail imprévu, chaque palier découvrant de nouveaux aspects, des bâtisses cahotantes à étages surplombants, à piliers sculptés et à grands toits, plus étranges de formes et de détails les unes que les autres; des maisons qui vous font penser à la Suisse avec leurs immenses auvents couvrant un tiers de la rue et soutenus par de grandes consoles de bois, des maisons comme on en voit dans Aarau. Et de la couleur aussi, de vieilles tanneries blanches, des façades jaunes ou brunes à encadrements d'un noir passé. Aussi que de peintres et de peintresses, la plupart d'Angleterre ou d'Amérique, peignant ou aquarellant des morceaux de la rue de Jerzual sur chaque palier de la côte!

A moitié chemin de la raide montée, la rue de Jerzual est coupée par l'ancienne porte du XIII° siècle, au dehors grosse tour à mâchicoulis percée d'une grande ouverture ogivale de mine très sévère, au dedans plus originale avec ses deux grandes baies ouvertes au-dessus de la porte et montrant l'intérieur de la tour, rempli de bottes d'osier pour le vannier d'à côté.

Enfin voici le plateau supérieur, et la ville, en si admirable situation, dominant sur son perchoir de granit de si splendides paysages, ouvre son trésor de vieux logis et d'édifices aux lignes intéressantes, bordant les larges places irrégulières et les rues à arcades, joie des curieux et des artistes.

Les promesses faites par le faubourg sont tenues largement au cœur de la vieille cité. Dinan a de tout à offrir : jolis aspects, coins remarquables, belles suites de grandes maisons de carrure imposante, vieux hôtels, porches gothiques, vieilles sculptures ou balcons de fer forgé, édifices intéressants, portes de ville, débris de remparts et grandes tours solides poussant leur masse formidable sur le fond de verdure des fossés.

Après la rue de Jerzual, coulisse étroite et escarpée, grand praticable, comme on dit au théâtre, pour monter à la haute ville, la scène s'ouvre plus largement pour un beau décor de place publique montrant comme toile de fond un pâté de hauts bâtiments à toits immenses. En avant, ce sont des maisons carrément assises sur les piliers de leurs porches, piliers de bois ou piliers de pierres, portant accrochés de menus objets du commerce abrité par le porche, chapellerie ou quincaillerie, caisses d'épicerie ou paniers de revendeuses.

De jolis coups de soleil, derrière ces porches, font jouer la lumière et l'ombre, en touches brillantes et vigoureuses taches noires. Les maisons aux façades peintes et encadrées de granit vous ont véritablement un air cordial et bon enfant, ce sont rues engageantes et carrefours d'un archaïsme vivant et amusant.

Cette rue de l'Horloge n'a-t-elle pas bon air avec sa file de maisons à porches que domine le vieux beffroi fruste et abîmé, qui est une grosse tour carrée sans prétention à l'élégance, mais savoureusement pittoresque, coiffée d'un clocher octogonal bizarre coupé en son milieu par un campanile ogival à galerie, au centre duquel est suspendue la cloche municipale qu'Anne de Bretagne, en 1507, donna avec l'horloge aux gens de Dinan.

Rue de l'Apport, — rue de la Larderie, — de la Poissonnerie, etc., comme dans la plupart des rues anciennes, les vieilles façades ne manquent pas, cachant de vieilles boutiques gothiques sous leurs arcades, les étages en encorbellements soutenus par des consoles rudes ou délicates, égayées souvent par des sculptures.

Voici une large place entourée d'arbres et sur cette place une statue de chevalier. C'est le grand connétable lui-même qui férit jadis en ce lieu de mémorables coups d'épée pour la bonne cité de Dinan. Mais, hélas! dans cette ville moyen âge où ferait si belle figure un Du Guesclin en harnais de guerre et l'épée au poing, c'est un Du Guesclin de romance Rococo que l'on rencontre, le plus affligeant, le plus ridicule troubadour de pendule que la Restauration ait produit, avec un casque de beau Dunois, une armure et un bouclier absurdes. Fasse le ciel qu'on le mette un jour sous globe ailleurs qu'ici, et qu'un vrai sculpteur campe un vrai connétable sur cette place où l'illustre Bertrand combattit en champ clos le capitaine anglais Thomas de Cantorbery.

Curieuse aventure qui peint bien son époque. En 1359, lors des guerres entre Charles de Blois et Jean de Montfort pour la possession du trône ducal, Dinan était assiégée par le duc de Lancastre avec une armée anglaise auxiliaire de Montfort; la ville avait de larges brèches ouvertes et ses fossés comblés par endroits; les Anglais tentaient assauts sur assauts, que Du Guesclin et le sire de Penhoët, Penhoët le Boiteux, entrés dans la ville avec six cents bons hommes d'armes,

repoussaient vigoureusement, comme peu auparavant Penhoët et Du Guesclin
avaient repoussé tous les assauts donnés à Rennes par ce même duc de Lancastre.
Mais tous les courages allaient être brisés, les épées allaient tomber de toutes les
mains, car la famine serrait le ventre des Dinanais, si fort et si bien que la ville

UNE PLACE A DINAN

se voyait forcée d'entrer en négociations. La reddition était convenue si, à l'expi-
ration d'un certain délai, Dinan ne recevait pas de secours.

Sur ces entrefaites Olivier, frère de Du Guesclin, sorti de la ville pendant une
suspension d'armes, fut enlevé, au mépris de la trêve, par l'Anglais Thomas de
Cantorbéry. Bertrand, furieux de cette félonie, l'alla réclamer au camp du duc de
Lancastre et provoqua en combat solennel le capitaine anglais. Le duel eut lieu
dans la ville, sur la place Du Guesclin actuelle, alors place du Marché, qui fut
entourée pour cette occasion de tribunes où prirent place, dans un grand déploie-

ment de cérémonie, les gentilshommes bretons et le duc de Lancastre lui-même accompagné de ses principaux chevaliers entrés en ville moyennant otages et garanties.

On sait comment Du Guesclin combattit, pendant que les bonnes femmes de la

DINAN. LE DONJON DE LA REINE ANNE.

ville réunies dans les églises priaient pour lui; on sait que Thomas de Cantorbéry, jeté à terre, moulu et blessé, fut à grand'peine arraché à sa fureur.

Les chevaliers anglais, après un grand banquet qui suivit le duel, rentrèrent en leurs lignes et le siège continua jusqu'à ce que d'autres événements de guerre les obligeassent à décamper.

C'est donc sur cet emplacement illustre que le grand Bertrand vainquit l'Anglais et conquit en même temps le cœur de Tiphaine Raguenel, noble demoiselle de la ville assiégée, qu'il épousa dès que les Anglais furent partis, la bonne Tiphaine, si savante et si avisée qu'on l'appelait Tiphaine la Fée.

Dinan revit plus tard le bon chevalier devenu connétable de France, lorsqu'il prit possession de la ville au nom du roi Charles V, en compagnie du grand Olivier de Clisson; et lorsqu'il mourut devant Châteauneuf-de-Randon, la dépouille mortelle du connétable ayant été transportée à Saint-Denis près des rois qu'il avait si vaillamment servis, Dinan reçut son cœur, lequel, de l'ancienne église des Jacobins où il avait rejoint celui de Tiphaine, est venu aujourd'hui, avec sa pierre tombale, à l'église Saint-Sauveur.

Derrière les maisons de cette grande place entourée de tilleuls, on trouve tout de suite le rempart. Dinan, à qui sa forte position a valu d'être souventes fois convoitée, s'était entourée de formidables murailles reliant un chapelet de cinquante-quatre tours, enceinte complétée au xive siècle par la construction du château.

Quatre portes donnaient entrée dans la ville ; il en reste actuellement trois : la porte de Jerzual, la porte Saint-Louis près du château, arrangée au xviie siècle, et la porte Saint-Malo. La quatrième, la porte de Brest, a été démolie récemment et il n'y a pas besoin de demander si les autres sont menacées.

Sous le château, des promenades ont été établies sur la ligne des fossés. De ces belles allées de grands arbres, on peut suivre jusqu'à l'ancienne porte de Brest le bas des vieux remparts tout abîmés, gagnés par les herbes et quelquefois couronnés de maisons.

Le joli et calme tableau ! La solitude et le silence, la verdure et la fraîcheur, de grandes allées régulières, des tunnels d'ombre traversés de loin en loin par un jet de soleil, des ronces et des broussailles envahissant le fossé et grimpant aux murs.

Dans un coin s'abrite une petite voiture de saltimbanques et une espèce de campement ; un vieux cheval maigre au piquet dans l'herbe, du linge qui sèche, des enfants peu vêtus qui se roulent au soleil, une marmite sur un feu entre deux pierres et de la fumée qui monte directement vers le ciel en haut des arbres. Il y a toujours ainsi de ces vieilles voitures de Bohême, *roulottes* disloquées, à la peinture lavée et relavée par les pluies de toutes les provinces, et quelque vieux cheval fatigué et décharné à la carcasse presque aussi disloquée que celle du véhicule, qui se reposent de leurs courses, aux portes des villes, dans les coins tranquilles sous les remparts abandonnés, pauvres ruines ambulantes échouées sous les ruines immobiles.

A l'entrée de cette promenade se dresse le donjon du château, la grosse tour dite de la Reine Anne, entourée à la base d'une chemise de pierre, petite enceinte rattachée au rempart. Par-dessus cette muraille basse s'élève la tour, isolée, majestueuse, communiquant avec la tour de Coëtquen et le reste du château par un pont aérien à mi-hauteur.

Ce superbe donjon de forme ovale, renforcé par un éperon de maçonnerie et percé çà et là de fenêtres à fort grillages, est couronné d'une ligne de mâchicoulis tréflés à larges consoles et d'un étage en retrait qui projette sur le dehors de grandes gargouilles de pierre ressemblant à des canons en batterie. Ce glorieux château, comme tant d'autres, est maintenant une prison; depuis la fin de la Ligue, son rôle de forteresse était terminé.

Pendant une douzaine d'années, Dinan avait été l'une des places fortes du duc de Mercœur, un des boulevards des ligueurs ; lorsque l'abjuration d'Henri IV donna le dernier coup à la Ligue, les Malouins, ayant traité avec le roi de leur reddition, voulurent, dans leur zèle de nouveaux royalistes, ou peut-être aussi avec l'idée de jouer un bon tour à leurs voisins, lui donner aussi Dinan. S'étant concertés avec les royalistes de la ville, ils arrivèrent un soir par la Rance et pendant que les officiers de la garnison dansaient à un bal donné par les conjurés, ils occupèrent une porte, enlevèrent rapidement les postes dégarnis et avec les canons du maréchal de Brissac attaquèrent le château qui succomba bientôt.

Ici se place le mot du Malouin Pépin chargé d'aller porter la bonne nouvelle à Henri IV en son Louvre : — *Sire! j'avons prins Dinan!* Et comme le maréchal de Biron se refusait à croire à l'enlèvement si rapide d'une aussi forte ville. — *Vrai! celui-là le saura mieux que may qui y étas!* riposta Pépin, *mais, est-ce ici la maison du bon Dieu qu'on ne boit ni qu'on ne mange?*

La façade nord des remparts après la porte de Brest est plus abîmée ; ce ne sont que courtines démantelées, tours effondrées ; enfin, c'est la ruine partout, mais aussi tout ce qui fait la beauté des ruines, les plaques de mousse et les grandes draperies de lierre, les remparts descendus par endroits au fond des fossés ou escaladés pierre à pierre par la végétation, les brèches envahies, la verdure échevelée couvrant victorieusement ce qui reste des plates-formes, passant par les trous des mâchicoulis, voltigeant au vent, avec des paquets d'œillets sauvages sur les débris des créneaux.

Telle est la vieille porte Saint-Malo, avec son pont gagné aussi par les verdures grimpant des fossés, avec ses tours en ruines et ses murailles criblées de cicatrices et de trous. De chaque côté les remparts ont croulé et laissent voir par-dessus leurs décombres fleuris, les toits de la ville, les vieux toits pittoresquement tassés, étrangement silhouettés, et les édifices, la Tour de l'Horloge d'un côté, l'église Saint-Sauveur de l'autre, se présentant complètement par le flanc, de l'abside à la tour.

A l'Est, au-dessus de la cascade de maisons descendant le ravin de Jerzual, au-dessus des splendeurs du val boisé où coule la Rance, les remparts ne sont pas des ruines ; parfaitement conservés et terrassés, ils suivent la crête de la colline rocheuse, à 75 mètres au-dessus de la rivière. Des promenades à vues magnifiques et des lignes de grands arbres couronnent ces remparts d'où l'on peut, par des pentes zigzaguant sous les arbres, gagner le grand viaduc qui mène au faubourg de l'autre rive et à Lanvallay sur la colline en face.

Noblement posée sur ce piédestal de roches et de tours s'élève la grande église Saint-Sauveur, fort curieuse, fort irrégulière et fort belle en certaines parties. Le grand portail, sur la place du côté de la ville, est de deux époques. Le bas, le portail proprement dit, c'est du roman rébarbatif, c'est-à-dire trois grandes arcades en plein cintre aux profondes voussures, une porte au centre et deux arcades pleines, garnies chacune d'arcatures géminées encadrant les statues des quatre évangélistes, fortement touchées et rabotées par l'aile brutale du temps, comme toutes les colonnes, tous les chapiteaux et toute la décoration sculptée de ce porche imposant.

VIEILLE PORTE A DINAN

Au-dessus de ce soubassement roman, le grand pignon est ogival, les meneaux de pierre d'une grande fenêtre du XV° siècle flamboient et se tordent au centre du fronton entre les grands contreforts d'angle.

L'abside, avec ses chapelles, ses hauts contreforts et le grand comble du chœur fait aussi bon effet, mais la tour centrale est bien lourde et son grand clocher d'ardoises à deux étages en retraite est un des plus baroques couronnements d'édifices que le XVIII° siècle ait combinés. L'intérieur a des parties remarquables, comme au dehors le roman et le gothique, la Renaissance et le XVIII° siècle se mélangent et se superposent.

Dinan possède une deuxième église dédiée à saint Malo, datant du XV° siècle, mais restaurée et refaite en grande partie de nos jours. Ce que celle-ci a de remarquable, c'est l'abside avec l'emmanchement des pignons à crochets posés sur chaque angle des jolies chapelles en saillie.

Des couvents, nombreux jadis ici comme partout, il subsiste des bâtiments transformés ou restaurés, affectés à des établissements divers, séminaire, collège,

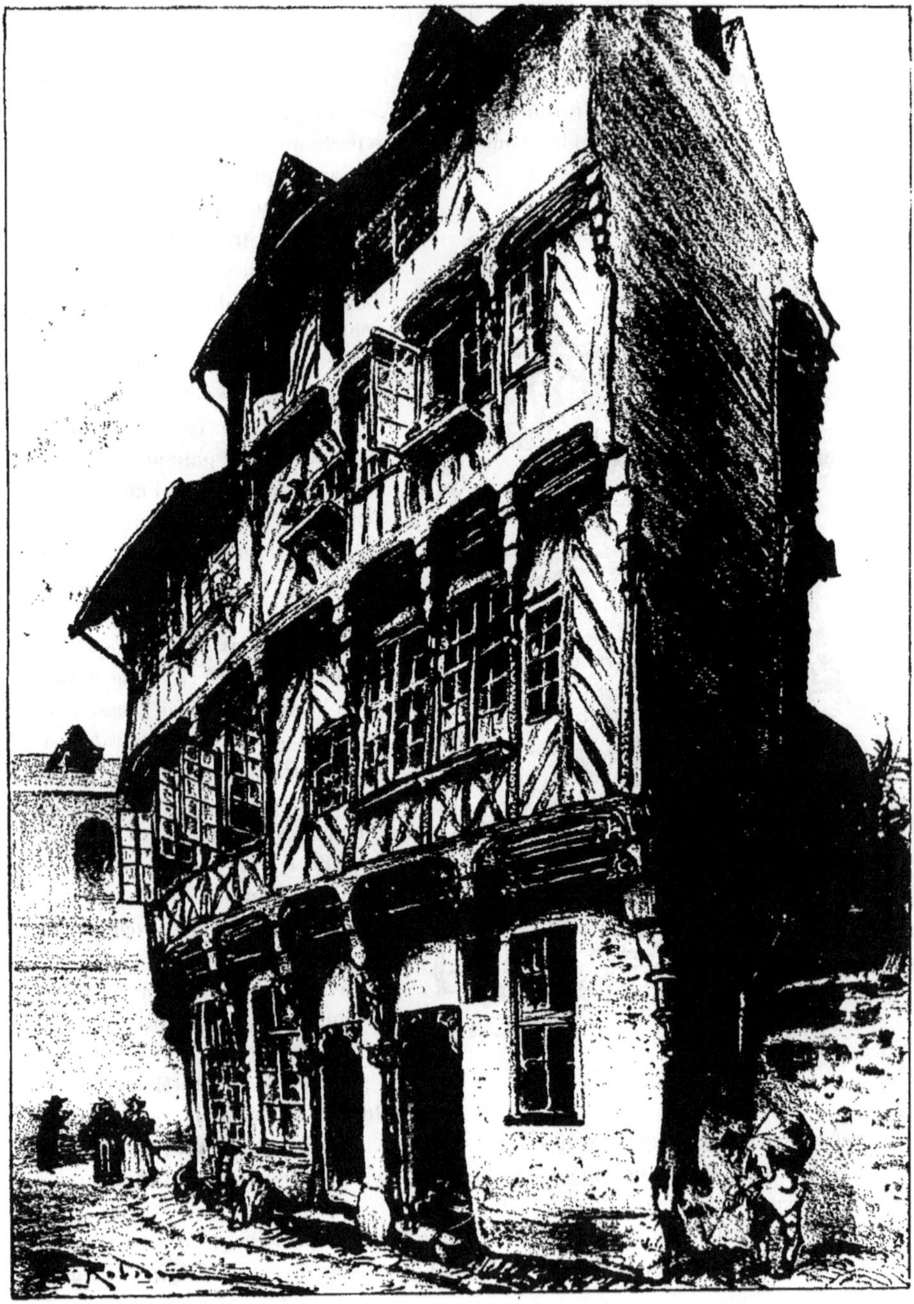

A. Estada del. — Lith. Belfond & Cie Paris

II

MAISONS RUE Sᵀ GUILLAUME A RENNES

Lith. BELFOND & Cie, 10, rue Gaillon, PARIS

hospice. Cependant l'une des rues principales a gardé un très joli et très élégant portique de la Renaissance, flanqué de pilastres sculptés et surmonté d'une balustrade à jour formée de dauphins terminés en arabesques. Superbe entrée d'une vieille cour bordée de grands bâtiments vermoulus et d'échoppes.

La bonne cité de Dinan, bijou féodal, fière couronne murale enchâssée dans la verdure, est une de ces villes dont l'image se fixe pour toujours dans le souvenir, un des rares pays qu'on admire sans restriction. Elle a mine superbe, elle est originale et de grandiose aspect, vue de partout et montre encore par les rues des détails curieux et piquants en quantité. Bonne ville de Dinan, heureux ceux qui possèdent une fenêtre dans le faubourg sur la Rance et gardent pour toute la vie sous les yeux l'admirable déploiement de paysage de l'arrivée sous la ville.

Dans ce vallon vraiment délicieux qui s'entr'ouvre et laisse s'échapper la petite rivière courant pour quelques lieues se transformer en fleuve, il y a encore le site charmant de Lehon, faubourg de la ville plutôt que village groupé dans la fraîcheur de son nid de feuillage autour des ruines d'un ancien monastère des moines de Marmoutiers. L'église du XIIIe siècle aux grandes ogives béantes, élève encore ses deux pignons qui ne portent plus de voûtes, à côté de la chapelle mortuaire de la famille de Beaumanoir et de l'église du village, au centre des grands vieux bâtiments conventuels qui dorment sur la Rance.

Jolies promenades partout autour de Dinan, le long des circuits de la Rance, dans les beaux morceaux de paysages verts qui se mirent dans les eaux de la charmante rivière, sur les pentes boisées des collines où partout le granit affleure et semble soulever les massifs d'arbres. De n'importe quel côté les vieux souvenirs d'antan s'ajoutent à la beauté naturelle des sites, tours ruinées ou châteaux habités, pans de murs vêtus de lierre ou jolis châteaux de la Renaissance, vieux manoirs, châteaux de Lehon, de la Conninais, ruines de la Garaye et, tout près de la ville, croix de carrefour remarquable dite du Saint-Esprit, — belle colonne gothique sur un piédestal polygonal orné de sculptures, posée, dit-on, sur l'emplacement du camp du duc de Lancastre.

SUR LA RANCE. LE CHÊNE VERT

CARREFOUR RUE DU CHAMP-DOLENT A RENNES

VIII

RENNES

LE RENNES XVIIIe SIÈCLE. — DÉBRIS DU VIEUX RENNES D'AVANT LE GRAND INCENDIE
LA PORTE MORDELAISE. — VIEILLES RUES ET VIEILLES COURS
LES ESCALIERS DE BOIS EXTÉRIEURS
RENNES ASSIÉGÉ. — DU GUESCLIN ET BEMBRO. — LA TRUIE DE PENHOET

Après un long trajet dans le vert, bien des kilomètres d'un paysage gras, tout en collines boisées et en prairies, en bouquets d'arbres mamelonnant autour des fermes et des villages, Rennes apparaît, grande ville bien moderne d'aspect, dans une vaste plaine, au confluent des deux rivières, la Vilaine et l'Ille qui donnent leur nom au département.

De longues avenues et de grandes découpures rectilignes bordées de hautes et larges maisons, de vastes carrés de maçonneries blanches et par là-dessus des monuments en cubes solides assis çà et là sur la marée des toits, ainsi se présente la grande ville. En somme pas beaucoup de grâce ni de gaîté, mais de la lourdeur et de la monotonie. Cela tient aux édifices, tous d'une ampleur solennelle ou d'un aspect glacial, aux églises élevant pour la plupart dans le ciel de lourdes tours ou des coupoles des XVIIe et XVIIIe siècles. Rien de léger ni d'aérien se silhouettant gracieusement dans l'atmosphère, pas de flèches pointant vers les nuages, et enlevant les âmes avec elles, aucune de ces superbes envolées gothiques qui soulèvent la pensée hors du terre-à-terre embourbé de la vie habituelle.

Rennes n'a donc dans sa physionomie générale rien qui empoigne, et ses monuments sont plutôt somptueux que beaux. C'est une grande ville et voilà tout. C'est surtout une ville moderne.

Trois villes superposées : Rennes XVIIIe siècle assis sur les débris du vieux Rennes du XVIe siècle, et Rennes moderne débordant autour des deux.

Si le vieux Rennes a presque disparu, il faut en accuser d'abord le grand incendie de 1720 qui fit place nette en beaucoup de quartiers et força les habitants à reconstruire leur ville sur un plan nouveau. Les changements modernes ont fait le reste. Notre siècle a coupé, taillé, rogné comme partout, il a rasé et comblé, et ensuite étouffé sous des tas de moellons des plus considérables, tout ce qui persistait à rester quelque peu pittoresque.

Les quartiers et les édifices de notre époque ne le cèdent pas en ampleur aux quartiers et aux édifices datant de la reconstruction. Ce sont de grandes avenues et de grandes rues neuves conduisant aux non moins grandes rues et aux non moins grandes maisons XVIIIe siècle du centre de la ville.

Passez la Vilaine, encaissée dans des quais monumentaux sur lesquels s'élèvent les principaux édifices datant de notre époque, vous trouverez les lignes d'imposantes façades, les grands hôtels à hautes fenêtres, les rues droites et solennelles sans rien d'imprévu, les grandes places tracées devant les monuments considérables du XVIIe et du XVIIIe siècles, c'est-à-dire la place du Palais, devant l'ancien Palais du Parlement, aujourd'hui simple palais de Justice, et la place de l'Hôtel-de-Ville devant l'ancien Présidial, aujourd'hui hôtel de ville.

Derrière et sur le côté, à l'ouest, c'est du plus ancien, ce sont des morceaux du vieux Rennes épargné par le grand incendie, des parties du XVIIe siècle, de grandes places à grandissimes maisons datant du grand siècle, comme la place des Lices et quelques bouts de quartiers moyen âge, de vieilles rues à pignons tournant autour de l'opulente cathédrale, et même, noyé dans la masse des bâtisses élevées par plusieurs siècles, le dernier débris du Rennes féodal, de la ville des ducs de

Bretagne, des ducs indépendants, la vieille porte Mordelaise aux pompeux et glorieux souvenirs.

Voilà Rennes vu en gros. Le détail ne manque pas d'intérêt. Recherchons par exemple les plus anciens témoins du passé, les quelques morceaux vénérables de la ville.

Dans l'angle formé par le confluent de la Vilaine et du canal d'Ille et Rance,

RENNES. ESCALIER DE LA COUR DES CARMES

dont la pointe est marquée par une grande croix de mission, s'élève derrière un rideau de grands bâtiments modernes, l'église cathédrale Saint-Pierre, plusieurs fois rebâtie, basilique romane jetée bas au XIIe siècle, reconstruite dans les siècles suivants, reprise à la Renaissance qui abattit les tours gothiques et commença les tours actuelles. Le XVIIe siècle les termina, puis ce fut la nef qui fut jetée bas à son tour, qu'il fallut rebâtir et qui ne fut achevée que de nos jours. Le résultat de la collaboration de tant de siècles est médiocre. La lourdeur et la sécheresse s'allient à la pédanterie sur le portail aux énormes tours à colonnades superposées, ainsi que sur les faces latérales également tristes et suprêmement ennuyeuses. L'intérieur surprend, plus d'architecture pauvre et maussade comme dehors, mais bien tout le contraire, une décoration archi-somptueuse, un débordement d'or et de couleur; la nef est une riche galerie à colonnes ioniques revêtues de stuc rose, avec plafond à compartiments dorés et de la peinture et de l'or sur tous les ornements et sur toutes les surfaces.

RENNES. TOURELLE D'ESCALIER RUE DU FOUR DU CHAPITRE

Le vieux Rennes est là, au nord de la ville, entre la cathédrale et la place Sainte-Anne, avec quelques morceaux éparpillés çà et là, notamment vers les

Halles, de l'autre côté de la Vilaine. Ici, autour de cette cathédrale, tournent quelques rues anciennes, épargnées par le grand incendie, c'est d'abord la rue de la Psalette, sous le chevet de l'église, curieuse petite voie aux vieilles petites maisons qui semblent des maisons de prêtres retraités, puis la rue Saint-Guillaume, la rue du Four-du-Chapitre, la rue des Lauriers, la rue Saint-Yves, toutes rues à tournants et carrefours pittoresques, à maisons de bois portant pignon sur rue et encorbellements sculptés.

Dans le tout petit bout de la rue Saint-Guillaume s'élève la plus curieuse peut-être de toutes ces maisons, isolée par des démolitions, une haute construction à trois étages en pans de bois sculptés du haut en bas, les étages aux poutres entaillées et moulurées posant sur de longues consoles sculptées, les grands châssis des fenêtres ouvrant entre des poutrelles taillées en écailles.

Les deux petites portes du rez-de-chaussée sont aussi décorées de sculptures, avec un saint Sébastien et une autre figurine mutilée, sous les poutres à feuillages du premier étage.

Tout de suite en tournant la rue du Four-du-Chapitre, quelques autres maisons dessinent un joli carrefour, toutes maisons du xvi° siècle, intéressantes par leur tournure ou par quelque détail de poutres sculptées ou de médaillons accrochés. Au n° 5 de cette rue du Four-du-Chapitre, c'est la cour qui est à voir, cour étroite au fond d'une allée sombre. Un des côtés de ce puits de murailles est formé d'une galerie de bois ouverte, au milieu de laquelle s'élève une sorte de tourelle de charpente entièrement à jour où tourne l'escalier à balustres. Il y a beaucoup de ces escaliers et de ces galeries de charpente dans les cours de ces vieilles maisons de bois et l'on s'explique les ravages du grand incendie de 1720, déjà favorisé par un concours de circonstances.

Au cœur de ce quartier ancien, voici encore un vestige d'édifice gothique, l'ancienne église Saint-Yves qui montre encore un joli pignon du xv° siècle dans lequel s'ouvre, entre des niches et de gros contreforts très sculptés mais très abîmés, une belle porte en anse de panier surmontée d'arcatures vides et d'une haute fenêtre ogivale bouchée ; façade très ornementée chargée d'écus jadis armoriés, portés par de petits anges parmi les crochets et les feuillages. L'église est un magasin. *QUINCAILLERIE, CLOUTERIE*, dit la grande enseigne peinte au-dessus des délicates sculptures gothiques.

Quelques rues de la même époque, sur l'autre rive de la Vilaine, ont été épargnées par le grand incendie et par le grand travail de transformation de notre siècle. La rue du Champ-Dolent par exemple et la rue de la Parcheminerie sont des échantillons de quartiers assez misérables, aux vieilles maisons cahotantes. La grande place des Halles est encore pittoresque malgré les transformations, et tout autour du marché de hautes façades et des agglomérations de pignons se silhouettent en lignes hardies sur le ciel. Ce qui est original et particulier à Rennes, ce sont des espèces de pavillons ardoisés surmontant les grands toits, comme une petite maison posée sur la grande. Il y a ainsi autour des Halles, en ce quartier de vieilles cours et de carrefours curieux, quelques grands pâtés de maisons portant sur leurs combles ces sortes de tours recouvertes d'ardoises.

La rue Vasselot, qui commence aux Halles, compte aussi quelques façades intéressantes parmi lesquelles une boutique de marchand de vins au n° 38, à devanture du xvie siècle, où de belles statuettes religieuses s'alignent en cariatides gothiques d'un bon style sous la poutre sculptée.

La rue Vasselot conduit aux casernes Kergus, donnant sur le boulevard et le Champ de Mars; tout près de ces grands bâtiments xviiie siècle, qui furent, avant la Révolution, collège des gentilshommes pauvres, s'ouvre la cour des Carmes, jadis dépendance d'un couvent dont il reste à côté quelques vestiges. Rue Vasselot, 46, on entre par une large porte sous une haute maison abîmée sans grand caractère. Le passage voûté vous jette dans une vaste cour, un grand carré de terrain çà et là pavé, encadré d'un tas de bâtiments de la plus cahotante irrégularité, aux vieux toits larges ou pointus, gondolés, chevauchés, aux façades écorchées, vermiculées, de pierre ici, de plâtre écorné là, ou de pans de bois, couturés de cicatrices pansées avec des briques, de brèches rafistolées avec des planches dans un ressemellage souvent invraisemblable.

A côté d'un maigre bâtiment à l'apparence de tour, s'élève un curieux escalier de bois extérieur, juste à cheval sur le passage, un édifice qui fut jadis presque monumental, laissant passer l'arrivant sous une arcade et offrant, de chaque côté, un escalier en tire-bouchon garni de balustres jadis élégants et fins, aujourd'hui rongés, conduisant à plusieurs étages de galeries ouvertes qui règnent encore çà et là sur les côtés de la cour, chargés de linges au sec sur leurs balustrades plus ou moins disloquées.

Une bonne vieille cour enfin avec ses bâtiments incohérents et crevassés, d'un seul ton de sépia du terrain aux toits, avec des trous d'ombre et des éclaboussures de lumière, une cour toute grouillante d'enfants qui se roulent pêle-mêle, les grandes sœurs portant des bébés dans les bras et les grands frères traînant les plus petits dans la poussière.

C'est tout ce qu'il y a à voir de ce côté de la Vilaine. En remontant sur l'autre rive au-dessus de la Cathédrale, quelques vieilles rues se retrouvent encore, moins anciennes et moins pittoresques que celles qui sont immédiatement autour de l'église, mais assez curieuses encore, abondantes en tournants, en coins et recoins, en pignons ardoisés, en toits étrangement profilés, comme la rue de la Poulaillerie par exemple, du côté du marché Sainte-Anne.

Sur la grande place des Lices devant les marchés neufs, c'est un autre genre, ce ne sont plus maisons de populaire et de petit commerce, mais grandissimes maisons d'allure noble, des maisons de seigneurs à perruques ou de parlementaires du grand siècle, imposantes, importantes, formidables même, s'étalant bien au large en personnes de qualité, portant quatre ou cinq étages de hautes fenêtres, ce qui leur donne déjà une assez jolie élévation, et d'immenses toits d'ardoises à lucarnes irrégulières, de toutes petites et d'énormes formant pavillon à toit particulier. Le tout flanqué et dominé par de hauts pavillons, quelque chose comme des tours carrées, dressant encore deux étages au-dessus des toits du corps de

RENNES. LES GRANDS TOITS DE LA PLACE DES LICES.

logis principal et coiffés de combles ondulés en forme de carène de navire renversée, avec de grands épis pointant dans le ciel.

Non loin de ces grands hôtels, à l'extrémité inférieure de la place des Lices, un tournant de ruelle mène au dernier débris de l'enceinte fortifiée de la ville, la célèbre porte Mordelaise, bien souvent dessinée, qui prend son nom de la route de Mordelles, bourg situé à quelques lieues. Cette vieille porte est complètement englobée dans un pâté de maisons qui montent jusqu'à ses mâchicoulis et masquent les tours. La grande ogive de la porte cavalière seule est restée libre, une échoppe bouche la porte piétonne. Des fenêtres ont été percées çà et là, car la porte est habitée. Des planches et des charpentes d'un atelier de menuiserie passent à travers les anciennes ouvertures du pont-levis.

Le haut de ce bel édifice militaire a été défiguré, au-dessus de l'arcature tréflée des beaux mâchicoulis, des logements bouchent les créneaux

EGLISE NOTRE DAME DE LAMBALLE

Lith. BELFOND & Cⁿ, 10, rue Gaillon, PARIS

La porte Mordelaise aux souvenirs glorieux et quelques vieilles rues, voilà donc tout ce qui reste du Rennes d'autrefois, de la ville ducale d'avant le grand

RENNES, ANCIENNE ÉGLISE SAINT-YVES

incendie. Rennes était la vraie capitale, la patrie des hermines de Bretagne adoptées pour les armes du duché par le duc Pierre de Dreux; c'est à Rennes qu'à leur avènement les ducs venaient se faire couronner et c'est par cette porte Mordelaise, porte d'honneur de la cité, aujourd'hui serrée et prise d'assaut par des bicoques populeuses, qu'aux grands jours d'autrefois, les ducs de Bretagne à leur avènement, les évêques de Rennes à leur élévation, faisaient leur entrée solennelle par là que les rois, les gouverneurs et les grands personnages étaient reçus.

Aux entrées ducales, une première cérémonie avait lieu en dehors de la porte. L'évêque, les magistrats et les barons attendaient le nouveau duc au pied des tours, et lui faisaient jurer solennellement, avant de franchir le pont-levis, de maintenir pendant son règne la foi catholique, les coutumes, franchises et libertés bretonnes.

Le lendemain, après cette première formalité, le duc, avec un magnifique déploiement de faste, à la tête de ses barons et de ses nobles, précédé par l'évêque de Rennes, et conduit par la main par deux autres évêques, se rendait processionnellement à la cathédrale pour la cérémonie du couronnement.

Antique capitale et résidence des légendaires rois de Bretagne, Nominoé, Erispoé et Salomon, capitale des ducs de Bretagne, Rennes était cependant française de mœurs. Lorsque le roi Philippe-Auguste eut avec tant de peine réuni la Normandie au domaine royal, il trouva pour le moment, malgré toute son envie, la Bretagne un trop gros morceau ; il se contenta donc d'affirmer sa suzeraineté et de fortifier les liens qui l'attachaient à la France, et pendant deux siècles encore la Bretagne resta indépendante, ou à peu près, — jetée même souvent par ses ducs, malgré l'antipathie nationale, dans le parti des Anglais.

Dans la grande guerre civile pour la succession du duc Jean le Bon, entre les partisans de Charles de Blois, neveu du roi de France, mari de Jeanne la Boiteuse comtesse de Penthièvre, et ceux de Jean de Montfort soutenus par les Anglais, Rennes se déclara pour Charles de Blois.

Cette lutte terrible, féconde en grands faits d'armes et en tragédies de toutes sortes, passant des pères aux fils, dura presque vingt-trois longues années, pendant lesquelles il n'y eut dans la Bretagne ravagée nulle ville qui ne vit se ruer sur ses murailles tantôt l'un tantôt l'autre des partis ; cette guerre farouche dévora cent cinquante mille hommes sur les champs de bataille, dépeupla les campagnes, et finit enfin après bien des péripéties, bien des combats, des sièges, des surprises, des massacres, bien des incendies de bourgs et de villages et des sacs de châteaux, par la mort de Charles de Blois dans les landes d'Auray.

Rennes plusieurs fois prise et reprise, enrichit ses annales de sa belle défense vers la fin de la guerre en 1356, pendant un siège de neuf mois au cours duquel Bertrand Du Guesclin acquit un bon renom de chevalier, expert en ruses de guerre autant que terrible donneur de coups.

Bertrand n'était pas encore le grand connétable, il avait trente-cinq ans et battait l'estrade en vaillant petit compagnon, à la tête d'une faible troupe de soldats, rudes et aventureux comme lui, avec lesquels il faisait sans trêve une fructueuse guerre de surprises et de coups de main, tombant sur les postes anglais, enlevant les convois, surprenant les châteaux de l'ennemi par des stratagèmes hardis, — comme à Fougeray, où Bertrand et deux hommes s'avançant déguisés en bûcherons vendeurs de bois, encombrent soudain le pont-levis de leurs fagots et conquièrent la porte la hache à la main, pendant que le reste de la troupe accourt et emporte morceau par morceau le château, dont Bertrand a relevé le pont pour empêcher à la fois Anglais de sortir et secours d'entrer.

Le duc de Lancastre, commandant l'armée anglaise auxiliaire de Montfort, fils du Montfort du commencement de la guerre, pressait fort la ville qui repoussait vaillamment tous les assauts, réparait sans cesse ses brèches et contreminait ses galeries de mines. Du Guesclin, bûcheron des Anglais, leur tombait dessus à toute occasion, de la forêt de Rennes où il était embusqué avec sa troupe de bons soudards. Le gouverneur de la ville était le sire de Penhoët qui plus tard commandera aussi à Dinan, où Du Guesclin jouera aussi le même rôle qu'à Rennes.

La ville affamée par les longs mois du siège, en était à ses derniers morceaux lorsque eut lieu l'amusant épisode de la truie. Les Anglais, pour narguer les gens de Rennes et dans l'espoir de les attirer à une sortie qu'un corps de leurs troupes tout prêt à combattre devait accabler, promenaient sur les glacis des remparts un immense troupeau de porcs. Penhoët survient, trouve une truie dans la ville et lui fait tenailler les oreilles sur les murs. Aux cris perçants de la truie tous les porcs de s'émouvoir, grogner et courir. Penhoët fait ouvrir la poterne Saint-Yves, et subitement tout le troupeau s'engouffre dans la ville malgré les efforts des Anglais.

Néanmoins Rennes était aux abois, lorsque enfin Bertrand Du Guesclin, un matin à l'aube naissante, sortit de sa forêt et tomba comme la foudre sur le camp anglais encore endormi ; il fit un carnage rapide, incendia une partie des quartiers de l'ennemi et se précipitant sur un convoi de charrettes contenant des approvisionnements récemment amenés au duc de Lancastre, il poussa tout en combattant charrettes et charretiers vers la poterne Saint-Yves que les gens de la ville lui tenaient ouverte et réussit à faire entrer le tout, secours de gens de guerre et secours de victuailles, joyeusement fêtés par les Rennois aux abois !

Les Anglais s'obstinaient et resserraient leurs lignes. Bertrand, comme plus tard à Dinan, eut une affaire particulière avec un chevalier de leur armée, Guillaume de Brembourg ou Bembro, frère du Bembro qui commandait les Anglais au combat des Trente. Sur un sauf-conduit de Lancastre, Bertrand sortit de la ville pour combattre Bembro dans une lice préparée. Ce fut d'abord une sorte de tournoi, une lutte courtoise où deux fois Bertrand jeta, rudement meurtri, son adversaire à terre. Comme il ne voulait s'avouer vaincu, une troisième joute commença. — Cette fois, le diable y sera, dit Bertrand échauffé. Et le diable y fut, Bembro la tête fendue, resta sur le carreau.

Bertrand chaque jour faisait des sorties furieuses sur le camp anglais ; avec cinq cents hommes, il alla brûler les machines et un grand beffroi tout préparé pour l'assaut ; il fit si bien enfin que Lancastre se lassa et leva le siège.

RENNES, RUE DE LA POULAILLERIE

Au siècle suivant, malgré ses sympathies françaises, Rennes, après Saint-Aubin-du-Cormier, ferma ses portes à l'armée française et déclara aux envoyés de la Trémouille sa résolution de défendre jusqu'à la mort la cause nationale. Cette guerre de l'indépendance prit heureusement fin sous les murs de Rennes, où la Trémouille et Charles VIII étaient revenus assaillir la duchesse Anne, enfermée dans la ville avec ses derniers barons. Étrange fin de siège, un mariage se négocia entre l'assiégée et l'assiégeant. Cette conclusion faisait de la duchesse une reine et mariait définitivement la Bretagne à la France.

Rennes est toujours capitale, non plus des ducs, mais des gouverneurs pour les rois de Paris. Sous la Ligue, lorsque le duc de Mercœur, descendant des Penthièvre, aidé par les Espagnols, essaya de relever la couronne ducale, les ligueurs enlevèrent par un coup de main la porte Mordelaise, mais ils ne gardèrent pas longtemps la ville, qui devint la place d'armes des royalistes jusqu'à ce que Henri IV eut tout conquis ou acheté, même le duc de Mercœur. Enfin c'est sur une des portes de Rennes que la tête du brigand ligueur la Fontenelle fut clouée, après qu'il eut expié tardivement sur la roue ses innombrables crimes.

Chaque siècle amène sa part de désastres et ses secousses. Au XVIIe siècle à la suite de longs désaccords financiers entre le duc de Chaulnes et le Parlement,

Rennes à la révolte dite du papier timbré, sédition qui dégénéra en une véritable

RENNES. PORTE MORDELAISE

petite guerre où les Bretons avaient un notaire pour général et qui finit dans l'or et le sang, par des exécutions et des extorsions, par d'horribles cruautés sur les pauvres insurgés, et pour Rennes, par des contributions et des suppressions de privilèges.

Mme de Sévigné eut grande frayeur de ces troubles et parle, dans ses *Lettres*, de la cruelle répression qui suivit, des malheureux qu'on pendait aux arbres par douzaines sur les chemins, et qui ne demandaient que le temps de dire un *Pater*.

Le xviie siècle a donné à Rennes son palais du Parlement, commencé sous Louis XIII par Jacques Debrosses, grand et pompeux édifice qui est un petit Palais Pitti, plaqué de pilastres et de colonnades et décoré de statues de jurisconsultes bretons de chaque côté du pavillon central. En haut c'est l'alliance des grands combles convenant à nos climats avec les entablements à balustres du midi, et ces entablements à l'italienne projettent autour du palais une rangée de gargouilles de plomb, chimères crochues et griffues qui figurent peut-être allégoriquement procureurs et chicanous, maintenant que le palais où se tinrent les Etats de Bretagne est devenu simple Palais de Justice.

La même époque a construit dans un moins bon style la maussade église Saint-Etienne, près de la cathédrale, et quelques autres qui la valent ; elle a modifié des églises anciennes et leur a donné plus ou moins physionomie du même genre, comme à l'église de Toussaints, ou à Notre-Dame qui domine les beaux ombrages du Thabor, cette jolie promenade accidentée créée avec les anciens jardins de l'abbaye de Saint-Mélaine, tout près de la Motte, autre petite promenade sur une butte plantée provenant aussi d'une abbaye de jadis.

Notre-Dame ou Saint-Mélaine, touchant d'un côté à l'archevêché, est une très ancienne église modifiée de siècle en siècle jusqu'au nôtre qui a placé au sommet du clocher, roman par sa base et coiffé d'un dôme en 1672, une statue colossale de la Vierge. Le porche roman de Saint-Mélaine abrite le tombeau de l'abbé Nesle, curé de la paroisse mort octogénaire, surmonté d'une remarquable statue moderne du sculpteur Valentin, belle figure de vieillard abimé dans la prière.

Des églises de l'époque ogivale, Saint-Germain non loin des quais est la mieux conservée et la plus intéressante ; il y a encore une partie de Saint-Aubin, église dépourvue de beauté et d'intérêt, plus vieille d'un siècle que Saint-Germain, dans le vieux quartier de la place Saint-Aubin, à côté des pauvres ruines d'une autre église gothique et d'une troisième église transformée et défigurée, servant de magasin à la manutention militaire.

Encore un édifice déclassé, l'église de la Visitation, d'un autre style, énorme portique à colonnes, barré d'une grande enseigne commerciale. C'est le pendant de la petite église Saint-Yves, devenu magasin de quincaillerie, mais combien le vieil édifice gothique reste plus beau, tout abimé qu'il soit.

Une période de troubles venait encore de s'ouvrir pour la Bretagne au commencement du XVIIIᵉ siècle lorsqu'une catastrophe terrible fondit sur Rennes. Un incendie, qui devait en une semaine accumuler plus de ruines que les sièges et les désastres des siècles précédents, éclata par une nuit de décembre 1720.

Le 22, à dix heures du soir, un menuisier nommé Tristin, rentrant ivre du cabaret, laisse tomber sa chandelle dans ses copeaux. En dix minutes sa maison flambe tout entière ; au bout d'un quart d'heure, toute la rue prend feu. Les secours n'arrivent pas ou ne peuvent s'organiser, on ne trouve pour lutter contre les flammes que quatre ou cinq seaux de cuir pourri à l'hôtel de ville. Et le vent souffle par malheur, portant partout les flammèches, le feu gagne, des foyers s'allument subitement dans quatre ou cinq quartiers à la fois ; la population s'affole, les soldats du régiment d'Auvergne sont accusés d'avoir allumé l'incendie et l'on se bat dans les rues embrasées…

Jusqu'au 28, le feu, à peine combattu dans la panique générale, continue à gagner ; à dix lieues autour de Rennes le tocsin sonne par tous les villages, amenant, devant le volcan de flammes, les campagnes effarées. Le vent souffle en bourrasque. Sous la pluie de feu qui tombe du ciel rouge, à travers les écroulements de rues embrasées, les gens se sauvent éperdus d'abri en abri, transportant enfants, malades, meubles et objets précieux dans des refuges où le feu les poursuit et vient bientôt les chasser. Le beffroi de la ville, la tour de l'horloge et son jacquemart, s'écroulent avec fracas ; tous les combles des églises brûlent, l'église Saint-Sauveur encombrée de meubles est entièrement détruite. Et plus de vivres, la famine s'ajoutant au fléau !…

Enfin, après cinq jours de panique, une lutte désespérée s'engage contre l'incendie, on tranche, on abat, on fait la part du feu, on coupe les quartiers intacts et au bout de trois journées d'efforts, l'ennemi est étouffé. La plus grande partie de Rennes n'est plus qu'un vaste amas de décombres fumants. Trente-deux rues et huit cent cinquante maisons ont été entièrement consumées, quinze cents maisons et presque tous les monuments sont plus ou moins atteints, les habitants affamés sont logés dans tous les édifices libres, dans les couvents, dans les cloîtres garnis de longues files de lits où s'entassent les malheureux sans asile.

Dans les années qui suivirent la grande catastrophe, la réédification de Rennes sur un plan d'ensemble en grands carrés réguliers, se fit lentement, dirigée par des ingénieurs au nombre desquels se trouvait l'architecte du roi Gabriel.

L'hôtel de ville actuel, ancien Présidial, a été construit par Gabriel, il fait pendant sur une très vaste et très belle place, au théâtre bâti de nos jours. L'hôtel de ville est un agréable morceau d'architecture comprenant deux grands pavillons reliés par un demi-cercle rentrant au beffroi, tour gracieuse et très ornée, ayant bien le cachet du XVIIIᵉ siècle, terminée par un petit dôme bulbeux. Il y a de jolis détails de lignes et d'ornementation, par exemple ces petites potences de fer forgé surmontées de coqs qui font penser aux ferronneries de la place Stanislas à Nancy.

Les derniers jours du Parlement de Bretagne, tantôt siégeant à Rennes, tantôt exilé, furent agités et la grande révolution commença dans Rennes dès 1788, par des émeutes, des différends pour la représentation aux Etats généraux, entre les ordres privilégiés et le tiers Etat, par des collisions sanglantes entre les jeunes nobles et les étudiants que dirigeait le futur général Moreau, breton de Morlaix.

Pendant les guerres de Vendée, Rennes formant une des bases d'opérations des troupes républicaines, eut encore une existence bien agitée, mais son maire, un brave et honnête tailleur nommé Leperdit, aux jours sanglants de la Terreur, quand le proconsul Carrier lui-même vint armé du couperet, s'efforça de lui arracher le plus de victimes possible et fit de son mieux pour l'empêcher de trop régénérer la ville à la manière de la malheureuse cité de Nantes.

Sur la vieille ville, sur les quelques rues anciennes épargnées par l'incendie, sur la ville du XVIIIe siècle bâtie d'un seul jet, une ville nouvelle s'est encore superposée, avec d'autres grandes rues, d'autres carrés de hautes bâtisses, des édifices tout battant neufs, d'immenses casernes, des quais emprisonnant la rivière, des boulevards remplaçant les anciens fossés, transformations ou améliorations qui sans doute ont fait disparaître au bénéfice de la froide régularité des agréments irréguliers et qui donnent à l'ancienne cité bretonne sa physionomie de Versailles-Paris de l'Ouest.

RENNES, GARGOUILLE DU PALAIS DE JUSTICE

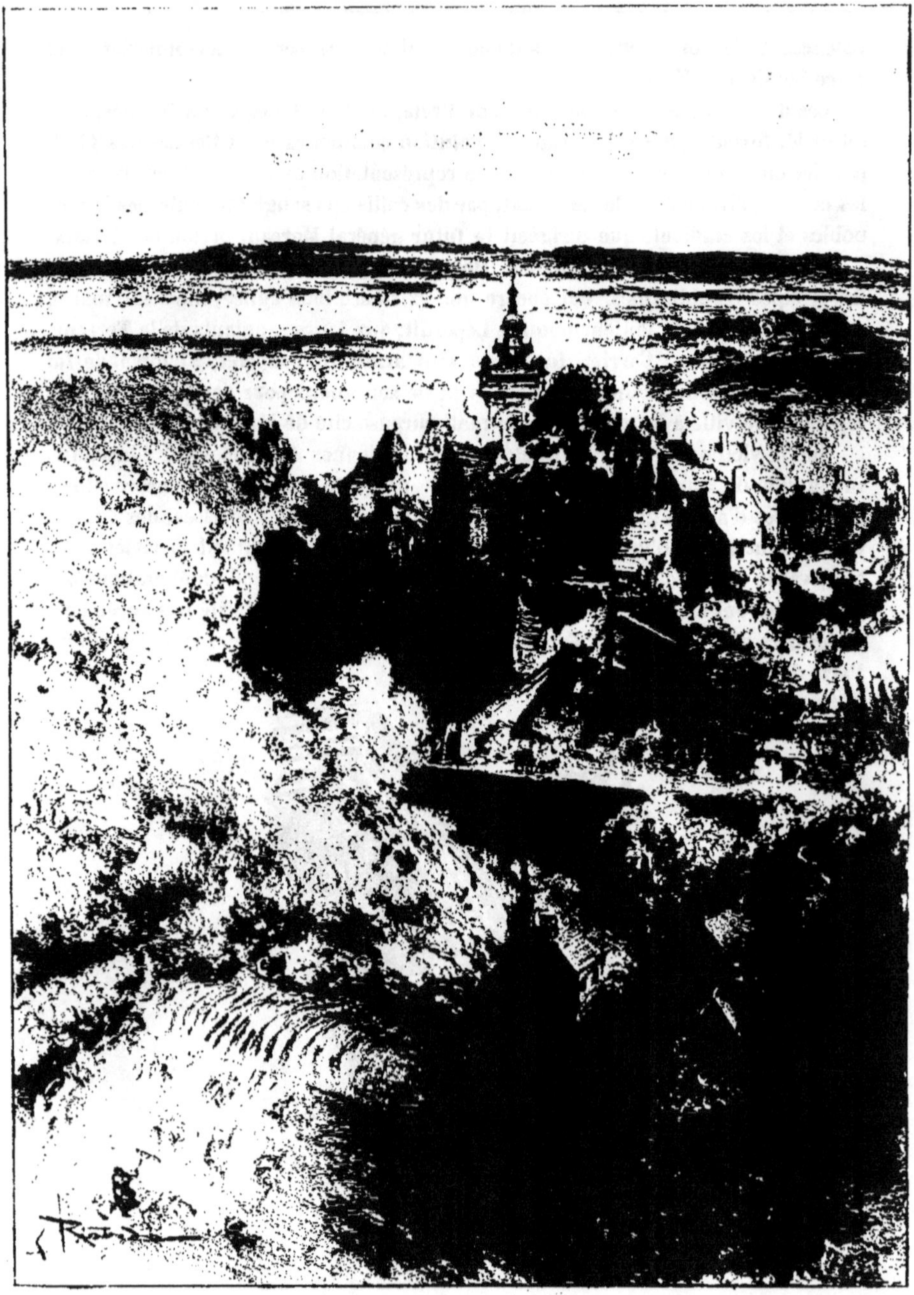

MONCONTOUR

Lith. BELFOND & C°, 10, rue Gaillon, PARIS

PORTE DE MONTFORT-LA-CANE.

IX

MONTFORT. — LAMBALLE

LA LÉGENDE DE LA CANE. — VIEILLE PORTE ET HOTEL DE VILLE
L'ÉGLISE FORTIFIÉE DE LAMBALLE. — LA PLACE DU MARCHÉ
LES ÉPIS DE FAITIÈRE. — LE PENTHIÈVRE. — LA NOUE BRAS-DE-FER

Une toute petite ville maintenant, à quelques lieues de Rennes, une vieille petite ville peu modifiée depuis des siècles, qui n'a eu à souffrir ni grandes catastrophes comme Rennes, ni dérangements et arrangements comme les cités un peu plus importantes s'en voient partout infliger de par les édiles modernes lesquels aiment appliquer des faux nez à la mode aux bonnes vieilles figures d'autrefois, et tenant à laisser trace de leur important passage sur cette terre, se hâtent, entre deux élections, de mettre la main à la pioche, démolissant allègrement ce que leurs ancêtres ont construit, monuments et masures, vieilles églises d'un art si grandiose et si fouillé, et maisons aux façades mouvementées, pour mettre à la place des cubes de maçonnerie niaise — ou même rien du tout.

Sous-préfecture pourtant, s'il vous plaît, avec deux mille et quelques habitants, Montfort-sur-Meu pour l'administration, ou Montfort-la-Cane pour les amis des vieilles légendes et des vieux souvenirs, est un charmant petit endroit tout enverduré, emmuraillé encore en partie, et enfermé dans les sinuosités de deux jolies petites rivières le Meu et le Garun, qui viennent, à travers collines boisées, vertes prairies et jardins enguirlandés, s'unir sous ses antiques maisons et ses remparts ébréchés.

Jadis entouré par les profondes chesnaies de la forêt de Brocéliande, aujourd'hui forêt réduite et un peu moins fantastique de Paimpont, — mais alors la forêt légendaire des Trouvères et des romans de chevalerie, la forêt des Chevaliers de la Table ronde, forêt des prodiges et des maléfices, où dans l'obscurité des futaies séculaires coupées d'étangs et de landes, l'enchanteur Merlin, le druide magicien, passait regagnant ses mystérieuses retraites et ses donjons enchantés avec la fée Viviane sa femme, la forêt où le magicien, converti au christianisme et redevenu homme, finit par mourir d'un charme auquel il ne pouvait plus se soustraire, — Montfort tient son surnom de Montfort-la-Cane d'une vieille légende qui doit faire plaisir à l'ombre de feu l'enchanteur Merlin.

Au temps si calamiteux de la grande guerre entre partisans de Jean de Montfort et partisans de Charles de Blois, le château de Montfort se trouvant occupé par des auxiliaires anglo-normands, une belle et vertueuse jeune fille de Montfort nommée Nicole, traîtreusement attirée dans le château par un des capitaines, s'arracha de ses mains et se précipita du haut de la tour en se recommandant à la Vierge et à saint Nicolas, son patron. Miracle! on vit la jeune fille traverser l'air comme un oiseau et descendre doucement sur un étang alors existant sous le château... Les soudards l'ayant ressaisie, la pauvre jeune fille éperdue, ne voyant nul autre secours à portée que le secours du ciel, prit pour témoins d'un vœu à saint Nicolas des canes qui nageaient sur l'étang et elle se tira encore sans dommage des mains des forcenés routiers. La pauvrette mourut peu après, mais son vœu devait être rempli. Lorsqu'on inaugura l'église Saint-Nicolas, pendant la cérémonie de translation des reliques du saint, une cane, suivie de ses canetons, entra tout à coup dans l'église et vint battre des ailes devant la statue du saint comme pour lui rendre hommage. « Et pendant trois cents ans, dit Chateaubriand qui rapporte la légende, la cane, toujours la même cane, est revenue à jour fixe avec sa couvée, dans l'église du grand saint Nicolas de Montfort, sans qu'on pût savoir ce qu'elle devenait le reste de l'année. »

Aujourd'hui, hélas! la cane merveilleuse ne peut plus revenir; le château a disparu, l'étang a été comblé et l'église Saint-Nicolas elle-même a été démolie pendant la Révolution.

Montfort-la-Cane, en fait de monuments, ne peut guère montrer que la vieille porte qui lui sert d'hôtel de ville, une grosse tour carrée pas bien haute, garnie d'une couronne de broussailles s'accrochant aux consoles de ses vieux mâchicoulis écornés. La tour grise et moussue porte fièrement le beffroi de la ville et son horloge.

La rivière à côté file sous les grands arbres poussés à la place des remparts ; quelques bouts de rues à petites maisons fort anciennes s'entre-croisent entre la porte Hôtel-de-Ville et le monticule en haut duquel se dressait autrefois le château.

Une église l'a remplacé. C'est une église comme on ne s'attendrait vraiment pas à en rencontrer en Bretagne, un édifice dans le goût italien, pourvu d'un haut campanile carré à deux étages d'arcades ouvertes. L'église et le campanile sont

VIEILLES MAISONS A MONTFORT

peints en blanc, l'intérieur est du même goût et du même peinturlurage. Il est bien évident que la cane gothique de la légende ne peut songer à revenir dans une église qui la déroute aussi complètement.

Encore un reste des murailles du rude Montfort d'autrefois : sous l'église, une haute tour cylindrique se lève du milieu des grands arbres dessinant sans doute des contours d'anciennes fortifications. Rébarbative avec une tournure d'ancien donjon, entourée d'un grand mur et bien fermée, cette grosse tour, grillée comme une Bastille, est actuellement prison de la ville.

C'est à peu près tout ce qu'il y a d'intéressant à Montfort, avec quelques vieux logis dans les petites rues, le pavillon carré à grand comble d'un vieil hôtel se montrant près de la tour de l'Horloge, par-dessus les petits pignons qui l'entourent; et plus loin, dans la rue Saint-Nicolas, une petite place ou une impasse bordée de bicoques pittoresques très vermoulues se soutenant les unes les autres sous une tourelle déjetée.

Laissons donc Montfort-la-Cane passer doucement ses vieux jours dans le paisible paysage parcouru sinueusement par ses petites rivières encadrées de verdures et voyons un peu plus loin Lamballe, la première ville rencontrée ensuite sur la grande ligne de Brest.

Lamballe, située au cœur d'un pays agreste et plantureux, mouvementé et

LA PRISON A MONTFORT

boisé, dans une campagne qui semble un vaste verdoiement de forêts, se montre de loin au pied d'une colline chargée d'un imposant édifice, église par le clocher forteresse par les créneaux des murailles, étalant, ses maisons groupées en masses pittoresques, ses grands toits hérissés au-dessus desquels pointent des clochers parmi les jardins où se balancent des cimes d'arbres.

Les belles arrivées à Lamballe, avec toutes les joies que le matin déverse sur la campagne, le soleil naissant frisant les pentes des collines, réchauffant les toits de la ville et faisant se détacher en silhouette dorée sur les dernières brumes les monumentales murailles de Notre-Dame ! Et ensuite, la traversée de la petite ville qui s'éveille, la grande place avec son marché qui s'installe, les paysans apportant leurs légumes, les paysannes leurs petits paniers de fruits, — tout est petit en Bretagne, — leurs petits pots contenant chacun pour deux sous de lait, attachés en file à un bâton.

À vol d'omnibus on aperçoit rapidement des bouts de rues, des pignons d'une

LAMBALLE. PLACE DE LA CROIX AUX FÈVES

carrure puissante, des sommets de pavillons à grands toits terminés par de curieux épis, on plonge par-dessus les grandes portes ou par-dessus les murs dans des cours d'un aspect antique. Bonne impression de petite ville ancienne, — bien conservée dans son ensemble et dans la physionomie d'autrefois.

Sur l'omnibus, de cette situation élevée en haut de la guimbarde qui promène sur le pavé retentissant de Lamballe les voyageurs et les pyramides de malles à destination des plages de la côte voisine, ce qui frappe particulièrement dans cette traversée rapide, ce sont les épis de terre cuite, dressés à la pointe de toutes les lucarnes et au sommet de tous les toits. Ces épis, qu'on appelle dans le pays des *flammes*, proviennent des fabriques de La Poterie, village près de Lamballe ; ils sont modernes, mais imités sans doute d'anciens modèles. Les plus originaux, ceux qui ne sont pas simplement de gros fleurons plus ou moins ornés, représentent soit un bonhomme barbu, soit un petit cavalier largement taillé.

Mais l'omnibus quitte le pavé après la descente rapide d'une courte rue, qui jadis aboutissait à la porte Saint-Martin, abattue il y a peu d'années ; il va s'engager sur la belle route ombragée qui conduit à trois lieues de là, aux côtes rocheuses de Dahouet, au bourg de Pléneuf et plus loin à Erquy ; c'est le moment de le quitter et de rentrer à Lamballe.

Un instant encore cependant, nous voyons de ce côté l'autre face de l'église Notre-Dame avec sa tour, s'élevant au-dessus des massifs d'arbres qui tiennent la place des fortifications abattues, et tout le revers de cette colline si pittoresquement découpée sur le ciel.

Une petite rivière baigne la ville et passe, en serpentant comme à Montfort, sous les grands arbres abritant des lavoirs, au pied des murs de jardins piqués de mousses et de fleurettes. C'est le Gouessant qui s'en va se jeter à la mer à quelques lieues de Lamballe, par des gorges profondes, dans un petit fiord fendillant le littoral, coupé par des étangs et des cascades très importantes sur des amas de roches.

Dans Lamballe on ne peut guère que l'entrevoir de temps en temps, cette petite rivière, perdue en des circuits à travers le quartier de la basse ville, reflétant des petits ponts, des escaliers de jardins et de vieilles façades jaunies.

Près du chemin de fer on la retrouve cependant, arrangée en un charmant tableau, avec une nappe un peu plus large retenue par un barrage, traversée par un vieux pont de pierre aux arches étroites, dans un encadrement de bâtiments irréguliers, de tanneries, de vieux murs débordant de verdures et de hauts peupliers entre lesquels, à l'arrière-plan, se dessine la rude architecture de Notre-Dame sur son piédestal crénelé.

Le bas de la colline est à deux enjambées du pont ; au-dessus des petites maisons d'une rue de faubourg se dresse le rempart à mâchicoulis et à créneaux pourvu d'échauguettes aux angles, rempart récemment restauré, qui forme le soubassement de l'église ; l'église, de ce côté, a un aspect militaire et rébarbatif. Le sommet des hautes murailles du chœur est garni d'un crénelage qui se continue au pignon du chevet flanqué de solides contreforts en tourelles. A la croisée des transepts s'élève une grosse tour carrée du XVIIe siècle par le sommet, terminée en plate-forme et dépourvue d'ornements.

Cette église aux lignes robustes et sévères montre pourtant, aux immenses fenêtres des transepts et du chevet, les délicatesses charmantes de ses roses et de ses meneaux d'un dessin élégant. La face opposée, donnant sur la promenade, est aussi fort intéressante pour la curieuse disposition, entre deux petits pignons reliés par une balustrade à belles gargouilles, de sa belle porte romane aux profondes voussures encadrées de colonnettes, dont les chapiteaux bizarres présentent des têtes moustachues.

L'intérieur a le même caractère robuste et imposant, surtout sous la tour centrale, et l'aspect des chapelles du chœur séparées par des arcades ouvertes, est aussi fort original. A droite, l'une de ces chapelles est surmontée d'un petit buffet d'orgue, Renaissance du côté de la nef et, de l'autre pourvu d'une galerie à panneaux gothiques, au-dessus d'une porte en bois à meneaux flamboyants finement ajourés.

Cette église servait jadis de chapelle au château de Lamballe ; ces fières murailles crénelées, c'est tout ce qui reste de la couronne de tours dressée sur cette croupe de colline aujourd'hui chargée d'arbres, belle esplanade d'où l'on domine une immense étendue de plaines accidentées. Lamballe était la capitale du Penthièvre, domaine des comtes de Penthièvre, descendants de Conan Mériadec, tirant leur nom de Pentreff ou Pontrieux, châtellenie de la famille, sur une pointe de terre de l'autre côté de Saint-Brieuc — des puissants comtes qui possédaient, tant par eux que par leurs alliances féodales, de nombreuses villes dans le pays de Goello ou du Gouet, Saint-Brieuc, Guingamp, Chatelaudren, Moncontour, etc., des forteresses et des castels formidables, — puissante maison qui toucha plusieurs fois au trône ducal, avec la vaillante Jeanne de Penthièvre, femme de Charles de Blois, le malheureux compétiteur de Jean de Montfort, avec Marguerite de Clisson, femme de Jean, fils de Charles de Blois, *la méchante Margot* qui fit tomber dans un guet-apens, à Chantoceaux, Jean V duc de Bretagne, et le garda, brutalement traité et le poignard constamment sur la gorge, prisonnier dans son château assiégé, jusqu'au jour où devant la coalition des seigneurs bretons indignés de sa trahison, elle dut capituler en rendant le duc vivant.

Cette entreprise avortée causa la ruine complète de la première maison de Penthièvre, ses villes furent confisquées et ses châteaux démolis. Le château de Lamballe fut alors complètement rasé ; mais, cent ans après, au XVIᵉ siècle, il fut reconstruit sur le même emplacement, par les héritiers du Penthièvre érigé en duché-pairie, apporté par mariage au duc de Mercœur, et ce nouveau château de Lamballe fut une des forteresses de la Ligue en Bretagne.

Lamballe fut assiégée deux fois par les Royaux, mais sans grands moyens, et deux fois le prince de Dombes, commandant pour Henri IV, échoua devant les fortes murailles du château. Au second siège périt le brave La Noue, le bon compagnon d'Henri IV, surnommé Bras-de-Fer, parce qu'ayant perdu son poignet gauche au siège de Poitiers en 1570, il l'avait remplacé par un bras de fer comme Gœtz de Berlichingen, — bon chevalier aussi comme Gœtz, âme admirable ouverte à tous les grands sentiments, capitaine rude au combat, mais, chose rare à cette époque de cruautés et de rapines, au temps des Montluc et des la Fontenelle, humain après la bataille et plus que désintéressé !

La Noue Bras-de-Fer était Breton. Après avoir tant guerroyé par toute la France et au dehors, et pris part à toutes les guerres et à toutes les entreprises des

VIEILLE MAISON A LAMBALLE.

Huguenots, après avoir défendu la Rochelle contre l'armée royale, souffert pen-

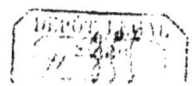

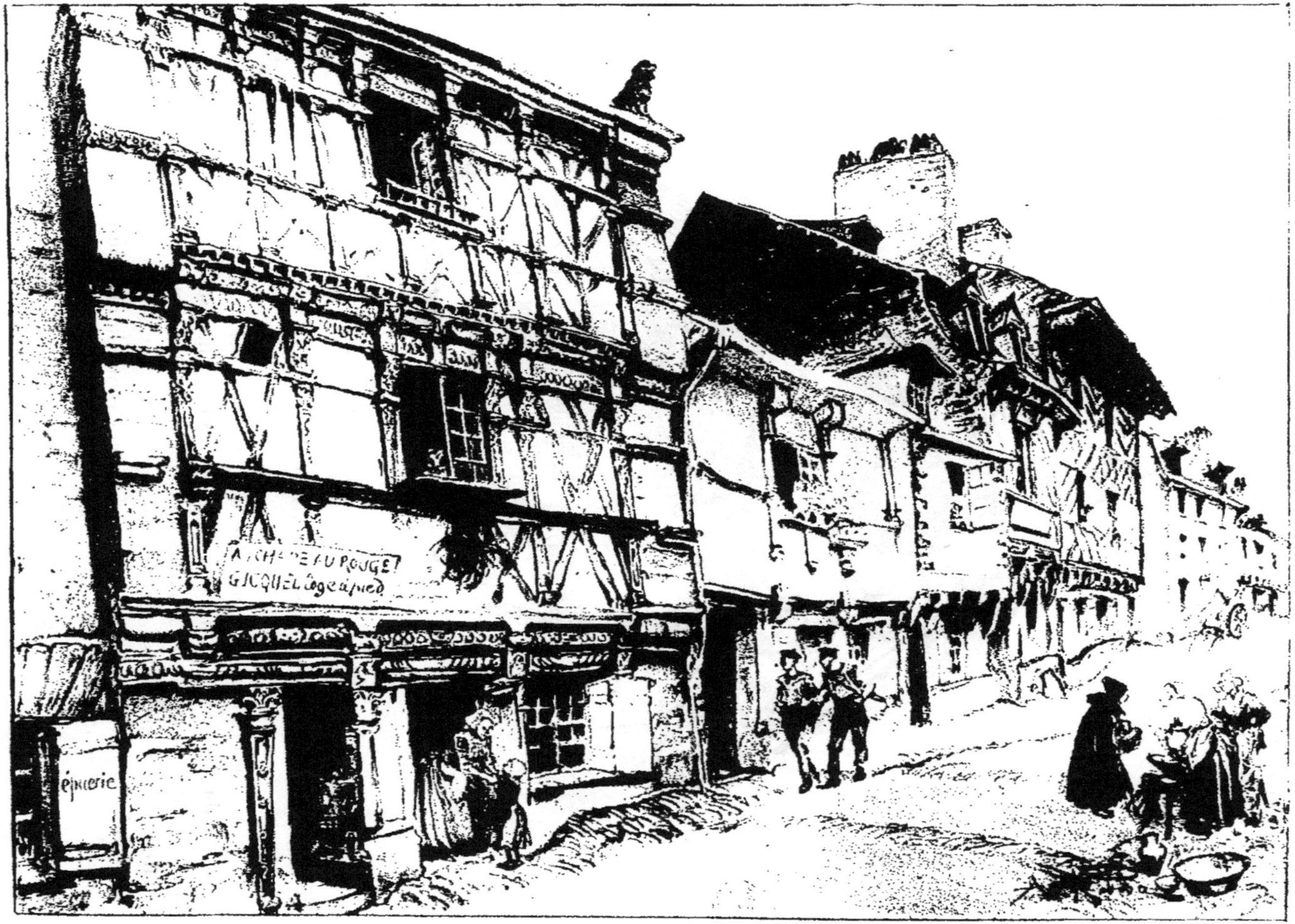

... BELFOND & Co 40, rue Gaillon, PARIS

dant cinq ans la plus dure captivité en Brabant entre les mains des Espagnols qui ne voulaient le lâcher qu'à la condition de lui crever les yeux, après avoir combattu glorieusement à Dreux, à Jarnac, à Moncontour, à Arques, à Ivry et à Paris,

LAMBALLE, LE PORCHE DE SAINT-MARTIN

il s'en vint, suivant ses pressentiments, « *mourir en son gîte, comme le bon lièvre* ».

Les canons des royaux ayant fait brèche à la porte Bario de Lamballe, La Noüe avait voulu s'assurer par lui-même de la possibilité d'un assaut; comme il levait la visière de son casque pour mieux voir, une balle d'arquebuse, lui fracassant le front, le jeta mourant sur les fascines.

Lamballe était sauvée, l'armée royale découragée par la mort du vaillant Bras-de-Fer, leva le siège. Mais le château n'avait plus que peu d'années à vivre, il fut au nombre des condamnés dans le grand abatage de forteresses féodales ordonné par Richelieu.

Une autre figure, qu'évoque le seul nom de la petite ville bretonne, c'est celle de l'infortunée princesse de Lamballe, dont le mari possédait, au moment de la Révolution, les seigneuries du Penthièvre. Une époque plus terrible et une autre mort, plus cruelle celle-ci, une vision effroyable, la tête de la pauvre femme, poudrée et sanglante, passant au bout d'une pique devant les fenêtres grillées du Temple!...

Une rue à pente rapide conduit de la plate-forme de l'église à la grande place de Lamballe, la place du Marché, une de ces belles places comme en ont toutes les villes que le modernisme n'a pas abîmées, larges rectangles irréguliers sur lesquels, par les coins, débouchent des voies petites ou grandes, ouvrant des perspectives, sans recherche de parallélisme, avec des côtés arrangés comme des coulisses de théâtre.

L'une de ces petites rues descendant à la basse ville s'appelle rue Bario et conduisait à la porte disparue aujourd'hui, devant laquelle La Noue fut frappé en 1591. A côté, parmi les vieilles façades, il en est une bien curieuse, c'est la grande maison de la rue du Four, au petit carrefour dans un angle du marché. Il serait difficile de rêver un morceau d'une plus pittoresque tournure et plus fortement coloré que ce respectable bâtiment à deux étages en surplomb, que ces robustes poutres moulurées en chanfreins, portées sur de puissantes consoles, que ces fenêtres irrégulièrement disposées, et de toutes formes, doubles ou triples, carrées ou étroites, que ce rugueux rez-de-chaussée de pierres égratignées et abîmées par le temps, avec sa grande porte de cave en arcade, et sa porte ogivale en haut d'un perron aux marches disjointes.

A l'autre bout du marché, il y a encore des files de maisons tout aussi curieuses, le long de l'église Saint-Jean, sur la petite place de la Croix-aux-Fèves, et dans la rue Courte-Epée où se trouve la mairie. Ce sont des rez-de-chaussée de grosses pierres grises, aux larges ouvertures en arc, comprenant la porte et l'étal de la boutique, avec les mêmes grosses poutres apparentes au-dessus et de grands toits pointant leurs épis de terre cuite vernissée, tout un ensemble de pignons, de pavillons carrés hauts comme des tours, de grandes bâtisses enchevêtrées d'aspect aussi vénérable qu'original.

L'église Saint-Jean est en haut d'un escalier, au-dessus de la place de la Croix-aux-Fèves; sa tour fait fond de tableau de ce côté au bout du marché. L'église, du xve siècle, petit vaisseau vide à l'intérieur et sans grande architecture au dehors, n'a d'intéressant que la silhouette de cette tour octogonale, élevée au xviie siècle et qui se profile bien avec sa balustrade en forte saillie et son clocheton en coupole bulbeuse.

Un hôpital, avec une chapelle ancienne en tête d'un petit pont, des ruelles silencieuses, de grands combles de couvents, voilà tout le reste de Lamballe. Dans le faubourg où se trouve le haras, s'élève une autre église plus ancienne et aussi plus humble, une vieille église de campagne, dans la verdure de son champ des morts, c'est Saint-Martin, ancien prieuré de Marmoutier, romane encore par endroits, gothique du XV° siècle ailleurs, partout bien affaissée. L'intérieur est très humble, l'arcade romane de l'entrée latérale est précédée d'un vieux petit porche de bois, très modeste, voûté en berceau, soutenu par des poutres taillées en bêtes fantastiques.

SUR LE CHAMP DE FOIRE A LAMBALLE

LES MURS DE MONCONTOUR

X

MONCONTOUR

BLOC DE TOURS ET DE VIEILLES MAISONS VU DU CHATEAU DES GRANGES
SAINT-MATHURIN ET SON PARDON
L'EGLISE. — ERQUY, DAHOUET ET LES GORGES DU GOUESSANT

A quatre lieues de Lamballe, dans les terres, au cœur d'une région superbe, avec de bleuâtres forêts pour horizons, la toute petite et toute vieille cité de Moncontour est juchée sur un rocher isolé comme un îlot, encerclé à courte distance par d'autres collines rocheuses aux dévalements rapides, couronnées de grandes futaies.

Bien que Moncontour soit à une assez jolie hauteur au-dessus de la vallée, on ne le voit pas de loin ; il est enfermé et serré de trop près, pour ainsi dire, dans son cirque de collines ; il faut pour l'apercevoir être arrivé déjà au-dessous des murailles et des vieilles tours qui garnissent encore toute la crête de l'escarpement à pic.

Comme un épieu devant le débouché de la vallée, la pointe de l'ex-forteresse, de la vieille ville aux rudes défenses d'autrefois, ébréchées et branlantes aujourd'hui, sinon croulantes, se dresse encore gaillardement, soutenue par de gros remparts gris, jaunis et verdis par des paquets d'herbes, et chargés de grands arbres. La ville est encore au-dessus de ce bastion avancé, la route continue sous la ville, elle longe le bas de l'escarpement et forme une sorte de défilé, un vallon étroit entre le massif bloc de vieilles pierres de la ville, — roc, maisons et remparts agglomérés, — et les collines non moins escarpées qui la dominent à si courte distance.

Après quelques bâtisses, haltes pittoresques de paysans et de rouliers, auberge avec tous les échantillons de voitures du pays à la porte, maréchallerie flambante, c'est-à-dire tout ce qu'il faut pour le cheval et pour le charretier dans tous les pays du monde : avoine, petit verre, et le prétexte du fer à remettre à la bête, — la ville se montre, tours percées de fenêtres et transformées en maisons, courtines

MONCONTOUR, CLOCHER DE SAINT-MATHURIN

devenues des jardins, murailles tapissées par des lierres qui tombent d'en haut et des lierres qui grimpent d'en bas, et par-dessus les toits, le clocher bizarrement chargé de clochetons et de lucarnes de l'église Saint-Mathurin.

Là-haut, à la pointe des remparts, il y avait une porte jadis, après la première terrasse que l'on gagne par un chemin tournant sur le flanc droit des vieux murs, ou par un escalier de l'autre côté ; cette porte a disparu comme a disparu la porte opposée, à l'autre pointe au bout de la ville. Une petite poterne donnant sur l'autre vallée, un peu moins étroite que celle à droite couronnée par les escarpements boisés du château des Granges, a été à peu près respectée ; l'escalier de cette poterne descend parmi des maisons paysannes et des moulins à eau mus par de minces ruisseaux.

Moncontour, avec ses quinze cents habitants, n'a pas l'aspect d'un bourg, il fait figure de ville, une ville composée de trois ou quatre rues découpant l'étroit plateau en petites tranches aux grandes vieilles maisons très serrées. Comme on se sent bien loin en arrière dans le temps, à deux ou trois centaines d'années des pays d'alentour que traversent les idées et les modes de notre siècle affairé et essoufflé, passant en croupe des fulgurantes locomotives. Cette impression est très nette dans les petites rues silencieuses qui tournent sur le plateau, dans les impasses bordées de grands murs par-dessus lesquels se montrent quelque haut pignon gothique, quelque bâtiment du xvie siècle assis sur le rempart, antique gentilhommière, hôtel de quelque capitaine du temps des guerres de religion. Et sur la grande place donc, pas bien grande et assez étroite, bordée de hautes maisons tristes avec quelques boutiques vieillottes çà et là, antiques épiceries, graineteries ou auberges!...

C'est le passé, le passé presque immuable, rencontré dans cette bicoque qui ne peut guère changer ni remuer sur son tertre rocheux, ni se développer, un habitat humain à la mode d'autrefois que le temps devra user peu à peu et qu'il ne transformera que bien lentement et pierre à pierre.

Ce passé, encore à l'état ambiant, ne se montre pas, dans ces quelques vieilles rues de Moncontour, sous les grands aspects décoratifs que présentent d'autres cités plus importantes ; ce sont de petits morceaux, des petits coins modestes et intimes, entrées de maisons, tournants de rues, petits carrefours transformés en chambre de travail pour les bonnes femmes des maisons voisines, échappées sur des cours ou des boutiquettes ouvertes, des détails çà et là, jolis ou curieux, — quelques mots, si vous voulez, que le passé vous chuchote à l'oreille.

A cette façade où chaque étage surplombe, n'est-ce pas un détail charmant, cette simple petite niche toute fleurie, arrangée au siècle dernier pour une vierge en faïence avec cette inscription d'une grâce naïve :

> Si l'amour de Marie
> En ton cœur est gravé,
> En passant ne l'oublie
> De lui dire un *Ave*.

De l'intérieur de la ville on n'a pas l'accès des remparts, accaparés qu'ils sont par les jardins et par les maisons qui s'y sont installés il y a des siècles lorsque Moncontour, forte place de guerre dans le moyen âge lointain, pourvue d'un solide château en plus de ses remparts, devint difficile à défendre contre les canons et les bombardes, que des ennemis survenant pouvaient placer en toute tranquillité, presque sur la tête des habitants, sur la hauteur commandant la vallée.

Ce Moncontour breton n'est pas le Moncontour de la bataille perdue en 1569, pendant la troisième guerre civile par l'amiral Coligny aux environs de Poitiers ; cependant au cours des guerres de religion celui-ci eut aussi sa part de canonnades et arquebusades. L'armée de la Ligue et l'armée du roi se le disputèrent chaudement plusieurs fois, le prirent et le reprirent ; plus tard, Richelieu rasa le château et laissa les bourgeois se partager les courtines et les tours de la ville qui n'a guère changé depuis.

Moncontour possède un saint patron, fameux et vénéré par toute la Bretagne. C'est saint Mathurin qui, paraît-il, jouit dans le Paradis, parmi les saints, d'une telle réputation de sagesse supérieure et a pris peu à peu une place si importante, qu'un jour Dieu le Père, fatigué de l'immense tracas du gouvernement de l'univers et voulant abdiquer, jeta les yeux sur lui comme le plus digne de recevoir le sceptre des mondes. Saint Mathurin, pressé d'accepter, dit la légende, demanda au souverain Seigneur le temps de réfléchir, se consulta, pesa les avantages et désavantages de la belle position qu'on lui offrait, puis finit par refuser, disant qu'il y perdrait et préférait rester saint Mathurin de Moncontour, comme devant.

UNE NICHE A MONCONTOUR

L'église de ce puissant saint Mathurin est actuellement en reconstruction ; le clocher seul est resté intact au-dessus des pans de mur de la nef. Je n'ai donc pu voir le reliquaire d'argent massif qui contient le chef de saint Mathurin. Un pèlerinage célèbre amène tous les ans à la Pentecôte, aux reliques du saint, des masses de pèlerins de la région. Moncontour pendant quelques jours est archi-plein. Les Bretons de Pontivy, Guémené et de plus loin, arrivent processionnellement avec binious et tambours, pour accompagner les cantiques d'abord, les danses ensuite ; les gens du pays Briochin et Lamballais viennent en foule en chantant :

« Saint Mathurin de Montcontou',
« Donnez du blé neye à nous ! »

C'est grande fête et les dévotions accomplies, pèlerins et pèlerines montent à l'esplanade du château des Granges qui domine Moncontour pour danser sous les grands arbres jusqu'à extinction de forces.

La tour de Saint-Mathurin date de la Renaissance ; elle n'a rien de remarquable comme structure, c'est une tour carrée et massive, plaquée d'ordres superposés, mais son couronnement très compliqué se découpe d'une façon originale sur le ciel. C'est d'abord une galerie couverte au-dessus de la balustrade, avec clochetons sur les angles, puis un toit carré à grandes lucarnes et campanile octogonal ensuite, surmonté d'un petit dôme à lanternon. Ces petits clochetons à dôme, ces lucarnes et ces pointes, ces ardoises brillantes et les belles ombres noires sous la galerie et sous les arcades du campanile, tout cela fait bien parmi les vieux toits sévères ; quant à l'église démolie, elle n'est pas à pleurer, on lui avait infligé un portail classique, glacial à faire frémir, à en juger par une ancienne photographie vue dans un hôtel.

Ce que pouvait être Moncontour au temps de sa force et jusqu'à sa fin sous la Ligue, on peut aisément se le figurer sans trop de frais d'imagination, en allant là-haut sur la colline du château des Gran ge

LE VIEUX MOULIN A PLENEUF

chercher une vue d'ensemble du Moncontour actuel... Il faut suivre la verte et superbe avenue des Granges et longer ensuite toute la crête du plateau. Moncontour est en dessous à un jet de pierre. Ces arbres de la colline des Granges sont magnifiques, la voûte de feuillage superbe, mais des arbres, il n'y a que cela dans l'immense paysage qui se déroule, on nage dans le vert ! Bois et futaies, bosquets de jardins, peupliers ponctuant la ligne du petit ruisseau dans le dernier pli du vallon, pentes vertes, forêts moutonnant par-dessus Moncontour et formant des superpositions de vagues bleuâtres jusqu'aux premiers nuages, c'est un vaste océan vert, au milieu duquel émerge comme une île, la croupe abrupte de la colline portant Moncontour serré en une grosse masse de vieux murs et de grands toits. On plane absolument sur la ville, sur la ligne de vieux remparts zigzaguant autour du bloc à silhouette déchiquetée, sur les tours plus ou moins ébréchées qui soutiennent encore çà et là l'enceinte, perdues aujourd'hui sous la verdure et portant pacifiquement à leur sommet des tonnelles et des berceaux de feuillage. La plus grosse de ces tours qui ferme le débouché de la grande place, porte même sur sa plate-forme, parmi les lianes

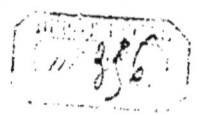

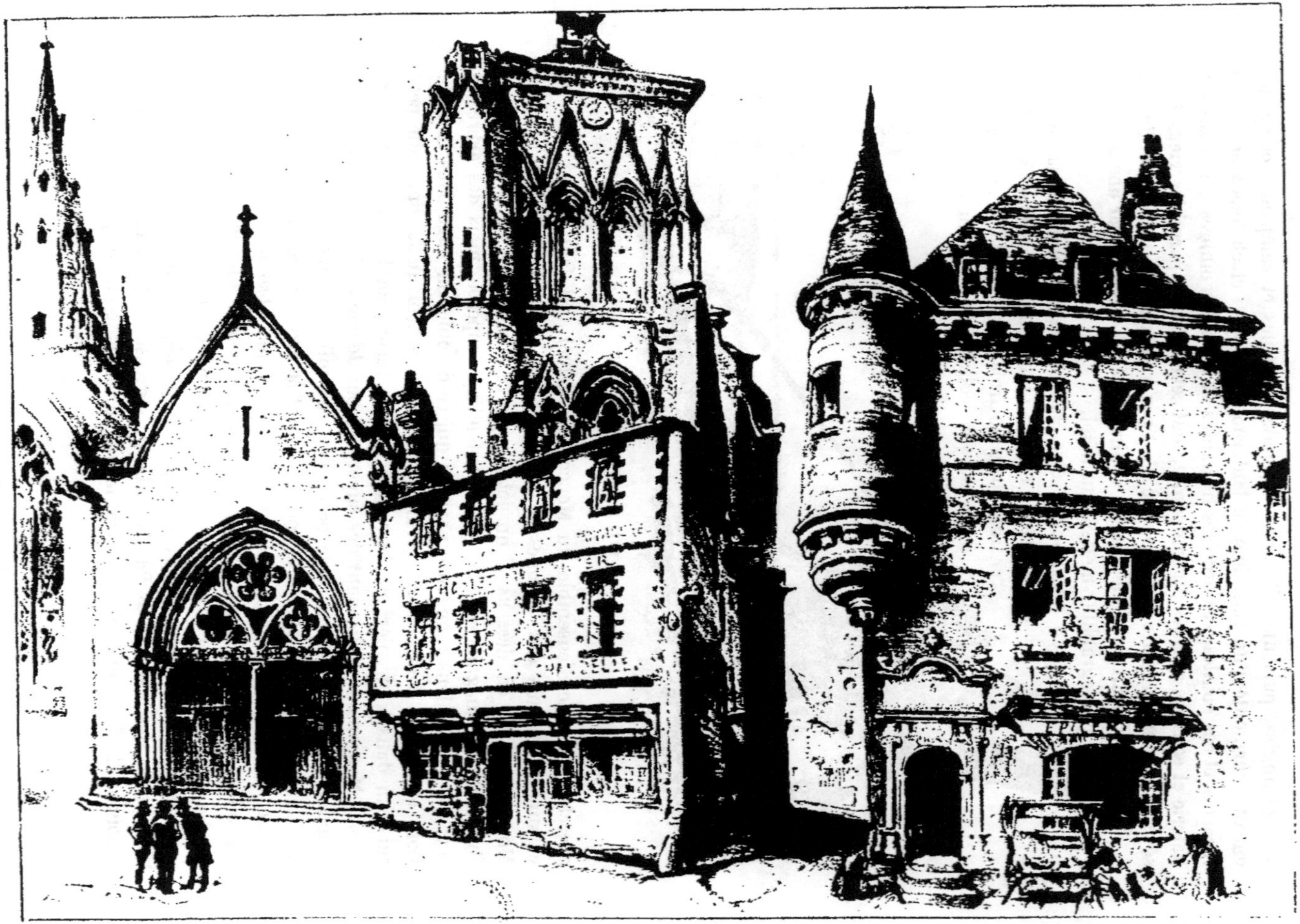

Lith. BELFOND & Co, 10, rue Gaillon, PARIS

échevelées, un grand arbre qu'elle brandit à la hauteur du clocher de l'église.

Dans ce moutonnement de collines par-dessus Moncontour, au bout de ces vagues vertes qui se prolongent au loin jusqu'aux vagues blanches de la mer, après toutes les ondulations d'une campagne charmante, de bois où se détachent des tours romantiques comme la grande ruine de la Hunaudaye, où les murailles crénelées et les grands pavillons Renaissance du château de Bien-Assis, trempant dans des douves larges et profondes, il y a les surprises d'une côte superbe, il y a du cap Fréhel à Saint-Brieuc, tout un déroulement de baies et d'anses, de plages et de criques rocheuses d'un pittoresque extrêmement varié.

ENTRÉE DU PORT DE DAHOUET

C'est Erquy et sa grande baie, — du grand paysage, des sommets de falaises granitiques couverts de bruyères roses et des dévalements de prairies ou de parcs jusqu'aux galets de la grève — puis la belle plage du Val-André encadrée entre les rochers de Dahouet et la pointe du Piégu qui projette comme une sentinelle avancée l'îlot du Verdelet, découpé comme un mont Saint-Michel.

La partie de la côte entre Dahouet et les gorges du Gouessant, c'est l'endroit où la mer semble avoir mordu, tiré, brisé et déchiqueté le granit de la côte avec le plus de furie. Sur huit ou dix kilomètres, cette côte est percée d'échancrures, de criques plus ou moins larges, encombrées de rocs écroulés, percées de grottes plus ou moins profondes.

Le petit port de Dahouet, au point le plus accidenté, se dissimule dans une miniature de fiord qui pénètre, avec des coudes et des détours, assez profondément derrière les collines rocheuses formant promontoire de chaque côté de l'entrée. La passe hérissée de récifs n'est accessible que pendant un court espace de temps à marée haute. Deux ou trois douzaines de maisons bien abritées dans ce creux de rocher s'alignent le long du quai, mouvementé surtout pendant quelques semaines, quand les hommes et les sept ou huit goélettes du pays reviennent après six mois passés à la pêche à la morue dans les froids brouillards d'Islande.

On pense à eux, les pauvres pêcheurs d'Islande chantés par Loti, et aux femmes et aux enfants qui les attendent anxieusement, quand on lit, dans les bureaux de poste de tous ces pays de la côte, des avis formulés ainsi :

« *Départ des courriers pour l'Islande :*
Février 17. *Mars* 31. *Mai* 3... etc. »

Quand vient le mois d'août, comme on guette les voiles blanchissant au large ! chaque matin au plus haut des falaises, des femmes, la longue-vue à l'œil, restent longtemps en noires silhouettes immobiles sur le ciel. Cette voile imperceptible là-bas, c'est un Islandais assurément, mais est-il pour Dahouet ou pour Saint-Brieuc ?

Il se rapproche, joie et mouvement dans le pays, on l'a reconnu, c'est un Islandais de Dahouet, mais il va être obligé de croiser encore pendant des heures au large pour attendre la marée. Et, en femmes de marins habituées aux longues attentes, elles espèrent patiemment quelques heures de plus.

Dahouet dépend du bourg de Pléneuf dont on voit au loin les vieux moulins tourner. A quelque deux lieues de ces rochers, le Gouessant, la rivière de Lamballe, arrive à la mer par des gorges de 5 ou 6 kilomètres de longueur, extrêmement curieuses par leurs aspects bien divers, par leurs accidents imprévus, — des gorges où le paysage saute à chaque instant de l'idylle à la sauvagerie. Un petit fiord encore, ces gorges qui commencent aux Ponts-Neufs sur la route de Saint-Brieuc, par un vaste étang très ombragé, encaissé par endroits, après lequel le Gouessant tout à coup tombe dans le long défilé qui mène à la mer, par une cascade digne d'un torrent de la Suisse, une cascade bifurquée, à deux évolutions, sautant, écumant et ressautant sur de gros blocs de rochers jaunis, verdis ou noircis, parmi les longues herbes et les roseaux poussant dans les cuvettes plus tranquilles abritées entre certaines roches.

Des quelques maisons pittoresques accrochées avec leurs étables et leurs granges au-dessus de la cascade, un sentier se détache circulant sous les arbres à mi-côte, sur les raides pentes fréquentées par les vaches ou le long de la rivière rocailleuse, sautant parfois de roc en roc, d'une rive à l'autre, quand la gorge se resserre subitement entre de hautes falaises brunes à pic.

De détour en détour, le paysage change de caractère. A côté d'une fraîche petite anse où l'eau piquée de grandes tiges de roseaux ondulés, loin de tout bruit, au seul murmure lointain des cascades, semble s'abriter et dormir sur le gravier à l'ombre d'un bouquet d'arbres, on tombe en des éboulis de rochers, parmi des îlots de blocs lavés par l'eau bouillonnante, ou bien on rencontre barrant la gorge étroite, un moulin à eau bien caché, avec un long pont de bois qui s'en va, de l'autre côté du ravin, rejoindre un sentier escaladant la falaise, pont charmant, joli décor de théâtre.

Plus loin, changement à vue, la gorge prend soudain un caractère sauvage ; ce sont les derniers détours d'un couloir solitaire et silencieux envahi par la vase, baigné par la marée, la porte sur la mer s'ouvrant après un ou deux tournants d'une mélancolie profonde, pour laisser échapper le Gouessant au milieu d'une ligne de falaises déchiquetées, sur une immensité de sables, à l'horizon desquels apparaît la côte de Saint-Brieuc et l'entrée du Légué avec la silhouette de la tour de Cesson, la vieille sentinelle féodale du port, debout sur son promontoire escarpé.

LA TOUR DE CESSON AU LÉGUÉ

SAINT-BRIEUC, PIGNON BOIS ET BASSIARDE

XI

SAINT-BRIEUC

LA CATHÉDRALE-DONJON ET LES SIÈGES QU'ELLE SOUTINT
DERNIÈRES VIEILLES MAISONS
UNE NUIT DE BRUMAIRE. — LE LÉGUÉ ET LA TOUR DE CESSON

Peu de villes ont été aussi transformées en notre siècle que le chef-lieu des Côtes-du-Nord. Je ne sais pas ce que pouvait être le Saint-Brieuc de jadis, mais il me semble qu'en tout cas les changements, embellissements et améliorations, n'ont pas donné au Saint-Brieuc moderne un grand caractère de séduction.

C'est un ensemble assez bizarrement éparpillé de quartiers tout neufs, de grandes places d'aspect ennuyeux, de rues modernes lancées dans toutes les directions, sur un plan qui semble d'abord assez incohérent, avec des monuments

CATHÉDRALE DE SAINT-BRIEUC

également modernes, également ennuyeux et tristes, lourds de carrure et d'une lamentable indigence de lignes.

Saint-Brieuc est situé sur une arête de collines avec un ravin étroit et profond d'un côté, le ravin du Gouédic et, de l'autre côté, une gorge assez large, le Gouët, profonde anfractuosité qui s'élargit encore et s'en va former le port du Légué; mais Saint-Brieuc, malgré ses deux ravins, malgré sa belle situation, ne présente pas ou ne présente plus la physionomie pittoresque qu'il devrait pouvoir montrer avec ces éléments.

On lui a trop fait sa toilette, on l'a trop débarbouillé peut-être et l'on a remplacé ses oripeaux à la mode de jadis par des confections modernes bien grises et bien rectilignes.

Si l'on peut comparer une ville à un organisme, on peut dire que les bras et les jambes, la tête et les épaules de Saint-Brieuc ont été amputés ou rognés, puis remplacés par des membres tant bien que mal rajustés et qu'il ne lui est resté d'ancien que le cœur, son antique cathédrale, avec le réseau de rues et de ruelles qui tournent autour.

C'est donc la seule partie intéressante de la ville, puisque tout le reste, c'est ce que l'on voit en toute ville moderne, la rue banale, et l'édifice passe-partout.

Cinq ou six rues, pas davantage, et autant de ruelles entre-croisées et ramifiées, et c'est tout; la cathédrale peut couvrir l'ensemble de son ombre rébarbative et mélancolique. Mais il y a encore de jolies maisons dans ces vieilles rues et elles forment de petits carrefours très colorés. Il y a surtout, parmi celles qui ont le mieux conservé la caractéristique des vieux temps qui ne sont plus, une petite rue qui longe le flanc gauche de l'église. C'est la rue de la Clouterie, une ruelle plutôt, avec de vieilles bicoques accrochées aux rudes pierres grises de l'église, entre les gros contreforts, avec de petites boutiques de fruitières et de revendeuses bien étroites et bien sombres, un étal de boucher qui suspend des quartiers de bœuf aux murailles du temple.

La rue aboutit à une petite halle moderne qui doit remplacer un ancien marché sans doute, mais au-dessus de cette bâtisse toutes les façades, tous les pignons ont gardé une bonne allure XVe ou XVIe siècle.

Que de mutilations pourtant quand on s'approche et qu'on examine de près ces anciennes façades. Il y avait, en guise de consoles pour soutenir l'avancée des étages, des statuettes, de nombreuses statuettes, des figures de saints ou des personnages profanes taillés en plein bois; il ne reste plus de ces files de figurines que de pauvres invalides rognés et mutilés. Les plus intacts, ce sont deux grands bonshommes à mi-corps qui encadrent majestueusement la double fenêtre du premier étage d'une maison de la rue du Bas-Fardel.

Tout près, dans la rue Saint-Jacques où presque chaque maison, chaque pignon, malgré tous les changements et mutilations, a gardé quelque singularité intéressante, l'un de ces vieux logis est particulièrement remarquable. Ses poutres sont chanfreinées largement; au-dessus des portes ou des fenêtres en accolades court une frise à feuilles de vignes sculptées, et des mascarons grotesques, riant ou grimaçant, des trognes réjouies ou de longues faces de Pierrots gothiques, ornent l'extrémité de chaque poutre. Il y a aussi des statuettes plus ou moins abîmées;

à côté de l'entrée se voit une moitié de figure couronnée, un pauvre roi auquel on n'a laissé que la tête, en amputant tout le reste pour remplacer par des contrevents les abattants de l'auvent d'autrefois. De l'autre côté de la porte est un saint Georges en armure du XV° siècle, lequel, plus heureux, n'a perdu que sa lance.

Cette maison, si l'on en croit la tradition, aurait appartenu à Guy Eder de la Fontenelle, le fameux ligueur. Ses horribles cruautés et aussi ses gaillardises ont valu à ce la Fontenelle un terrible renom par toute la Bretagne et le titre bien gagné de *Brigand de Cornouaille*.

Une autre maison remarquable à l'entrée de la rue Fardel, datant du milieu du XVI° siècle, montre deux étages de pans de bois jadis très ornés, entre deux gros murs ornés de sculptures aussi et couronnés de lions de pierre sur le toit.

La décoration est du style de la Renaissance et consiste en pilastres, bandeaux, modillons, poutres à rinceaux, mais le tout a subi quelque peu les ravages de la vieillesse. Elle porte maintenant la touffe de gui d'une simple auberge, cette maison, jadis belle et riche et qui logea aux siècles derniers des visiteurs princiers, entre autres Jacques II, le roi détrôné d'Angleterre, quand il vint en Bretagne en 1690 préparer son expédition malheureuse d'Irlande, le commencement des débarquements jacobites et des tentatives infructueuses des Stuarts pour remonter sans l'aide d'un Monck sur le trône d'Angleterre.

Mais, en tournant parmi ces vieilles maisons de la rue Fardel, de la rue du Puits-au-lait, de la rue des Halles, de la rue des Pavés-neufs où se voient les tourelles et la vieille porte ogivale ouvrant sur une petite cour en arcades de l'hôtel de Rohan, on retombe toujours sur la place de la Cathédrale, devant le double donjon sévère et même rébarbatif qui représente le portail de l'église.

C'est un solide amas de pierres que cette cathédrale de Saint-Brieuc, quelque chose non pas d'austère, mais de rude, une forteresse plutôt qu'une église. Les détails seuls comme la rose du pignon serré entre les deux tours, ou quelques petits clochetons d'arrière-plan, indiquent le temple élevé pour la prière.

Deux tours carrées avec de gros contreforts aux angles; presque pas d'ouvertures, quelques basses fenêtres et des meurtrières; pas de flèches sur ces tours, un comble lourd avec un étage en retrait. Une porte ogivale au bas de la tour de gauche, un porche couvert ouvrant par une grande arcade entre les deux donjons, à l'angle encore une toute petite masure, quelques boutiques nichées entre les contreforts, tel est ce portail sévère et absolument sans ornements.

Pour compléter l'aspect guerrier, la tour de droite possède encore une rangée de mâchicoulis, qui portent un étage de charpente comme les hourds des tours militaires.

Forteresse, la cathédrale de Saint-Brieuc le fut à plusieurs reprises, et la ville n'ayant pas été munie d'autres tours, n'ayant jamais eu d'enceinte fortifiée, la cathédrale à l'occasion devenait le château fort des Briochins.

SAINT-BRIEUC. MAISON DU SAINT-ESPRIT

Ces murs de granit sombre ont subi plusieurs sièges, ils ont vu les rudes soudards d'Olivier de Clisson se retrancher dans l'enceinte sacrée, les archers et les arbalétriers garnir les plates-formes et guetter aux meurtrières. Ces hautes voûtes habituées aux psalmodies des clercs, à la douce et majestueuse symphonie religieuse, ont entendu gronder la symphonie farouche de la bataille et retenti des clameurs des assauts et du fracas des bombardes.

Saint-Brieuc, patron et fondateur de la ville, était un évêque de Grande-Bretagne qui s'en vint au vi⁰ siècle, avec une troupe d'exilés chassés par l'invasion des Saxons, chercher un asile dans la petite Bretagne. Le monastère qu'il fonda entre Gouet et Gouedic, dans le pays de Goëllo ou du Gouet, devint peu à peu le noyau d'une ville, assez considérable deux siècles plus tard pour être érigée en évêché.

Il est assez singulier qu'une ville importante par sa position, par son port et par le nombre de ses habitants, une cité épisco-

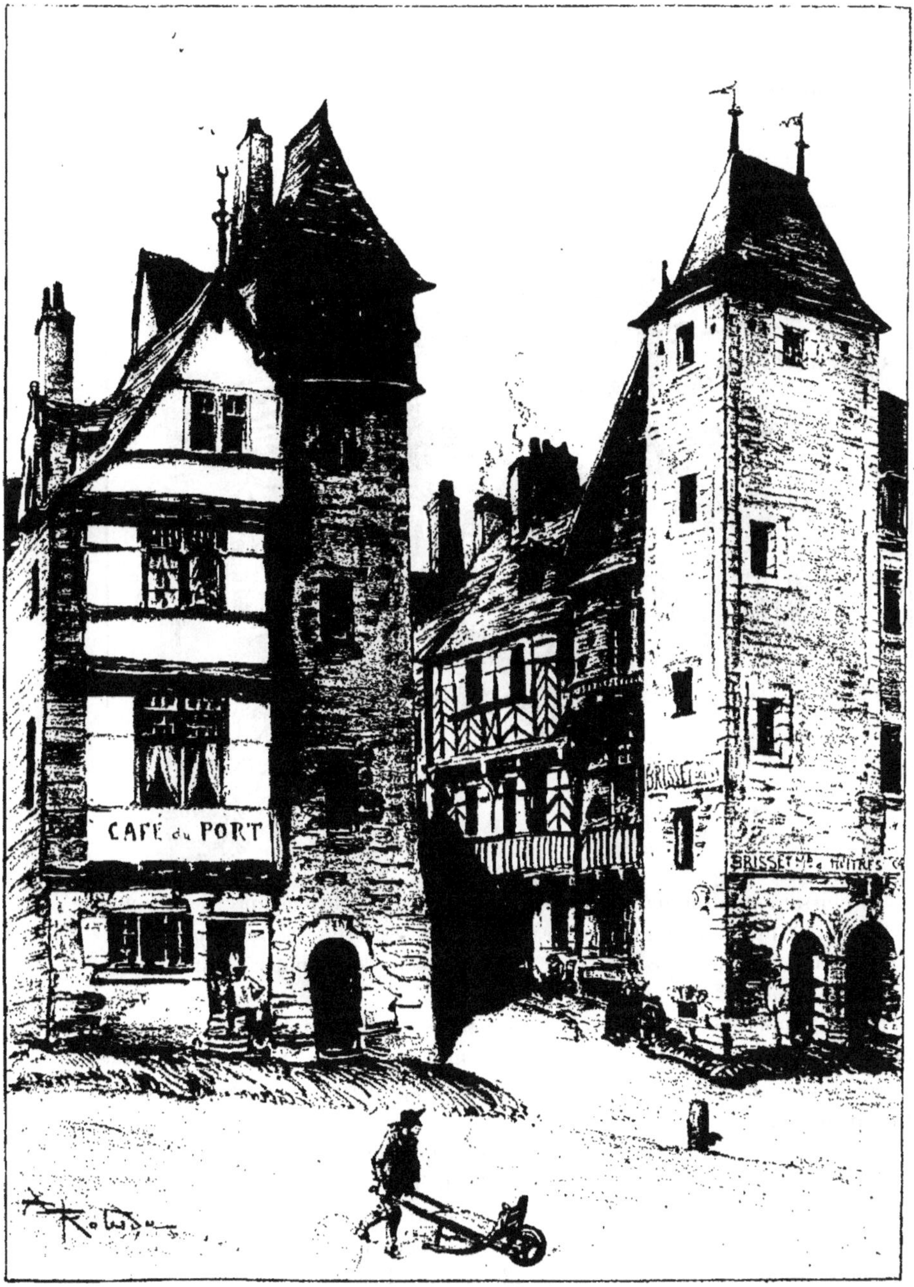

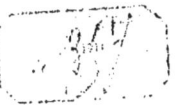

ENTRÉE DE TRÉGUIER

Lith. BELFOND & Cⁱᵉ, 10, rue Gaillon, PARIS

pale, ne fut pas défendue par une ceinture de bonnes murailles. Peut-être faut-il en voir la raison dans les intérêts, sinon opposés, du moins différents, de l'évêque seigneur de la ville et des Penthièvre suzerains de l'évêque.

SAINT-BRIEUC, MAISON DU « BRIGAND DE CORNOUAILLE »

La puissante maison de Penthièvre qui posséda Saint-Brieuc après les comtes de Goëllo, maîtresse de tant de châteaux et de places fortes, se borna pour toute défense à construire la grosse tour de Cesson pour commander l'entrée de la rivière du Gouet.

Donc, chaque fois qu'un ennemi quelconque parut devant Saint-Brieuc, ce furent les tours de la cathédrale qui soutinrent le choc. Une fois, au temps de la grande guerre entre Blois et Montfort, elle fut attaquée par les troupes de Montfort et les repoussa.

Plus tard, Olivier de Clisson, devenu connétable de France, devenu l'ennemi mortel du duc Jean de Montfort pour lequel son épée avait si rudement travaillé sur les champs de la guerre civile, le puissant Clisson ayant marié sa fille Marguerite au fils de Charles de Blois et de Jeanne de Penthièvre, enleva de vive force les châteaux des Penthièvre et la ville de Saint-Brieuc dont la cathédrale put résister pendant quinze jours à tous les assauts. Clisson vainqueur fut bientôt vivement assailli dans Saint-Brieuc par les troupes ducales et se retrancha à son tour derrière les vaillantes murailles de la cathédrale.

Ce n'était pas le dernier siège que soutenait l'église; pendant les guerres de la Ligue, elle fut encore champ de bataille, l'éclair des arquebusades illumina ses chapelles au bruit du tocsin et l'incendie se promena sous ses voûtes.

L'intérieur de cette église est presque aussi sévère que l'extérieur; il n'y a comme détails à noter que différents tombeaux dans des chapelles, un tombeau d'évêque du xviie siècle derrière le chœur et un gros bénitier à sculptures gothiques logé sous l'arcade vide d'un ancien enfeu.

En face de la cathédrale s'élève l'hôtel de la Préfecture, construction moderne qui cache dans une cour à gauche un vieux logis du xve siècle, dit maison du Saint-Esprit, dominé par une haute tourelle.

Sur la place une statue, meilleure que le Du Guesclin des promenades, a été récemment érigée en l'honneur de Poulain Corbion, procureur de la Commune en 93. Elle rappelle un épisode dramatique des luttes de la chouannerie autour de Saint-Brieuc.

Par une nuit obscure de Brumaire an VIII, dix détachements de chouans des Côtes-du-Nord et du Morbihan, réunis silencieusement sous la ville, pénétrèrent par plusieurs côtés dans Saint-Brieuc et se portant sur la prison pour délivrer les détenus royalistes, commencèrent par enlever les différents postes qu'ils rencontrèrent. Tocsin sur les toits de la ville effarée, appels, cris, courses de gens armés, fusillades rayant d'éclairs sinistres la vague obscurité des places et le noir des ruelles, réveil terrible! Les groupes de gardes nationaux qui se présentent et les brigades de gendarmerie sont culbutées par les chouans, pendant que, dans la prison attaquée, un poste de six hommes se défend désespérément. Enfin les portes sont forcées et les détenus délivrés.

Les royalistes, après cette chaude nuit, se mirent en retraite au jour naissant; mais, poursuivis par des détachements de troupes accourus de Lamballe, ils eurent longtemps à escarmoucher et perdirent, sous les fusillades qui les assaillaient, Mme La Frotter, l'une des prisonnières, pour le salut de qui l'expédition avait surtout été organisée.

La statue du procureur de la commune tué dans le combat est d'un beau mouvement, mais c'est peut-être un peu beaucoup de bronze. Le pauvre Du Guesclin a moins de chance en sculpteurs. Sa statue à Dinan en troubadour du premier Empire est absolument grotesque. Celle de Saint-Brieuc, en style de pendule 1840, ne vaut guère mieux. Et pourtant quelle superbe figure à dresser sur une place bretonne que celle du bon connétable.

Outre sa cathédrale, Saint-Brieuc ne manque pas d'églises, il y en a quatre ou cinq, mais toutes absolument dénuées d'intérêt, laids et lourds édifices modernes de style classique ou pastiches d'architecture gothique du XIII siècle.

RUE DE LA CLOUTERIE A SAINT-BRIEUC

Il reste cependant sous le pignon de Notre-Dame de la Fontaine, oratoire construit au XV siècle par Marguerite de Clisson, fille du connétable, et réédifié de nos jours, une sorte de porche ogival flanqué de petits contreforts; ce porche abrite la fonfaine dite de Port-Orel, qui détermina jadis saint Brieuc à élever sur cet emplacement le monastère, berceau de la ville.

De la place de la Grille une rue descend rapidement dans le vallon du Gouet, c'est le chemin du Légué, débouchant sur la mer après trois kilomètres de zigzags entre les hautes croupes des collines sèches. A l'entrée du Gouet sur la gauche, un autre vallon se creuse; il est verdoyant celui-là, une route bordée de maisons dégringole et s'enfonce à travers les arbres sous des vagues de feuillage. C'est la route de Paimpol, un séduisant morceau de paysage qui fait pardonner à Saint-Brieuc ses tristes, gris et monotones quartiers modernes.

La route du Légué ne vaut pas ce précipice verdoyant. Tout au bout du port, sur le promontoire de droite, la vieille tour de Cesson garde encore la porte de la mer qu'elle était chargée jadis de défendre. Donjon élevé à la fin du XIVᵉ siècle, ce n'est plus aujourd'hui qu'une moitié de tour restée debout après le coup de mine qui termina sa carrière de forteresse, une haute carcasse trouée, montrant l'épaisseur de ses murailles percées de couloirs, ouvrant bien haut dans le ciel d'immenses fenêtres par où les brises de mer peuvent souffler à leur aise.

Elle fut prise et reprise pendant les guerres de la Ligue, les troupes du duc de Mercœur y assiégèrent les royaux et entamèrent très profondément, à coups de canon, l'épiderme du robuste donjon. Peu d'années après, Henri IV ayant réussi à reprendre la forteresse du Gouet aux ligueurs, la démantela pour en finir. La mine en a fait la belle ruine si bien plantée au-dessus d'un parc, sur le piédestal rocheux dominant les barques échouées sur le sable, les navires commerçants ou morutiers filant en dessous dans le Légué et toute l'immensité des grèves de la baie ouverte en demi-cercle, jusqu'à l'île de Batz bleuissant à l'horizon.

FERMES BRETONNES

FAÇADE LATÉRALE DE NOTRE-DAME DE BON-SECOURS A GUINGAMP

XII

GUINGAMP

NOTRE-DAME DE BON-SECOURS. — DU GUESCLIN A MAEL-PESTIVIEN.
LE SIÈGE DE GUINGAMP. — VIEUX MOULINS. — LA FONTAINE DE LA POMPE

Avant de gagner les pays de Tréguier et de Lannion si intéressants et si accidentés, en suivant la belle bordure de mer au-dessus de Saint-Brieuc de ce département des Côtes-du-Nord, il faut voir tout près de Saint-Brieuc la ville de Guingamp, qui est fort jolie dans son entourage agreste et plantureux et fort curieuse par certaines vieilles rues, par sa belle grande place et surtout par sa magnifique église Notre-Dame de Bon-Secours.

La ville a fort riant aspect au milieu de sa belle campagne, dans les flots de verdure qui l'enveloppent, avec sa petite rivière du Trieux qui trace de capricieux circuits à travers les prairies, avant d'aller baigner le pied des vieilles maisons de la basse ville et faire tourner les vieux, très vieux moulins au milieu de l'eau, tout près des derniers débris de remparts englobés dans les antiques constructions du-dessous de l'église.

Le Trieux, c'est l'ancien Treff d'où la puissante famille des Penthièvre tirait son nom. Au château fort de Guingamp résidaient souvent les comtes de Penthièvre, seigneurs de tant de villes et de châteaux dans cette partie de la Bretagne, pendant toute l'existence agitée de cette maison, jusqu'aux malheurs et à la ruine amenés par les violences et les entreprises téméraires de Marguerite de Clisson, la méchante Margot, femme de Jean de Penthièvre, fils du malheureux Charles de Blois.

Ce château, ruiné par les guerres, a été rebâti au XVe siècle par Pierre de Bretagne, fils du duc Jean V, après la confiscation des terres des Penthièvre. Il en reste une bonne partie, trois grosses tours rondes sur quatre, mais l'ensemble a été complètement défiguré et abîmé par des constructions modernes ou des affectations diverses, écoles ou autres, très utiles, mais nuisibles aux vieux monuments. Le long du triste château, une poterne donne entrée en ville par des petites rues, sur le côté de la grande place plantée d'arbres d'où l'on n'aperçoit que de grands murs d'anciens couvents et les immenses toits de l'hospice, larges et hautes constructions du XVIIe siècle.

Des souvenirs du passé de Guingamp, de son temps d'aventures guerrières, autres que ces quelques morceaux de tours à l'air si placide actuellement, on en trouve revêtus d'une teinte poétique et légendaire dans la chronique rimée de Du Guesclin et dans le *Barzas Breiz*. Chants populaires et chronique de trouvère racontent le même fait : Du Guesclin, prisonnier des auxiliaires anglais de Montfort, s'échappe de leurs mains et arrive à Guingamp. Lorsque après s'être refait un peu, après avoir rallié quelques compagnons, il va quitter la ville, il trouve la porte fermée, le pont levé et toute la population devant lui qui le supplie de signaler son passage par un bienfait, de la débarrasser des Anglais dévastateurs et pillards, établis à peu de distance dans les châteaux de Pestivien et Trogoff. Maël-Pestivien est un village perdu dans les terres du côté de Carhaix :

« Un grand château s'élève au milieu des bois de Maël, tout autour une eau profonde, à chaque angle une tour, » dit la ballade.

Le bon chevalier accepte : « Par les saints de Bretagne, tant qu'il y aura un Anglais en vie, il n'y aura ni paix ni loi ! »

Et il monte à cheval et s'en va sur Pestivien à la tête de six mille bonnes gens du pays de Guingamp. Du Guesclin, ce grand brusqueur de citadelles, mène le siège rudement comme tout ce qu'il fait. Pour passer « l'eau profonde »; il taille dans la forêt et se fait un chemin de troncs d'arbres à travers l'étang; une fois au pied des murs, il s'y cramponne, il aura le château, malgré la résistance désespérée des Anglais. Avec ses Guingampois, Bertrand enfonce, escalade, incendie, et Pestivien en huit jours est pris, les Anglais massacrés et le château rasé.

Une autre ballade dans le Barzas-Breiz se rapporte au siège de la ville par les Français, dans les guerres qui précédèrent le mariage difficile de la Bretagne et de la France, l'union de la duchesse Anne avec Charles VIII.

Les Français étaient conduits par un Breton, le vicomte de Rohan, et le capitaine Rolland Gouiket commandait les défenseurs de la ville. Si le siège est poussé vigoureusement, les assauts sont soutenus avec vaillance. Gouiket, blessé en dirigeant la défense, tombe couvert de blessures, sa femme le remplace sur la brèche; enfin, malgré l'héroïne, malgré le courage des gens de Guingamp, la ville est forcée et le pillage commence. Mais alors toutes les cloches de Notre-Dame se mettent à sonner, les canons partent d'eux-mêmes...

Le courage revient aux Guingampois... Qui met en branle ces tocsins effrayants et surnaturels ? Les Français envoient à la tour... C'est la Vierge elle-même, Notre-Dame de Bon-Secours, l'Enfant Jésus entre les bras !

« La Vierge de Bon-Secours a sauvé sa ville, sellons nos chevaux et en route !... »

Les Français ont décampé vitement devant ce secours du ciel; mais, deux ans après, la Trémouille revient avec une autre armée et Guingamp, comme toute la Bretagne, est française et si ses murailles reçoivent encore des volées de coups de canon, c'est pendant les guerres de la Ligue, aux trois sièges qu'elles ont à soutenir contre l'armée royale conduite par le prince de Dombes, puis contre les ligueurs de Mercœur et enfin contre Henri IV.

Notre-Dame de Bon-Secours est un édifice très important, à l'extérieur amalgame assez singulier de style ogival et de style de la Renaissance. Elle a sur des petites rues peu animées une façade latérale fort curieuse, un vieux portail ogival à l'extrémité du transept, accolé à deux pignons gothique et Renaissance qui ressemblent à des pignons de maisons avec leurs petites fenêtres du XVIe siècle, à l'étage supérieur.

Sur le côté, au-dessus d'une ruelle étroite, est un portail, du XVIe siècle celui-là, entre deux grosses tours : la tour de l'Horloge, construction ogivale du XIIIe siècle, flanquée d'une tourelle octogonale et un second clocher se raccordant aux pignons de tout à l'heure, la *Tour plate*, dont la partie supérieure a été reconstruite dans le style de la Renaissance, après son écroulement en 1535, ainsi que le constate une inscription gothique sculptée au bas du monument.

Le coin de l'autre façade latérale, avec les maisons qui l'accompagnent, forme un très amusant tableau d'architecture pittoresque : c'est d'abord, sur la grande rue de Guingamp à l'ouverture de la place du Centre, un porche ou plutôt une chapelle séparée de l'église, ouverte sur la rue par une grande ogive divisée par un mince pilier central en deux arcades ajourées d'une rose et de deux quatre-

GUINGAMP, MOULINS SUR LE TRIEUX

feuilles. Une haute grille ancienne clôt sur la rue cette chapelle qui renferme la statue de la Vierge du Halgoët ou de Bon-Secours en l'honneur de laquelle a lieu, tous les ans, un pèlerinage célèbre par toute la Bretagne.

Une maison à rez-de-chaussée abritée par une forte avancée, boutique d'épicier-cirier, s'appuie au porche dans l'angle rentrant au-dessous de la belle tour de l'Horloge. Sur l'autre coin de la ruelle qui passe au pied du grand portail, se dresse assez majestueusement une forte maison de pierre du XVIe siècle, à la façade décorée avec sobriété, mais d'une belle proportion, flanquée d'une tourelle d'angle en fort encorbellement au-dessus d'une porte élégamment encadrée de colonnes engagées.

Sur la gauche du porche de Notre-Dame du Halgoët, l'église dresse un clocher

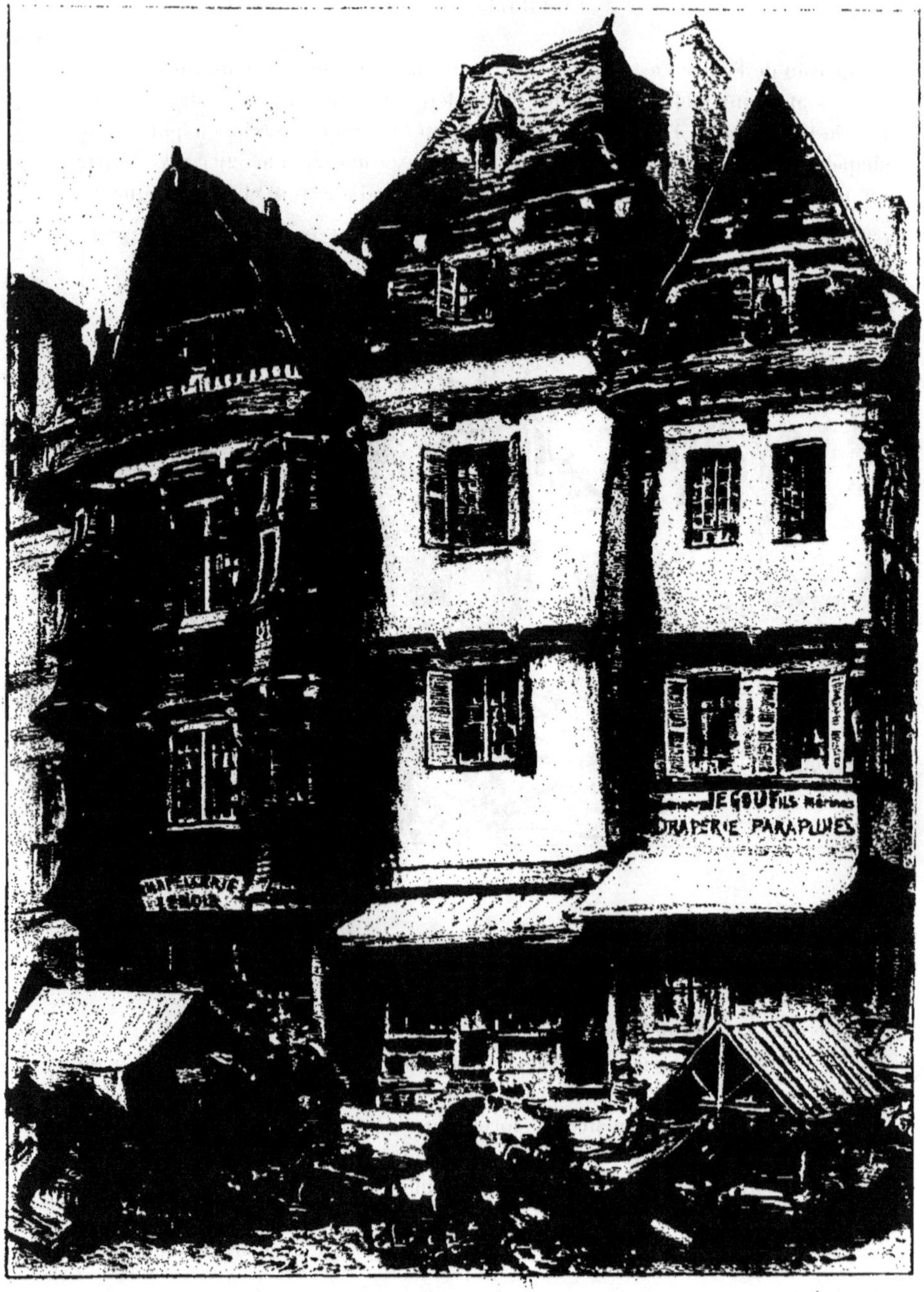

17

PLACE DU MARCHÉ À LANNION

Lith. BELFOND & Cie, 10, rue Gaillon, PARIS

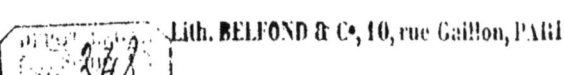

central surmonté d'une flèche ancienne qui a perdu l'un de ses clochetons d'angle.

Cette belle église est à l'intérieur extrêmement remarquable, très majestueuse et très impressionnante en son ensemble, très particulière de détails. La nef et l'abside présentent des perspectives inattendues et des irrégularités curieuses comme dans le chœur où les arcs-boutants sont enfermés à l'intérieur sous les hautes voûtes collatérales; de chaque côté de la nef, les galeries du triforium sont dissemblables mais fort belles. Au milieu, sur les gros piliers sontnant la tour centrale se détachent quatre grosses têtes rudement sculptées, de chevaliers et de grotesques dont l'un tire irrespectueusement la langue. Quelques enfeux garnissent les bas côtés, notamment, sous une riche arcature en accolades, celui d'un sieur de Locmaria, sénéchal de Charles de Blois.

Tout près de l'église, la place du Centre, triangulaire et plantée d'arbres, garde une jolie physionomie de bonne vieille place d'autrefois dans sa bordure d'antiques façades grises, relevée çà et là de pignons bien découpés, revêtus d'ardoises arrangées quelquefois géométriquement comme des combinaisons de vitraux. Son principal ornement, c'est la

FONTAINE DE LA POMPE A GUINGAMP

fontaine de la Pompe ou du duc Pierre, très ancienne fontaine établie ici depuis le moyen âge et refaite pour la troisième fois au siècle dernier.

Cette troisième édition de la vieille fontaine de Notre-Dame du Halgoët se compose d'une grande vasque de pierre et de deux vasques superposées en plomb gracieusement ondulées, supportées, celle du bas par des chevaux marins, et celle d'en haut par des femmes nues, ailées, à queues de sirènes, les bras croisés sur la poitrine et les yeux au ciel, avec des anges et des dauphins accrochés à cette vasque, que surmonte une statue de la Vierge sur une colonne.

Singulière alliance de mythologie et de catholicisme dans un goût mélangé aussi de Renaissance et de xviiie siècle, élégant et coquet, point religieux du tout. On suppose avec raison que le sculpteur Corlay, au siècle passé, a dû reproduire en partie, en la mettant au goût du jour, la fontaine élevée par la Renaissance. Telle qu'elle est, c'est un très curieux morceau.

C'est sur cette place de la Pompe que, le premier samedi de juillet, lors du grand pardon, après les dévotions à la chapelle de Notre-Dame du Halgoët et les ablutions à la fontaine sacrée, a lieu la grande procession nocturne aux flambeaux, avec immenses feux de joie autour de la fontaine, et illuminations générales de la ville...

De la grande place, des ruelles descendent à la basse ville, sur les rives du Trieux, fort joli coin de paysage au pied de la hauteur couronnée par les tours de l'église, ensemble désordonné de vieilles maisons sur mâchicoulis, de grands rideaux de peupliers et d'aulnes bruissant en avant des prairies, de verdures penchées sur l'eau en gros bouquets et de très antiques moulins aux vieux murs moussus tout de travers, aux pignons gondolés plantés au milieu du courant sur de petites levées de pierre coupées de vannes.

Guingamp, outre sa grande église, possède dans un faubourg une chapelle Saint-Léonard, construction dénuée d'intérêt sur un tertre boisé. Il y a tout près de la ville, dans la belle campagne mouvementée et toute verte, de plus intéressantes architectures, au faubourg de Sainte-Croix les bâtiments d'une vieille abbaye transformée en ferme, et à Grâces, village situé un peu plus loin sur le côté, la chapelle de Notre-Dame de Grâces, qui possède les restes de Charles de Blois, le concurrent malheureux de Montfort, que sa dévotion profonde et ses mortifications, ses vertus personnelles auréolées par le malheur et sa mort tragique ont fait considérer en son temps comme un saint martyr!

TRÉGUIER, PORCHE DE LA CATHÉDRALE.

XIII

PAIMPOL — TRÉGUIER

ROUTE DE PAIMPOL. — BINIC. — L'ABBAYE DE BEAUPORT
LA GRANDE PLACE DE PAIMPOL. — LÉZARDRIEUX. — ENTRÉE DE TRÉGUIER
LA CATHÉDRALE ET LE CLOITRE. — LE GRAND SAINT-YVES

La diligence de Saint-Brieuc à Paimpol, au grand galop de ses chevaux, descend en sautant bruyamment de pavé en pavé, la côte rapide qui plonge dans la vallée du Gouët. Au bout de la pente, quittant le chemin du Légué où de fines mâtures se découpent sur le ciel dans l'encaissement des collines, la voiture enfile la superbe route de Paimpol. Sous les ombrages dorés elle roule au fond de la vallée ou remonte lentement à mi-côte.

L'étroite vallée tourne ; par-dessus des croupes de collines boisées de l'autre côté du vallon, d'autres vallonnements se laissent entrevoir, d'autres replis de belles collines, d'autres crevasses ou fissures où le roc affleure sous la verdure. Pendant quelques kilomètres encore, c'est un délicieux paysage accidenté, abrupt et verdoyant, puis les mouvements du sol s'amollissent, les fortes ondulations cessent et la route court dans une campagne plus tranquille.

On touche à Binic, petit port de pêche et station de bains ; une ligne de maisonnettes pour les baigneurs devant la plage, quelques chantiers sur les bords de l'Ic, des jetées, puis, en retour d'équerre, le quai, une autre ligne de maisons devant le port sous une colline. La diligence quitte la côte et s'en va par de nombreux kilomètres dénués de charme chercher Paimpol. La mer n'est jamais loin ; à une lieue sur la droite les plages d'Etables, Portrieux, Saint-Quay s'abritent sous les rochers, mais on n'a par ce chemin rien à voir maintenant avant Kérity.

Voilà Kérity. En avançant vers le soleil couchant le paysage redevient soudain rocheux, boisé et accidenté, la route dégringole vers un étang qui brillant comme une plaque d'argent dans un fond de sombres verdures, ou roule dans un cadre tout à fait romantique, dans le bleu sombre et le violet, entre des futaies grimpant des pentes abruptes que balaye la brise de mer.

Tout en bas, par-dessus des masses vertes, se dessinent en noir de hauts bâtiments à grands toits, une ruine de chapelle gothique, avec quelques ogives ouvertes, quelques découpures sombres sur un fond lumineux. C'est l'abbaye de Beauport. Par-dessus s'étale la mer et blanchissent les écumes de la marée. En rade des silhouettes de bateaux, beaucoup de bateaux, des quantités de roches confuses et d'îlots vagues, tout un archipel entrevu, et enfin, tout à fait au fond, les contours hérissés et bleuâtres de l'île de Bréhat.

Un soleil couchant admirable et dramatique, or et sang, flamboyant par-dessus tout cela, derrière ces roches bleues, ces voiles sombres et ces ruines noires ; de plus, à travers tous ces rocs, filant à toute vapeur, des navires bizarres, longs fuseaux fendant la vague, torpilleurs allant se mettre à l'abri de l'autre côté de la pointe dans la rivière de Lézardrieux... Voilà le tableau entrevu en roulant et admiré pendant qu'une petite voyageuse et plusieurs grosses malles descendent de l'omnibus. Et flic, flac ! la diligence repart, la route reprend en chemin creux, le tableau change, la mer disparaît derrière un rideau de grands arbres, des fermes et des maisons s'égrènent et c'est Paimpol...

Grises, sombres, presque noires, sont les vieilles maisons de Paimpol, étrange est la ville exempte de toute modernité.

Des rues étroites de mine tout à fait ancienne, toutes biscornues, coupées de petites ruelles, de petits carrefours pleins d'étrangeté ; une grande place avec de grandes maisons, la place solitaire, les maisons mornes et comme désertes ; des couloirs entre les hautes façades donnant sur les quais où se balance quelque haute carcasse de barque silencieuse, un marin qui s'enfonce sous la porte basse d'un débit, un douanier qui se promène parmi des tonneaux, des planches et de

MAISON SUR LA PLACE DE PAIMPOL.

vieilles ancres qui se rouillent, voilà tout ce qu'on voit en tournant, comme un oiseau de terre effarouché, dans l'âpre mélancolie de ce vieux nid d'oiseaux de mer, mélancolie rendue plus intense par la tombée lente de l'obscurité.

Le nid est vide, les oiseaux ne sont pas encore rentrés, ils sont, — ceux qui doivent revenir, — encore à moitié chemin de l'Islande. Pêcheurs d'Islande, le livre de Loti vous revient en mémoire devant des étalages de boutiques ou des enseignes : « Vente d'engins et fournitures pour l'Islande. »

Tout ici parle de la grande pêche vers les lugubres régions du pôle, dans les mers incolores et méchantes, qui balancent les monstrueuses sierras mouvantes des icebergs, plus pâles que blancs dans le froid brouillard.

Là-bas, sur la gauche, est Ploubazlanec, un de ces noms de villages que les écrivains font célèbres, Ploubazlanec avec ses petits ports cachés dans les anses rocheuses... Au matin, en plein jour, Paimpol n'a guère perdu de son étrangeté mélancolique. Quelques anciennes façades curieuses, quelques hauts pignons de pierres grises se dressent parmi les vieilles petites maisons aux ouvertures en arc fermées de petits carreaux. Au coin de la grande place du Martray, une maison de pierre de la Renaissance projette une tourelle en encorbellement sur la rue qui mène à l'église, qu'entoure un cimetière planté de grands arbres.

C'était le moment d'aller revoir l'extraordinaire tableau romantique d'hier, la vieille abbaye ruinée de Beauport assise à deux kilomètres de Paimpol dans l'anse de Kérity, reflétant ses ogives et ses voûtes éventrées dans la nappe tranquille d'un bel étang.

Hélas! hélas! septembre commence, et avec septembre les brouillards du matin qui persistent parfois jusqu'aux brouillards du soir. Voilà bien les collines et l'étang, voilà bien les ruines et tous les premiers plans du paysage entrevu hier, mais au delà des premières vagues de la mer plus rien ne se distingue; la baie de Paimpol garde l'incognito; plus de bateaux, plus de rochers, plus d'îlots, plus d'îles, rien que le brouillard dans lequel la côte se perd en contours vagues.

Reste l'Abbaye cependant, mais cette Abbaye, comment la voir? D'un peu loin sur la montée de la colline pour plonger dans les ruines, il n'y faut pas songer aujourd'hui, et de plus près, c'est également impossible; il y a un rideau d'arbres plantés trop près et trop serrés; on ne distingue Beauport que morceau par morceau, un pilier par-ci, une arcade par-là, un grand toit de ce côté, un morceau de cet autre... Oh! le tableau d'hier! l'ensemble du paysage, ruines, étang, rochers de la côte et rochers de la mer, îlots et bateaux!

En tournant autour de Beauport dans les anciennes dépendances de l'abbaye, parmi les vieux murs écroulés, voici une statuette de la Vierge naïvement coloriée sous un auvent accroché au mur d'une ferme : « Notre-Dame de Bon Voyage. » Qu'elle est bien placée là, dans ce pays où, de toute maison, quelque mère, femme ou fille regarde toujours avec inquiétude du côté du large.

Et maintenant en route pour Tréguier, la bonne ville de Saint-Yves et de M. Renan, en un coin de Bretagne qui ne connaît pas encore le chemin de fer et où d'antiques petites guimbardes transportent les voyageurs empilés, des bonnes dames du pays en chapeaux ou en coiffes dans l'intérieur, des voyageurs de commerce sous la capote, des artistes sur le siège, et des matelots couchés sur la bâche protégeant les bagages.

A une lieue de Paimpol est le grand pont suspendu de Lézardrieux jeté par-dessus les collines qui encaissent le Trieux ou plutôt le fiord large de plus de deux cents mètres où la mer vient battre les belles roches verdies. Belle perspective du côté de la mer, du haut de ce pont, par-dessus la longue coulée blanchie par la marée qui monte autour des torpilleurs d'hier, en train de chauffer pour repartir.

Les croix de carrefour ou les calvaires par ici sont accompagnées de tous les instruments de la passion, échelle, marteau, clous, tenailles et jusqu'au voile de sainte Véronique, accrochés aux bras de la croix...

En haut d'une dernière côte, tout à coup apparaît dans le bas, de l'autre côté d'une petite rivière, Tréguier sur sa colline, c'est-à-dire un bel arrangement de grands toits, de jardins à grands murs sinueux, de rues grimpantes, de couvents, du milieu desquels, s'élançant superbement dans le ciel, surgissent les tours, les clochers et clochetons de la cathédrale.

Cette cathédrale, c'est tout Tréguier. Joli, tranquille et tout bienveillant d'aspect, dans son doux et calme paysage, Tréguier n'est qu'un vaste séminaire avec une cathédrale au milieu et quelques maisons autour ; la ville est toute petite, l'église est immense, on sent que cette cathédrale, regardant au loin du piédestal de sa colline et planant du haut de ses tours par-dessus montagnes et plaines, était la tête d'une grande étendue de pays, la capitale d'un des neufs évêchés de Bretagne.

Les massifs de vieux toits enchevêtrés, les hauts bâtiments à tournure épiscopale sont à demi noyés dans la verdure des bouquets de grands arbres ; les jardins, les grands murs de communautés descendent jusqu'au port formé au pied de la jolie colline, à la pointe de rencontre des deux petites rivières, le Jaudy et le Guindy, qui n'en font plus qu'une, la rivière de Tréguier, coulant entre de larges rives abruptes et souvent ombragées, jusqu'à la côte rocheuse, jusqu'à la mer battant de redoutables écueils.

Tréguier a sur le port une entrée de ville charmante, en bas d'une des deux ou trois rues qui montent à la grande place d'en haut.

On dirait l'entrée d'une ville suisse plutôt que bretonne. Le bas de la rue est gardé et comme défendu par deux hautes tours carrées à quatre étages de fenêtres, portant très haut un comble à girouettes ; à ces tours de pierres grises s'accrochent des pignons de grandes maisons de bois, dont tous les étages s'avancent en encorbellement sur de grosses poutres peintes, pignons plaqués d'ardoises ou montrant toutes leurs poutrelles, avec de grands toits avançant fortement et de hautes et solides cheminées, ensemble d'un aspect monumental en un mot, qui fait de ce bas de rue une vraiment belle entrée de ville.

Les rues de Tréguier ne sont pas toujours aussi pittoresques que ce débouché sur le port, mais elles ont un aspect calme et reposé fort aimable. Elles ne sont pas vieillottes non plus, comme on le pourrait croire sur la réputation de la vieille cité cléricale; il y a certes beaucoup de hautes maisons à mine dévote, beaucoup de vieux bâtiments conventuels, autour du célèbre cloître et beaucoup de communautés, mais l'aspect n'est pas austère ni triste. C'est la verdure sans doute, les herbes fleurissant les vieux murs des jardins et le feuillage débordant par-dessus, c'est l'éternel sourire de la nature, qui met de la vie dans le gris mélancolique des vieilles pierres dévotes.

La grande place devant l'église a ses arbres aussi qui font un soubassement de verdure au monument. La cathédrale est un grand édifice du XIV° siècle, avec trois tours sur les transepts, un portail avec porche en avant-corps, et un autre porche au pied de la tour du transept sud. Sur le côté de cette tour se trouve une chapelle qui porte aux angles de son pignon, en guise de pinacles de contreforts, des sortes de prêchoirs exté-

TRÉGUIER. ENTRÉE DU CLOITRE

rieurs, comme on en voit aussi à l'un des pignons de la cathédrale de Saint-Pol de Léon.

Des trois tours posées sur les transepts de la cathédrale, deux sont gothiques: celle du sud porte une haute flèche de pierre, celle du milieu n'a pas de couron-

Lith. BELFOND & Cⁱᵉ, 10, rue Gaillon, PARIS

nement; la tour du transept nord est plus ancienne, elle est romane et provient de l'église antérieure.

Saint-Tugdual, grand saint que la légende fait voyager dans les airs sur un cheval blanc, — tous les saints bretons ont été grands voyageurs et ont aimé les moyens de locomotion excentriques, à preuve saint Houardon de Landerneau qui traversa la mer dans une auge de pierre, — saint Tugdual s'installant dans le pays de Tréeor, avait fondé la première église sur ce même emplacement. Au siècle des invasions normandes, des Wikings, conduits par un chef nommé Hastings, tombèrent sur le petit Tréguier d'alors,

TRÉGUIER, LE CLOITRE DE LA CATHÉDRALE

et le ravagèrent; puis trouvant la situation au confluent de deux rivières bonne pour la défense, les Normands s'en firent un repaire fortifié. Le roi Nominoé les en délogea, et plus tard, quand on reconstruisit l'église, la tour romane actuelle, se trouvant sur l'emplacement du fort des Normands, fut nommée tour d'Hastings.

Tournons autour de l'église, qui garde encore des échoppes comme autrefois, entre ses contreforts. Au pied des chapelles de l'abside, un grand escalier monte à la cour du cloître et voici, dans le fond de ce cloître, la vénérable tour d'Hastings avec sa tourelle d'angle, qui montrent leur vieil épiderme gris piqué de touffes d'herbes avec des nids d'oiseaux dans tous les trous, au-dessus des vieux bâtiments conventuels et des premières arcades du cloître.

Le cloître de Tréguier est complet et admirablement conservé; c'est une belle galerie d'arcs ogives, se divisant par une fine colonnette en deux arcades tréflées surmontées d'un quatre-feuilles. Les portes plus basses ont au-dessus de leur tympan fleuronné une ligne de petites arcatures.

Dans l'église fort belle, à triple nef, on vient d'inaugurer, avec une grande solennité, qui a fait affluer toute la Bretagne à Tréguier, le tombeau de saint Yves, au fond du collatéral de gauche, dans la *Chapelle au duc*, où se trouve déjà inhumé le duc Jean V. Ce tombeau de saint Yves est de style gothique du xiv° siècle, superlativement fouillé et refouillé. C'est un travail considérable et fort remarquable, mais il eût peut-être été intéressant de faire là, comme une reprise des vieilles traditions, un peu de gothique *continué*, un peu d'ogival xix° siècle.

Saint Yves a détrôné saint Tugdual, fondateur de l'église. Ce grand saint Yves, patron des avocats et des procureurs, vivait au xiv° siècle; né sous les murs de Tréguier, il alla étudier à Paris, et revint dans sa ville natale pour être official de l'évêché; il fut le défenseur énergique des petits, il consacra sa vie au bien et mérita par force bonnes et grandes œuvres de devenir l'un des grands saints de la Bretagne. Avocat et canonisé, c'était déjà miraculeux de son temps; le cantique de fête du bon saint constate l'émerveillement populaire assez irrévérencieusement:
« *Avocat et non larron, chose digne d'admiration...* »

« Aux trois avocats », c'est l'enseigne assez rare qui se balance au-dessus de la porte d'une auberge, tout près de l'église où repose le grand saint Yves, « M° saint Yves », patron des causes droites, soutien des bons plaideurs ».

C'est sur le port de Tréguier que fut construite, par les ordres du connétable de Clisson, en vue d'une descente en Angleterre, une ville de bois, avec remparts et château fort, démontable et remontable pièce à pièce, pour « loger et retirer, dit Froissard, le roi Charles VI et ses seigneurs ».

Tréguier n'avait pas sujet d'aimer les Anglais qui, dans le courant de la grande guerre de succession, avaient, comme auxiliaires de Montfort, commis de cruelles déprédations dans le Trécorois. Les habitants suivaient donc avec intérêt la construction de la citadelle de charpente. Mais celle-ci, chargée sur soixante-douze vaisseaux, périt en partie en mer en allant rejoindre l'armée de descente dans les ports de Flandre, et le projet d'expédition, pour différents motifs, fut abandonné.

Tréguier, pendant les guerres de la Ligue, fut prise par une escadrille espagnole, auxiliaire du duc de Mercœur. Les Espagnols pillèrent à fond les maisons et les églises, emportant même, en catholiques soigneux, un bras de saint Tugdual, puis, le butin chargé sur leurs navires, mirent le feu à la ville, qui brûla presque entièrement.

Les derniers événements de l'histoire de Tréguier sont la suppression de son évêché en 1790 et les troubles de la guerre civile, pendant lesquels la cathédrale eut beaucoup à souffrir des déprédations d'un bataillon de soldats casernés sous ses voûtes.

A quelques kilomètres sur la route de Guingamp se trouvent le bourg de La Roche Derrien qui garde encore quelques pans de murs de son château et plus loin sur le côté, à la jonction du Trieux et du Leff, les ruines de la forteresse de Frinandour, en français, *Nez dans l'eau*, et La Roche Jagu, le beau château du XVe siècle, bien conservé, aux combles dressant une garniture de cheminées cylindriques élancées comme des tourelles.

SUR UN CONTREFORT DE LA CATHÉDRALE

MAISONS DEVANT LE PONT A LANNION

XIV

LANNION

LA PLUS CURIEUSE MAISON DE BRETAGNE. — VIEUX PIGNONS
LA CROIX DE GEOFFROY DE PONT BLANC. — L'ÉGLISE DE BRELEVENEZ
PERROS-GUIREC ET LA CLARTÉ. — UNE ÉTRANGE RÉGION
LES ROCHERS DE PLOUMANACH. — TONQUÉDEC

Comme Tréguier qui sommeille sur sa colline, bercé dans le grand silence par les angelus de sa cathédrale, avec une rivière à ses pieds courant à la mer à peu de kilomètres, Lannion est aussi, dans un frais paysage, une très vieille ville perchée sur les pentes d'un coteau, au-dessus d'une rivière portant barques et navires, et le flot de la marée vient baigner chaque jour le pied de ses maisons.

La campagne est aussi charmante aux alentours de Lannion; la vallée du Léguer, au-dessus et au-dessous de Lannion, abonde en sites remarquables ou agréables, en coins bien abrités sous la futaie. Ici, tout près, ce sont des petits moulins à roues, étagés sur une eau qui file dans la verdure sous les grands arbres. Avec la promenade plantée d'ormes encadrant ses quais, avec ses horizons de collines fuyantes, son couloir de mer rocheux et boisé, Lannion a bien l'aspect caractéristique, agreste et tranquille, d'un de ces petits ports bretons à deux pas de la côte, sur une rivière que remonte le flot.

La colline occupée par la ville n'est pas très escarpée, les rues montent doucement jusqu'à l'église et la grande place. Bien que Lannion soit entamé aussi par le goût moderne, — le chemin de fer siffle dans le faubourg de l'autre côté du pont, — il reste encore au cœur de la ville, assez de vieilles et pittoresques maisons, assez de façades larges, hautes et surplombantes, solides ou cahotantes, assez de pans de bois audacieusement encorbellés, assez de poutres sculptées, assez de rues tournantes dont toutes les lignes ont un galbe et une physionomie d'un autre âge, assez de curieux carrefours découpés comme des décors de théâtre tout faits, pour que la promenade, la première surtout, y ait une saveur forte et un charme particulier.

LANNION, MAISON DE BOIS, RUE DES CAPUCINES

Les maisons du XVIe siècle sont encore nombreuses, montrant de beaux pans de bois sculptés et peints, de larges poutres moulurées et des séries de cariatides taillées en plein bois, séparant les panneaux de maçonnerie.

Çà et là un détail curieux, comme à cette maison de pierre une frise sculptée alignant des monstres ou des grotesques, puis, par-dessus les façades basses, ou se profilant au fond de quelque ruelle, les grands toits ardoisés de quelque vieil hôtel.

Ces rues, où partout le regard est attiré par quelque originale vieillerie, vous jettent bientôt sur la grande place du marché, longue, étroite, où les bannes, les voitures, les paniers, tout l'amusant fouillis des étalages, couvrent le pavé au pied des hautes constructions, des pignons formidables de la plus pittoresque bordure de vieilles maisons qu'il soit possible de rêver encore.

La belle place! Quelques-unes de ces maisons ont été, non pas reconstruites, elles ont toutes une carrure trop robuste, ces rudes bâtisses d'autrefois, pour tomber de vieillesse avant quelques siècles, mais simplement grattées, privées de leurs encorbellements et de leurs pignons à grand auvent ondulé. Les dessins, pas bien anciens, où elles figurent intactes, témoignent que ces maisons rhabillées banalement à la moderne n'étaient pas des moins étonnantes. Mais n'importe, fermons les yeux sur ces trous dans la silhouette si particulière de la grande place de Lannion, car au milieu de ces imposants logis de pierre ou de ces bâtisses ventrues à pans de bois peints de rouge ou de vert, parmi ces grands combles pointus ou carrés, la plus curieuse maison de Lannion est restée debout et intacte, la plus curieuse de Lannion et peut-être de toute la Bretagne.

Qu'on se figure un pignon à trois étages bien renversé en arrière, bien carrément appuyé sur ses voisins, avec, en avant-corps sur chaque angle, une sorte de tourelle à pans coupés, dont chaque étage fait ventre et surplombe en portant sur de grosses poutres rouges, tourelles formant chacune comme un empilement de brocs posés les uns sur les autres.

Ces tourelles qui se terminent à la naissance du toit, sous un large auvent, sont tout en fenêtres sur chaque pan, fenêtres minces avec châssis dormants en haut, séparés par des poutrelles rouges. Toute la façade, du haut en bas, étages, tourelles et pignon, jusqu'à la pointe extrême, est revêtue d'ardoises, le rez-de-chaussée seul a été retouché et mis à la moderne.

Les rues qui tombent sur le marché près de cette maison profilent aussi à leur débouché des pignons antiques, la rue des Capucines surtout commence bien avec sa grande maison à cariatides et consoles sculptées. Dans cette rue à quelques pas, à l'angle d'une ruelle insignifiante, est une vieille croix de granit cramponnée à la muraille. On passerait devant sans la voir; elle est sans ornements; une date seulement peut attirer le regard : 1346. Que s'est-il passé ici à cette date ? Que rappelle cette vieille croix ? Une terrible surprise nocturne et la mort héroïque d'un brave chevalier de Lannion nommé Geoffroy de Pontblanc. C'est un des mille épisodes tragiques de la grande guerre entre Blois et Montfort. Les Anglais, auxiliaires de Jean de Montfort, occupant La Roche Derrien, citadelle à quelques lieues de Lannion, avaient corrompu deux traîtres de la garnison de cette ville, qui les introduisirent une belle nuit dans la place où tout aussitôt ils commencèrent pillage et massacre. Geoffroy de Pontblanc, réveillé en sursaut, descendit dans la rue avec son écuyer et quelques voisins. Ce groupe de braves reçut si bien les assaillants que ceux-ci plièrent un instant devant eux, mais à distance les archers anglais les criblaient de traits, et Geoffroy enfin abattu, ils se jetèrent sur lui comme une meute féroce, lui crevèrent les yeux, lui brisèrent les dents et le massacrèrent.

Le sort des habitants de Lannion ne fut guère meilleur, presque tous périrent égorgés dans le sac de leur ville, et ce qui survécut à ces heures d'ivresse sanglante fut chassé ou traîné à La Roche Derrien pour être mis à rançon.

UNE VIEILLE MAISON DE LANNION

Lannion possède deux églises et une chapelle : l'église principale Saint-Jean de Baly, l'église de Brelevenez, faubourg de Lannion plutôt que commune séparée, et la chapelle Sainte-Anne, de l'autre côté de la rivière.

Saint-Jean de Baly, en terrasse en face de Brelevenez, lourde église des XVIe et XVIIe siècles, n'a qu'une seule originalité : ses doubles bas côtés voûtés en bois ; la chapelle Sainte-Anne fait bien surtout avec l'ensemble des bâtiments du couvent des Augustines au bout du pont, à l'entrée d'un faubourg qui compte parmi quelques vieilles maisons une cour de maréchalerie d'aspect rébarbatif avec une grosse tour ronde.

L'église de Brelevenez est plus intéressante de toute façon, par elle-même et comme situation. Brelevenez, en breton, signifie *Tertre de la joie*. L'église est sur une hauteur, à cinq cents pas de Saint-Jean de Baly, de l'autre côté du ruisseau tombant au Leguer. Elle apparaît, à moitié voilée par les grands arbres de son vieux cimetière, fort poétiquement situé en terrasse au-dessus d'autres arbres et d'autres verdures, et le chemin de l'église du Tertre de la joie, c'est une série d'escaliers aux dalles plus ou moins disjointes, bordés d'un côté par de petites maisons enfouies sous la végétation des jardins escaladant les pentes.

L'église est fort ancienne, d'une époque de transition. C'est une belle nef sévère en partie du XIIe siècle, remaniée plus tard, après les désastres d'un siège soutenu dans ses murs contre les troupes de Jean de Montfort par le connétable de Clisson ; la flèche a été ajoutée à la tour au XVIe siècle. L'abside romane est garnie à l'extérieur de têtes grimaçantes en modillons.

LA CROIX DE GEOFFROY DE PONTBLANC

Il y a sous le chœur une crypte basse renfermant dans son obscurité mystérieuse une Mise au sépulcre en personnages de grandeur naturelle ; dans l'église un bénitier bizarre, formé d'une grande auge de pierre, est une ancienne mesure pour les grains de la dîme.

La côte au-dessus de Lannion est une des plus curieuses parties du littoral breton. A moins d'une douzaine de kilomètres de Lannion se rencontrent les sites les plus surprenants, les plus bizarres découpures et déchiquetures d'un sol bouleversé, émietté en mille tas de rochers couverts par la mer ou émergeant sur d'étroites langues de terre, les plus fantastiques blocs de granit battus par les flots et dans ces chaos invraisemblables, les plus étranges villages formés de misérables cahutes de pêcheurs éparpillées dans le labyrinthe, pêle-mêle avec des bateaux, des roches branlantes en équilibre et des petits morceaux d'océan passés entre les fissures de la côte, à travers îlots et rochers.

LANNION, MAISON SUR LA PLACE DU MARCHÉ.

Un petit port s'ouvre à l'entrée de cette région étrange, Perros-Guirec, joli bourg aux maisons éparpillées au pied et sur les pentes d'une colline allongée en promontoire sur la mer, devant une belle rade semée d'îles et d'îlots.

L'église, dans les jardins de la colline, est un rude travail roman avec un porche de côté bien barbare, et des colonnes trapues, à chapiteaux historiés de bonshommes grossièrement taillés. Le portail gothique est surmonté d'une tour à coupole et flèches de pierre de tournure bizarre.

Une autre église un peu plus loin, la chapelle Notre-Dame de la Clarté, moins curieuse au point de vue archéologique, est d'un style moins barbare ; elle s'élève au milieu de quelques chaumières grises, au sommet d'un escarpement rocailleux

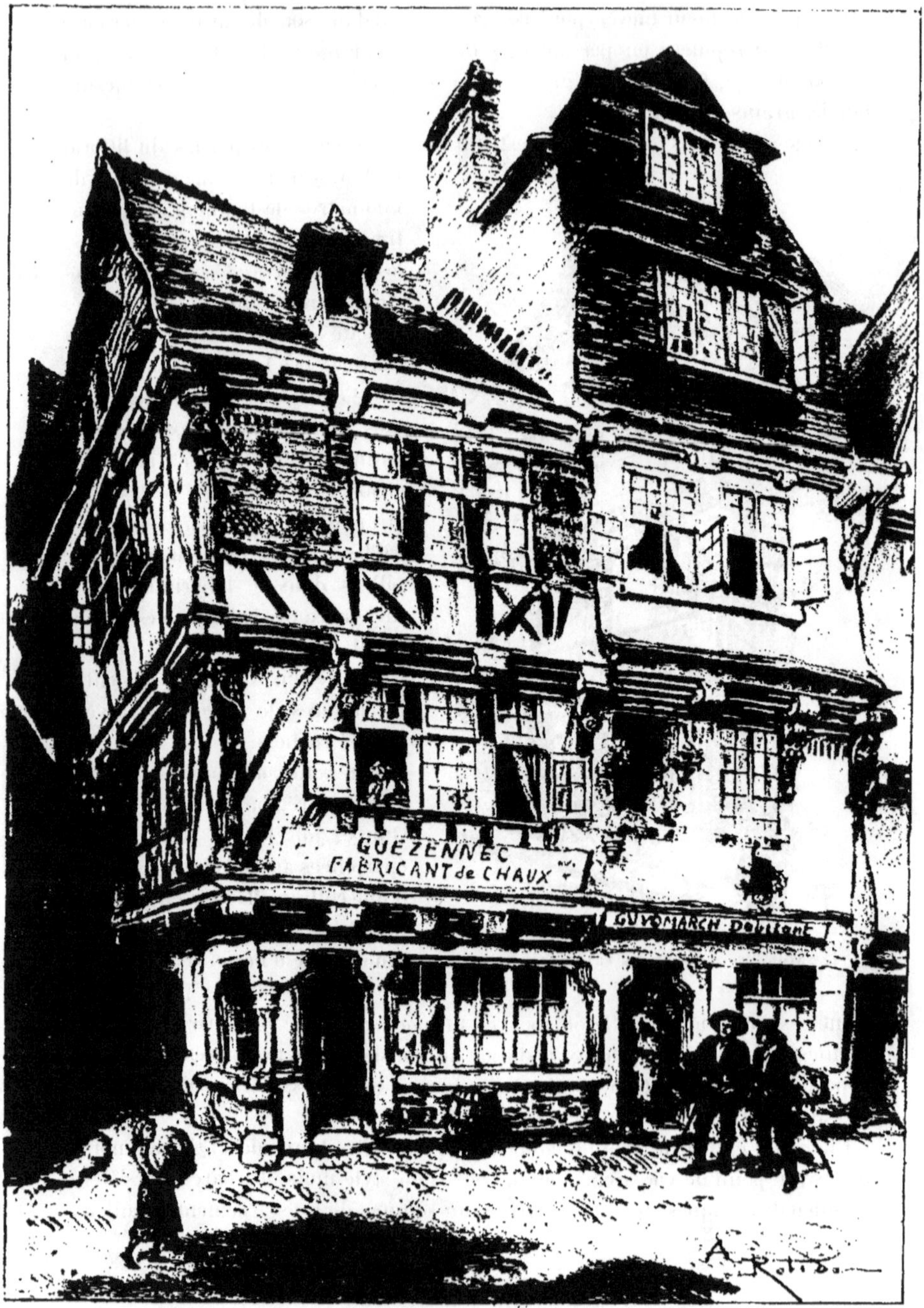

VENELLE AUX PATES A MORLAIX

Lith. BELFOND & Cie, 10, rue [illegible], PARIS

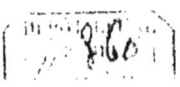

qui forme une espèce de belvédère dominant toute la contrée bouleversée de
Ploumanach et Trégastel. La seule route est un sentier, souvent en escalier,
qui circule et zigzague à travers les hameaux de pêcheurs et les amas de rochers.

Notre-Dame de la Clarté, pèlerinage pour les maux d'yeux, édifice ogival du

L'ÉGLISE DE GROULENEUZ

xvi° siècle, offre d'assez intéressants détails, une porte de bois à balustres bretons
et près de l'autel, de jolies petites stalles également à balustres.

Au-dessous de la Clarté, c'est Ploumanach-chaos, un territoire âpre et farouche,
un désert qui ne serait pas un désert, mais quelque chose de bien plus sauvage.
Il y a pourtant dans cet éparpillement de roches un éparpillement de cahutes,
mais on ne les distingue guère, cachées qu'elles sont par les blocs ou fondues dans
les mêmes teintes grises.

A considérer ce paysage quelque peu infernal, cet énorme et invraisemblable
hérissement de rocs de toutes formes, sur ce sol accidenté, fissuré, coupé de
détroits avec des mares salées enfermées çà et là, on dirait vraiment que des Titans
se sont amusés pendant des siècles sur cette côte à jouer aux boules avec tous les

rochers qu'ils ont pu ramasser au fond des océans. Ce sont partout énormes rocs entassés, au milieu desquels se cache à l'abri du vent quelque cabane de pêcheurs, avec çà et là un appentis pour les instruments de pêche ou une *souille* de menus rochers pour les grands porcs qui rôdent sur les pentes cailloûteuses ; puis des roches géantes de formes étranges posées en équilibre sur quelque pointe, des blocs pesant des dizaines de milliers de kilogrammes, et qu'une petite fille, courant pieds

DANS LE FAUBOURG A LANNION

nus dans les cailloux et les maigres herbes, s'en vient faire osciller en s'arcboutant au-dessous.

Est-ce là un rendez-vous de blocs erratiques ou faut-il y voir des rochers laissés à nu par le délaiement des terres? c'est l'affaire des savants d'en décider.

Les fantaisies de la nature sont bien singulières de Ploumanach à Trégastel. Il y a un port pour les bateaux des gens de Ploumanach, sans compter les petites anses où tout est confondu, la mer, les maisons, les bateaux, les rochers. La marée passe à travers les maisons, et vient apporter son goémon derrière le village, et des chaumières se dressent sur des lambeaux de plages qu'on croirait devoir être recouvertes par le flot.

Au milieu d'une de ces petites criques, près d'un de ces entassements de blocs posés régulièrement les uns sur les autres, s'élève, tout à fait entourée par la vague à marée haute, une petite chapelle, cramponnée à quelques morceaux de

ÉGLISE NOTRE-DAME DE LA CLARTÉ A PLOUMANACH.

rochers ou plutôt un simple auvent de pierre soutenu par quatre colonnes bien frustes, abritant la statue de saint Quirec ou Guirec, patron de Perros. Cette crique, complètement enfermée avec sa ceinture de pierres fantastiques derrière une marge de sable jaune, avec ce petit autel barbare de saint Guirec sur son rocher-îlot est d'un pittoresque vraiment étrange qui devient dramatique quand la mer monte et que les lames blanches viennent battre la singulière chapelle et le bas des grandes roches.

L'autre côté de Lannion, la vallée du Léguer sur la route de Plouaret où la petite voie ferrée locale se raccorde à la grande ligne de Brest, présente dans des paysages plus aimables quelques vieux châteaux élevant tours et tourelles au-dessus des grands arbres, au sommet des coteaux. Il y a là Coatfrec, Tonquedec, deux ruines, et Kergrist, vivant et habité.

L'imposant Tonquedec, immense cadavre d'une forteresse jadis formidable, c'est en haut d'une colline au-dessus d'un étang et de ruisseaux à moulins, dans le bruissement des peupliers, une couronne de remparts éventrés, de grosses tours fendues et ébréchées, guerrières désarmées et invalides, mais robustes encore, que de vieux lierres révoltés partis de la glèbe, embrassent de leurs bras tordus et semblent vouloir renverser. Tonquedec, château du XIVᵉ siècle, bâti par les sires de Coëtmen, a été, comme tant d'autres forteresses, comme Coatfrec, qui fut un des châteaux de la Fontenelle, le fameux brigand de Cornouaille, démantelé après les derniers sursauts de la nationalité bretonne au temps de la Ligue.

TONQUEDEC.

ÉGLISE SAINT-MELAINE A MORLAIX

XV

MORLAIX

SOUS LE VIADUC. — LES LANCES DE TRÉGUIER. — RUELLES ET VENELLES
FONTAINE DES CARMÉLITES.
LES JACOBINS. — MAISONS A LANTERNES
ESCALIERS ET PONTS D'ALLÉES EN BOIS SCULPTÉ
LE PAVÉ ET LA GRANDE-RUE. — VISITES ROYALES ET AUTRES

Une des plus pittoresques situations de ville qui se puisse rêver dans le plus accidenté et le plus charmant des paysages, une des plus curieuses, des plus intéressantes cités de Bretagne, ayant encore, malgré la malfaisante manie de transformations inutiles, gardé de grands restes de sa physionomie d'autrefois, séduisante encore par les nombreuses traces d'une beauté très personnelle et très étrange, par tout ce que le temps a çà et là par hasard ajouté, par ses vieux souvenirs, par son antique Grande-Rue intacte encore et par ses venelles fantastiques, par les particularités d'architecture intérieure de ses vieilles maisons, par sa rivière coulant entre les collines escarpées qu'escaladent les ruelles et les jardins, et par le gigantesque viaduc chevauchant les vieux toits d'une colline à l'autre, enjambant la rivière et les mâts des navires, et lançant vertigineusement dans l'espace ses aériennes locomotives par-dessus les pignons gothiques, par-dessus le clocher de Saint-Mélaine, telle est la cité de Morlaix, étrange, pittoresque et gracieuse, la perle du pays de Léon.

Superbe est le coup d'œil quand on débouche soudain sur l'immense balcon courant par-dessus la ville, avec la perspective de la vallée qui se creuse, l'étalement des toits dans le fond sur la rivière et leur escalade désordonnée au flanc des collines.

Dans cette vallée profondément encaissée par d'autres vallées, fissures irrégulières entre des collines escarpées, se glissent, filent et se rejoignent deux rivières, le Jarlot et le Queffleut, formant ensuite le Dossen ou la rivière de Morlaix, qui s'en va trouver, à une dizaine de kilomètres, la grande mer, dans la rade ouverte entre la pointe de Roscoff et Saint-Jean-du-Doigt, gardée au milieu par le vieux château du Taureau, sentinelle avancée du port de Morlaix.

La topographie de Morlaix, serrée sur la marge étroite de sa rivière et sur les pentes de ses collines est tout à fait bizarre, mais, grâce à cette bizarrerie, les perspectives les plus inattendues surgissent à chaque pas et si l'on s'embrouille d'abord quelque peu dans le dédale des ruelles, on a de jolies trouvailles et surprises pour récompense de tous les tours et détours.

Une vue d'ensemble d'abord. Si d'en haut l'aspect de la ville dégringolant en débandade, en un pêle-mêle de toits, de hauts pignons, de jardins étagés est d'un pittoresque savoureux, les aspects d'en bas ne sont pas moins grandioses et surprenants. Pour descendre du sommet de la colline au Morlaix d'en bas, on a le choix entre les raides venelles en glissades ou en escaliers et de longues voies tournantes, sur le pavé pointu desquelles retentissent à certaines heures, avec un bruit de cascade qui s'écoule, les sabots des Morlaisiennes, car Morlaix avec 15,000 habitants seulement trouve le moyen, par ses établissements industriels, sa manufacture des tabacs, son commerce, d'être une ville très animée et très remuante.

En bas, c'est, en travers devant le viaduc, une grande place avec l'hôtel de ville dans le fond, grand bâtiment moderne qui regarde vers la mer. Une autre grande place s'ouvre derrière l'hôtel de ville. C'est ici le centre de la vieille ville ; en face, dans l'encaissement entre les deux collines, commence la rue du Pavé, la célèbre voie du Pavé de Morlaix au bout de laquelle la Grande-Rue, large comme un corridor, se faufile entre deux lignes de hautes maisons.

On va par là aux halles, pour lesquelles on a pratiqué violemment une large brèche dans le quartier extrêmement intéressant de la rue des Prêtres et de la rue des Nobles. Le Jarlot, qui n'est pas encore devenu la large rivière canalisée portant les navires à la mer, circule à travers les maisons serrées, l'église Saint-

Mathieu montre sa grosse tour. Sur le côté, s'aperçoit bientôt une autre église, celle du couvent des Jacobins devenue le musée. Et partout de pittoresques ouvertures de rues, des pignons chargés de sculptures, de grands fenestrages de charpente artistement taillés, des étages surplombants posés sur des lignes de bons saints de bois très finement sculptés, des façades plaquées d'ardoises, et partout quelque note artistique ou quelque superbe coin de décor, partout d'antiques façades offrant quelque particularité curieuse, ou des blocs de maisons étranges et des rues étrangement enchevêtrées sur quelque carrefour hardiment dessiné.

Et des venelles escaladant les collines de droite ou de gauche avec leurs maisons qui semblent fraternellement se soutenir et s'épauler l'une l'autre pour se hisser à l'assaut, des ruelles filant de palier en palier entre de longs murs de jardins en pente, et de vieux couvents sur les hauteurs, sous la verdure des grands arbres...

Morlaix, serré dans le fond de son vallon ou éparpillé en amphithéâtre sur les pentes, abonde aussi en petits coins d'un pittoresque charmant et varié, des morceaux de paysage agreste, jardinets suspendus au flanc des collines, vieux logis cachés dans les arbres, gais et remuants panaches de verdures à deux pas des ruelles sombres et grouillantes où le moyen âge semble vivre encore, des maisons vénérables, mais robustes toujours, où les siècles de jadis semblent s'être tapis pour ne pas finir, à deux pas des rues des bourgeois riches et des nobles d'autrefois, aux murs solides, aux grandes maisons écussonnées montrant parfois des pointes de tourelles au fond des cours, à deux pas des maisons du commerce de jadis, dans la Grande-Rue, des antiques boutiques aménagées encore à la mode du xve siècle.

Et toujours, quand on lève la tête, par-dessus tous les pignons aigus, par-dessus les grands toits hérissés de hautes cheminées, le grand viaduc découpe en haut sur le bleu son double étage d'arches blanches, tandis que par-dessus le xve siècle étalé dans le bas, le xixe siècle fumant et bouillonnant passe, dans ses files de wagons lancés à toute vapeur.

Sous le viaduc même, devant l'hôtel de ville, commence le port de Morlaix, ou plutôt finit le grand fiord par lequel les navires remontent jusqu'à la vieille cité si bien abritée. C'est naturellement le côté le plus moderne de la ville par tous les magasins, les maisons neuves, toutes les constructions maritimes élevées sur le bassin à flot, mais il reste, sur le quai de la rive droite, au milieu de ces modernités, une file d'antiques bâtisses formant un bloc de vieux pignons noircis et patinés par les ans, un petit bataillon carré complètement entouré, cerné et attaqué. Ce sont les dernières maisons à porches, dites les *lances* ou les piliers de Tréguier, du vieux quai de Tréguier, quartier qui dépendait de l'évêché de Tréguier, tandis que l'autre rive était de Léon.

Ces maisons à pignons ardoisés, renversées en arrière avec un air de solidité qui défie le temps, reposent sur de massifs piliers laissant un profond abri sous les façades. Le colossal viaduc passe sur leurs toits, à soixante mètres au-dessus du quai et projette sur une longueur de 300 mètres deux étages d'arches, la

UNE FAÇADE DE LA GRANDE-RUE

ligne d'en bas moins longue, largement assise, et une seconde de quatorze arches légères.

Tout près des Lances de Tréguier, mais de l'autre côté des arches, est situé à mi-côte l'église Saint-Mélaine : l'effet est joli de la grande place qui se développe, irrégulièrement au pied du viaduc; ainsi, par une ruelle ouverte entre les vieux toits comme il en pointe çà et là parmi les combles réguliers des maisons neuves, l'église apparaît de profil sur un palier de la montée.

Saint-Mélaine est une église refaite en partie, mais assez intéressante : si d'en bas son clocher produit un effet original, d'en haut, du palier sur lequel elle est construite, l'effet n'est pas moins bon, et l'on peut dire que l'ensemble, les toits en contre-bas, les bâtiments anciens qui l'entourent, le grand pavillon carré à tourelle, les fenêtres du XVIᵉ siècle, puis le clocher et sa petite flèche au-dessus d'un vieux porche, toute l'église et ses entours enfin, s'arrangent bien par leurs lignes heurtées, avec le viaduc aux belles ouvertures en arrière. Un viaduc peut-

A. Lomé
20

INTÉRIEUR DE MAISON A MORLAIX

Lith. Belfond & Cie

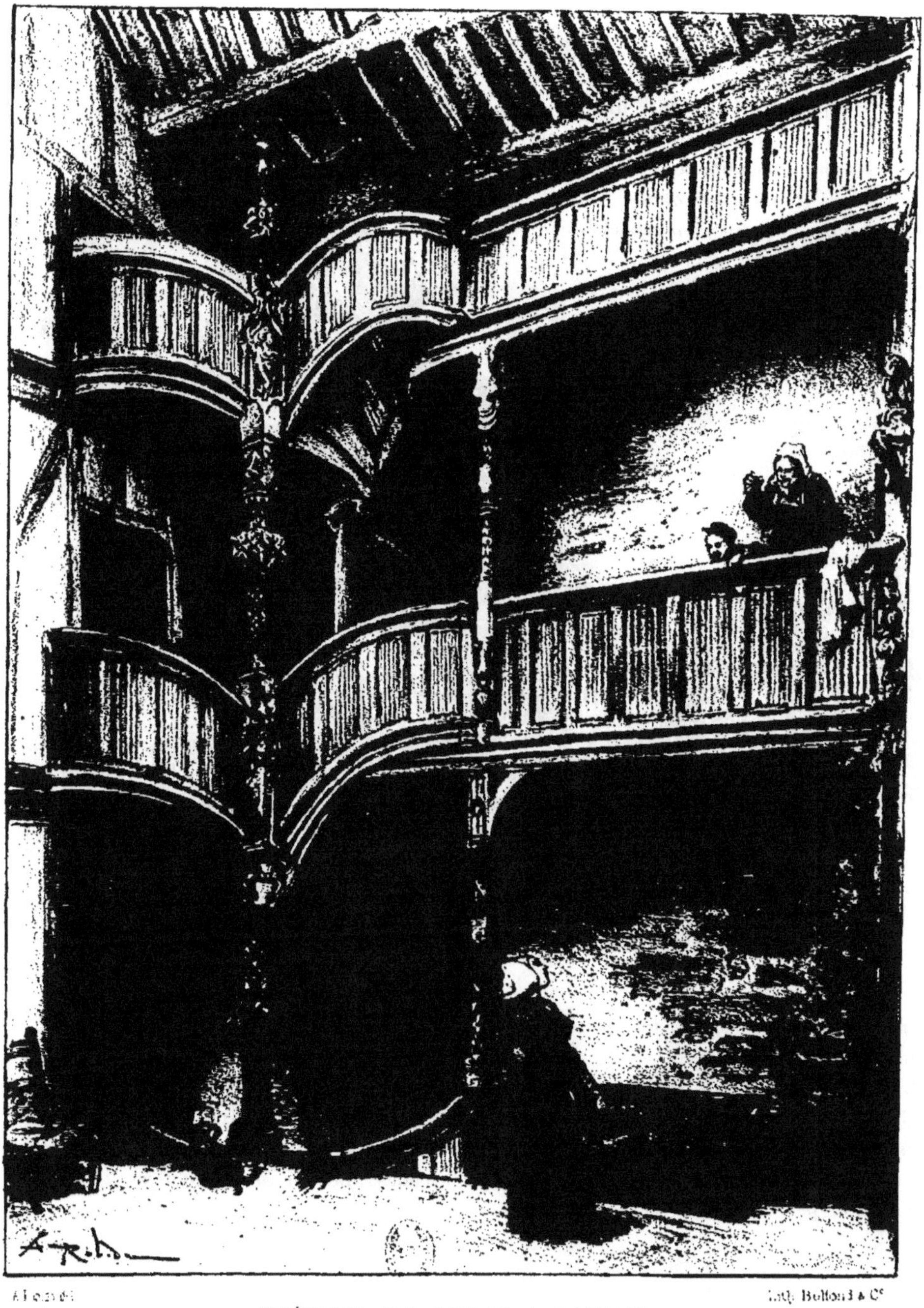

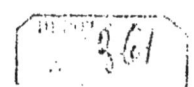

il donc être beau dans le sens artistique du mot? Certainement lorsqu'il combine ses lignes avec un superbe paysage, avec une belle et pittoresque ville, comme c'est le cas pour Morlaix, qui réunit les deux conditions.

Saint-Mélaine, ancien prieuré de Saint-Mélaine de Rennes, date de la fin du XV° siècle, une inscription au-dessus du porche le dit : « *L'an mil quatre cent quatre-vingt-neuf fut comancée ceste église de par Dieu.* » Le porche est joli ; au fond de sa voussure s'accroche au trumeau des portes intérieures en belles boiseries sculptées, un très cu-

ANCIENNE PORTE DES VIGNES A MORLAIX

rieux bénitier taillé comme une petite tourelle à fenêtres ajourées et surmonté d'une statue de la Vierge.

L'intérieur voûté en bois montre quelques figures de moines grotesques sculptées aux sablières du commencement de la nef. Les fonds baptismaux forment un véritable petit édifice de chêne sculpté ; au-dessus de la cuve, quatre colonnes corinthiennes supportent un étage en arcades abritant des statuettes et couronné par un dôme.

La rue Saint-Mélaine, qui court sur le flanc du coteau derrière l'église, aligne ses deux rangées de vieux pignons non transformés, coupées de ces corridors-ruelles en pente, parfois si étranges. La courte *Venelle au Son* est typique avec ses maisons renversées en arrière et ses grands pignons posés sur de robustes murs latéraux. L'une de ces ruelles escaladant la colline par des détours et des rampes conduit à la chapelle Notre-Dame de la Fontaine, dépendant d'un couvent de Carmélites, petite chapelle sans architecture, mais à côté de laquelle, dans un enfoncement de murailles, subsiste un morceau charmant des ruines de la chapelle gothique primitive.

C'est un pignon découronné tout garni de végétation, piqué de broussailles et de fleurs poussées entre les pierres, un fond de muraille rempli par une superbe arcature inscrite dans une large ogive surbaissée et par une jolie rosace étoilée. Une statue de la Vierge derrière un grillage occupe la niche du milieu de l'arcature et, dans le bas, sur le côté, sous l'abri d'une sorte de porche à demi enterré, jaillit la source miraculeuse qui a donné son nom à la chapelle.

Un peu plus loin, en descendant par d'autres ruelles, on rencontre l'ancienne porte des Vignes. Ce qui reste n'est pas considérable, un simple fragment de mur, quelques pierres seulement, mais ce fragment se relie à un groupe de maisons curieuses au pied d'une tourelle frettée d'ardoises arrangées en losanges, devant l'ancien couvent des Dominicains ou des Jacobins, où logèrent à leur passage à Morlaix la reine Anne de Bretagne et ensuite Marie Stuart venant épouser le dauphin François, — où se réunirent plusieurs fois jusqu'au siècle dernier les Etats de Bretagne et où vécut le moine Albert le Grand, qui écrivit la légende dorée armoricaine, les « *Vies, gestes, morts et miracles des saints de Bretagne* ».

Les bâtiments de ce couvent aux brillants souvenirs sont aujourd'hui transformés en caserne et son église fut trop longtemps écurie et magasin à fourrages ; elle a par bonheur reçu récemment une meilleure destination, elle est devenue musée municipal et bibliothèque.

Cette antique église d'un couvent célèbre fondé au XIIIe siècle à la demande des Morlaisiens, embelli et enrichi à l'envi par les ducs et par les bourgeois, présente devant la porte des Vignes sur une place en pente, le large pignon du chevet éclairé par une immense fenêtre à magnifique rosace du XVe siècle.

L'église Saint-Mathieu, dans un quartier de petites maisons surplombantes, est laide extérieurement avec sa lourde tour du XVIe siècle et moins que jolie à l'intérieur avec ses colonnes doriques portant les voûtes.

Morlaix a possédé jadis, jusqu'au commencement de notre siècle, une autre église célèbre, paraît-il, pour les merveilles de son architecture, pour la beauté de son portail, pour son clocher rival de celui du Kreisker de Saint-Pol de Léon.

C'était Notre-Dame du Mur fondée par le duc Jean II au pied du château ducal de Morlaix. Vendue à la Révolution, cette pauvre église a péri quelques années après,

victime d'un accès de vandalisme et le merveilleux clocher a été barbarement jeté bas.

Le château, bâti sur le promontoire entre les deux rivières, le donjon ducal, que rappellent seulement quelques noms de rues, — comme la Venelle du château, et la rue du Mur, — n'existe plus depuis Henri IV. A la fin des guerres de la Ligue, Morlaix, qui avait tenu longtemps pour le duc de Mercœur, ayant été surprise ou ayant volontairement laissé surprendre la porte des Vignes par les troupes royales, le maréchal duc d'Aumont avait immédiatement ouvert le feu contre le château qui tint courageusement pendant vingt-quatre jours et ne se rendit que largement éventré et ébréché. La démolition, commencée par le canon, fut achevée peu après. Quant aux remparts de la ville, on en peut voir quelques restes en montant à la belle colline chargée de grands arbres qui porte maintenant l'hospice bâti au siècle dernier.

MAISON DE LA DUCHESSE ANNE A MORLAIX

Voici par exemple, sans parler d'autres monuments détruits de nos jours, de la tour d'Argent, qui fut atelier des monnaies des ducs, de la maison de ville du commencement du XVIIe siècle remplacée par l'hôtel de ville actuel, voici d'autres brèches et d'autres démolitions, modernes celles-ci et non point opérées par les canonnades :

La rue du Pavé, on disait simplement le Pavé de Morlaix, était fameuse ; toutes les vues de Morlaix datant de trente ou quarante ans nous montrent l'entrée du Pavé, avec ses décoratives façades artistement travaillées, ses pignons sculptés du haut en bas, et toute la ribambelle de statues dévotes ou plaisantes, accrochées sous l'avancée de chaque étage jusque sous le toit. Rien de tout cela

CHEMINÉE DE LA MAISON DE LA DUCHESSE ANNE

n'existe plus, et pourtant toutes les maisons du Pavé sont encore là. De toute l'ornementation des façades, de toute cette artistique parure inventée par le goût des Morlaisiens d'antan, il ne subsiste, aux deux coins du Pavé, qu'un joueur de biniou en face d'un autre bonhomme comique, deux figures de bois qui faisaient très bien jadis dans l'ensemble, mais qui sont ridicules aujourd'hui toutes seules, plaquées sur l'angle d'une façade ratissée à la moderne, au-dessus d'un magasin à reluisante devanture.

Sur toute la ligne, les maisons du Pavé ont été traitées de la même façon, épluchées comme des légumes, si l'on peut dire, et leur épiderme artistique a été si bien gratté qu'il n'en reste plus trace.

Dans la rue des Nobles, qui a perdu, je crois, jusqu'à son nom, on a démoli surtout. Là, tout un morceau de la rue a disparu pour faire de la place à un marché couvert. En face de ce marché, se dresse un groupe superbe de hautes et

GRANDE-RUE A MORLAIX

larges maisons, d'une puissante carrure, plantées sur le carrefour de la **Venelle** au Paté. Ce sont vieux pignons du xvie siècle, sur un rez-de-chaussée de pierres, dont la porte et la grande fenêtre d'étal sont encadrées de fortes moulures, ce sont larges encorbellements sculptés et grandes statuettes religieuses mutilées à une époque quelconque, garnissant le coin de la Venelle au Paté.

Elle est extrêmement colorée cette entrée de venelle, avec ses tournants sombres et les grands pignons aux énormes surplombs. Tout ce quartier, malgré les brèches, est encore plein d'un pittoresque persistant. Un des types les plus complets de ces belles façades ornées se trouve rue des Nobles, en contre-haut sur le côté des Halles. C'est la maison dite de la Reine-Anne. Deux étages et un pignon sur un rez-de-chaussée de pierres élégamment moulurées comme toutes les vieilles maisons de Morlaix ; aux étages de longues rangées de fenêtres rapprochées et non éparpillées, séparées par des colonnettes, c'est-à-dire un fenestrage continu, ouvrant en dehors et des statuettes sous les grosses poutres.

L'intérieur est non moins riche et il est beaucoup plus curieux. Une particularité architecturale, une originalité des anciennes maisons de Morlaix, c'est l'espèce de cour centrale, couverte par le toit, la *lanterne*, ainsi qu'on l'appelle à Morlaix, réservée au centre de la maison pour l'escalier et les couloirs de paliers des étages. La maison de la Reine-Anne est une maison à lanterne, la plus belle peut-être, sinon la plus soignée, car elle a eu des hauts et des bas, surtout des bas ; on lui fait sa toilette actuellement, toutes ses sculptures sont intactes, mais je viens de les voir couvertes d'une épaisse et noire couche de poussière accumulée, avec des toiles d'araignées dans tous les angles ou pendant comme des hamacs poudreux sous toutes les poutres.

La lanterne ici ne commence qu'au premier étage, sans doute à cause d'un plafond ajouté ; elle monte jusqu'au toit qui s'éclaire par de grands châssis.

L'escalier, dans un angle, tourne autour d'un noyau central ; une colonne de bois sculpté monte jusqu'au toit entre les paliers où l'escalier se divise en deux, pour desservir d'un côté les logements de face, et gagner de l'autre côté les logements du fond par des balcons de bois plein, ornés de ces beaux panneaux dits « à serviettes ou parchemins déroulés ». Le pilier central est admirablement sculpté et fouillé du haut en bas, garni de dais fleuronnés, de chapiteaux à personnages tenant des écussons, de saints ou d'évêques dans de jolies niches à chaque balcon, et il se termine en pleine lumière, mais sous un épais vêtement de poussière, sous les grands châssis de la couverture, par une statuette de saint Michel au-dessus d'un saint Christophe, je crois.

Un deuxième pilier sur le côté soutient le commencement du balcon ou *pont d'allée*; il est moins décoré, mais porte aussi quelques blasons ; à l'autre extrémité du balcon quelques figurines grotesques garnissent le mur. La maison

possède aussi en bas une belle cheminée de pierre à large manteau orné d'un
cordon de sculptures.

Ce beau spécimen des riches maisons du Morlaix d'autrefois a bien failli

LA VENELLE AU SON A MORLAIX

disparaître: on avait décrété sa démolition parce qu'elle commet le crime d'avancer
de quelque cinquante centimètres sur l'alignement imposé, il a fallu pour la
sauver la croix et la bannière et le cri d'indignation des archéologues.

La *Grande-Rue* heureusement n'a pas été touchée encore, elle est restée telle que jadis au temps du Morlaix serré dans son corset de remparts. Elle est fort étroite, mais quelle étonnante ligne de pignons se profile, les uns portant tous leurs étages en avant pour conquérir de la place, les autres se renversant en arrière comme pour éviter l'accolade que leur offrent leurs voisins de face. Certes, l'air et la lumière y pénètrent parcimonieusement, mais l'étroitesse du vallon, le manque d'espace dans la ville close de murailles imposaient cette économie de terrain.

La Grande-Rue du côté du Pavé, commençant par un grand pignon posé de biais, se dessine tout à fait bien. Les rez-de-chaussée sous le demi-jour qui règne en bas sont largement ouverts entre les piliers de pierre, soubassement de la maison; ce sont les vieilles boutiques de jadis n'ayant subi aucun changement, marchandises et denrées disposées sur l'étal de pierre, formant ainsi une espèce de comptoir sur la rue. Les fenêtres à petits carreaux mises de côté, le fond du magasin s'estompe dans un rembranesque clair-obscur, des couloirs s'enfoncent dans l'ombre par de belles portes de pierre jaune aux moulures rongées.

En haut, ce sont toujours des poutres et des poteaux sculptés, de grandes lignes de fenêtres à colonnettes, et des statuettes çà et là, comme à la façade très curieusement ouvragée de l'hôtel des Voyageurs. S'il y a dans cette Grande-Rue beaucoup à voir extérieurement, il y aurait intérieurement bien des détails intéressants à récolter de maison en maison. Le n° 13, particulièrement, est un superbe échantillon de maison à lanterne.

SOMMET D'ESCALIER, GRANDE-RUE.

Avec la maison de la Reine-Anne, rue des Nobles, et une autre près de la Venelle au Son, bien moins riche et fortement abîmée, d'une très pittoresque vétusté avec ses sculptures usées ou vermiculées et son escalier délabré, cela fait trois aspects de *lanternes* bien différentes.

Ici Grande-Rue n° 13, c'est la maison bien conservée et bien entretenue, la lanterne intérieure soignée, en parfait état, intacte et brillante comme en ses beaux jours. Sur la rue, c'est un magasin de marchand drapier; derrière le

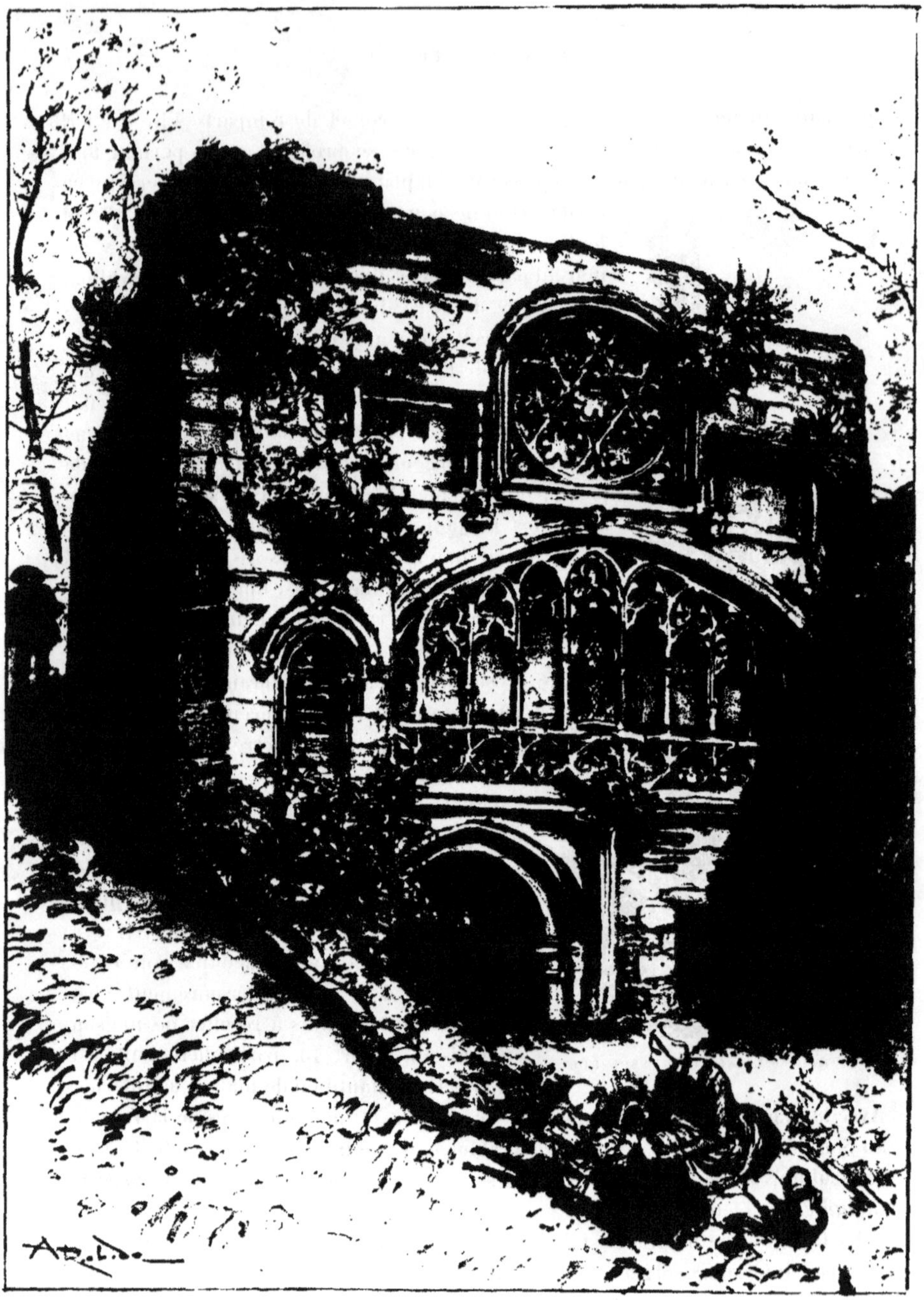

FONTAINE DES CARMÉLITES A MORLAIX

Lith. BELFOND & Cie, 10, rue Gaillon, PARIS

magasin, au centre de la maison, au bout du couloir donnant sur la rue, la *lanterne* s'ouvre jusqu'au toit, formant grande salle en bas garnie sur une face de trois étages de galeries, avec l'escalier dans un angle, le tout bien éclairé par les larges vitrages du toit.

La lanterne en bas est salle à manger-cuisine ; une énorme cheminée à grand manteau monte sur le côté avec la gaîté de tous les accessoires culinaires, de tous les étains et de tous les cuivres accrochés au mur et recevant d'en haut de vives touches de lumière. En face, le côté de l'escalier et des balcons, c'est le triomphe du bois sculpté, du chêne luisant travaillé par des ciseaux d'artistes, du commencement du XVIᵉ siècle.

Cette face de la lanterne forme quelque chose comme un immense meuble montant jusqu'au toit et comprenant buffet, clôture de petit réduit, poteau d'escalier et galeries superposées. Le dessous de la première galerie est entièrement fermé, d'abord par un beau vaisselier de style Renaissance

MORLAIX, INTÉRIEUR D'UNE MAISON A LANTERNE.

et ensuite par une ravissante claire-voie gothique composée de petits panneaux ajourés d'une délicatesse inouïe, se raccordant avec l'escalier. Ce dessous d'escalier derrière cette petite merveille de clôture à jour, sert tout prosaïquement de laverie pour la vaisselle.

Le pilier d'escalier n'a pas, depuis la base jusqu'à la statuette formant la pointe sous le toit, un centimètre carré qui ne soit ciselé avec un art et un goût merveilleux. Des statuettes charmantes de la Vierge, des anges et des saints, des figures d'un bon style aux draperies bien fouillées, s'accrochent à ce pilier dans des niches à petites colonnettes, recouvertes de jolis dais gothiques très ornementés; les balustrades des galeries droites ou *ponts d'allées* et les balcons de l'escalier tournant dans l'angle de la lanterne, sont divisées en panneaux à serviettes, avec des petites colonnettes et d'autres ornements à l'entrée des paliers.

Tout l'ensemble est admirablement conservé et parfaitement entretenu. On voit mieux ici que dans la maison de la rue des Nobles la belle disposition des *lanternes* morlaisiennes, on en admire l'idée et l'on comprend quel charme cette immense salle ouverte à travers quatre ou cinq étages, recevant la lumière à flots par le toit, devait donner aux maisons bâties sur les rues forcément étroites de jadis. Dans les chambres sur la rue, aux étages supérieurs, ces maisons, par leurs grands fenestrages découpant toute la façade, trouvaient encore la lumière et le soleil, mais le centre des constructions derrière les pièces de façade eût été voué au demi-jour ou à l'obscurité sans l'invention de ces lanternes.

Ce qu'il faut admirer surtout, c'est l'ingéniosité de ces vieilles constructions, l'adresse avec laquelle on se tirait des difficultés, et l'art avec lequel on a décoré cette pièce centrale de la maison. Voici donc comment, vers 1500, les riches marchands décoraient leurs demeures, car ici, dans la Grande-Rue, la maison a certainement toujours été maison de commerçants.

On ne peut nier que de l'humble petit bourg à la grande cité ducale ou royale, il y avait autrefois comme une atmosphère d'art, si bien que la poutre de la chaumière, la porte du logis bourgeois encadrée de figures tirées de la *Vie des Saints* ou des *Fabliaux satiriques*, étaient, tout comme le beffroi communal du parloir aux bourgeois, comme la façade du palais épiscopal ou la cour d'honneur du puissant castel, imprégnées du même goût et du même esprit et communiaient dans la même fraternité artistique.

L'art, qui était partout jadis, s'est aujourd'hui resserré et concentré dans de rares monuments, ou bien se réserve pour les musées et les galeries. Prenons une de ces villes poussées en notre siècle ou une cité triturée par les modernisateurs à outrance. Sur tout l'espace occupé par ses trois ou quatre mille maisons, dans tout l'ensemble qui peut-être a coûté cent cinquante ou deux cents millions, il y aura intrinsèquement moins d'art que dans telle petite toile accrochée au mur de l'une de ces plates maisons ; il aura été dépensé moins de goût pour élever et dresser l'immense tas de pierres blanches, l'importante cité tout entière, que pour construire en quelque petite ville tel petit vieil hôtel d'autrefois, telle modeste demeure de marchands de jadis.

Il semble que notre siècle, si extraordinairement rempli, au cerveau si bouillonnant, à l'existence si prodigieusement occupée, ait exprès voulu pour ses demeures quelque chose de gris, de neutre et d'effacé, la maison uniforme qui se voit partout et qu'on ne regarde pas, de même que pour le costume, dédaignant tout ce qui pouvait paraître recherche de goût, étalage de couleur ou de somptuosité, il a revêtu un uniforme gris et terne qui se passe rapidement et ne prend pas aux affaires une minute de plus qu'il ne faut.

Les maisons à lanternes si joliment ornées disent bien aussi la richesse de Morlaix au moyen âge, l'opulence de sa bourgeoisie et l'importance de son commerce malgré toutes les traverses que la ville avait, comme tant d'autres, subies aux époques troublées, pendant les vingt-trois années de guerre entre Montfort et Blois où elle fut plusieurs fois prise et reprise, et ensuite, après le triomphe de Montfort, lors de ses discussions avec le duc Jean IV à cause de la garnison d'Anglais auxiliaires que le duc lui avait imposée.

Fatigués de souffrir les exactions de cette garnison, les Morlaisiens se fâchèrent et chassèrent les Anglais, mais ils subirent pour cette petite rébellion une punition terrible. Le duc furieux attendit l'occasion et tomba tout à coup sur eux avec une armée. Bien qu'en signe de soumission les Morlaisiens eussent eux-mêmes abattu leurs portes, le duc entrant en ville au milieu d'une population agenouillée, dressa cinquante gibets sur les murs du château et pendit impitoyablement cinquante bourgeois.

Un siècle et demi de tranquillité fit oublier les malheurs passés et le vaisseau de Morlaix, la nef aux voiles d'argent semées d'hermines de son blason, vogua dans les eaux de la prospérité. C'est alors que le négoce, l'industrie, le grand trafic par mer avec l'étranger amenèrent dans les coffres des bourgeois de Morlaix les richesses qui devaient tenter plus tard les pillards ennemis, mais qui en attendant, leur permettaient de construire et d'*adorner*, pour la plus grande satisfaction des yeux, les beaux logis sculptés du haut en bas des pignons, leur permettaient d'entretenir une garde bourgeoise d'arbalétriers et couleuvriniers et de recevoir avec magnificence deux visites royales, en 1506 celle de la Reine Anne, la reine de France, qui était toujours pour eux la duchesse Anne, et à qui la municipalité offrit à son entrée solennelle, par la porte Notre-Dame, un petit navire d'or et une hermine vivante, l'hermine de Bretagne, — en 1518 la visite de François I*er* reçu avec non moins de faste et de magnificence.

Quatre années après, en 1522, autre visite. Henri VIII d'Angleterre, étant entré depuis deux mois dans la coalition contre la France, une catastrophe allait fondre sur Morlaix qui avait jadis subi tant d'avanies de la part des Anglais alliés de Montfort. Dans une des anses de la côte se glissa sans être signalée une flotille de corsaires anglais lancés sur la riche cité bretonne par Henri VIII, qui se souvenait peut-être du grand navire morlaisien, *la Cordelière*, et de son capitaine, Hervé Primauguet incendiant dans un combat mémorable le vaisseau amiral anglais *la Régente* et sautant avec lui.

RUE DES LAVOIRS A MORLAIX.

Un traître, l'officier commandant le château de Morlaix, avait prévenu les Anglais qu'ils ne devaient pas redouter grande résistance de la ville dégarnie, toute la gentilhommerie du pays, tout ce qui portait lance et cuirasse à Morlaix et aux environs étant parti pour une grande *montre* ou revue à Guingamp. Les forbans débarqués pénétrèrent par une nuit de juillet jusqu'au vallon où la ville dormait en toute tranquillité et sécurité derrière ses murailles, et pendant que le gros de la troupe restait tapi dans un bois, quelques hommes déguisés entraient dans le château ouvert par le traître.

A minuit, toute la bande se précipita sur la ville, enfonçant les portes et commençant le pillage. Les bourgeois effarés couraient éperdus à la lueur des maisons incendiées par les pillards Nulle défense ne s'organisait, Morlaix eut pourtant, comme jadis Tréguier, son Geoffroy de Montbray ; un prêtre de Notre-Dame du Mur arquebusa quelque temps les forbans des fenêtres de son église et se défendit jusqu'à la mort. Une femme aussi se montra héroïque. Elle fut la Jeanne Hachette de Morlaix, mais, hélas ! une Jeanne Hachette malheureuse. Cette héroïne était une simple servante de la Grande-Rue qui défendit à elle seule la maison de ses maîtres et fit payer cher leur agression aux Anglais acharnés en foule au pillage des logis de riches marchands.

Aux premiers bruits de l'attaque, la brave servante leva dans le couloir de la maison une trappe donnant sur un canal voûté où passait la rivière, et elle attendit. Quand les forbans âpres à la curée, se bousculant les uns les autres, se précipitèrent dans la maison, quelles chutes dans le trou noir, quels cris et quels jurements bientôt étouffés ! Près de quatre-vingts pillards se noyèrent ainsi, raconte la chronique, mais enfin les autres trouvèrent le moyen de pénétrer dans la maison, et la chambrière, poursuivie d'étage en étage, fut saisie dans le grenier et précipitée par une lucarne sur le pavé.

Cependant, après une nuit et un jour remplis par toutes les horreurs d'une mise à sac complète, l'hôtel de ville avec bien d'autres édifices et maisons flambant en un immense brasier, les Anglais entassèrent leur butin sur des charrettes et ramassèrent tous les riches et notables habitants qu'ils avaient pu saisir comme prisonniers bons à mettre à rançon. L'heure du départ était venue. Les paysans des environs ayant barré la rivière, leurs navires ne pouvaient venir les chercher, il fallait les rallier par terre sans perdre de temps, car les gens d'armes de la revue de Guingamp prévenus pouvaient leur couper la retraite.

La plus grosse partie de la troupe eut le temps de se rembarquer avec le butin et les prisonniers ; les gentilshommes accourus à bride abattue, réunis aux paysans, tous affamés de vengeance, ne purent atteindre qu'une bande de retardataires ivres encore de tous les excès commis en ville, cinq ou six cents pillards qui furent tous massacrés dans un bois, près d'une fontaine appelée encore aujourd'hui fontaine aux Anglais.

La ville dévastée, dépeuplée de ses riches bourgeois captifs des corsaires, eut de la peine à se remettre de cette nuit terrible, mais enfin elle rétablit son commerce source de sa richesse, et pour se préserver de toute nouvelle entreprise de piraterie, elle réorganisa ses milices et ses gardes bourgeoises, multiplia les postes vigies sur la côte et enfin construisit en rade, en travers de sa rivière, le château fort du Taureau, forteresse absolument municipale et gouvernée par la ville, bien pourvue d'artillerie, occupée par trente hommes avec trois dogues lâchés la nuit sur le rocher.

« *S'ils le mordent, mords-les,* » dit la devise adoptée alors pour ses armes par la ville bien résolue à ne plus se laisser surprendre.

La rivière de Morlaix, formant le riant petit port où se réflètent les pignons et les derniers porches des *Lances* de Tréguier et les doubles arches du viaduc, cette rivière si calme avec ses navires mouillés sous les verdures, — grande artère par où remontent jusqu'à Morlaix, les flots, la vie et le commerce des Océans, cette rivière que la grande nef, première aïeule de nos frégates de guerre, *la Cordelière* portant cent hommes d'équipage et cent canons, descendit jadis en sortant de son chantier et que remontèrent peu après, pour se ruer sur la ville, les corsaires Anglais, — amena en août 1548 une autre visite au vieux Morlaix.

C'était Marie Stuart, toute petite fille, venant vivre à la cour de France pour épouser le dauphin François. Une escadre française qui était allée jeter sur les côtes d'Ecosse six mille soldats français pour la lutte contre l'Angleterre, y avait en échange pris la jeune princesse, et le vaisseau qui la portait, séparé de la flotte par la tempête, venait de la débarquer à Roscoff. La petite Marie d'Ecosse, destinée à une vie si agitée et à un si cruel destin, fut logée au couvent des Dominicains. Comme elle venait à son entrée d'assister à un *Te Deum* à Notre-Dame du Mur, et que son cortège passait la porte de la prison, le pont se rompit jetant une partie du cortège à l'eau.

C'est alors que les gentilhommes d'Ecosse, émus de l'accident, dégainèrent leurs claymores en criant à la trahison et que le sire de Rohan en les calmant, cria ce mot célèbre : « Jamais Breton ne fit trahison ! » On avait eu plus de peur que de mal, on se remit vite, mais le séjour de Marie Stuart en France commençait mal.

Le Morlaix si pittoresque, si ornementé de jadis, la ville si décorative étagée sur les pentes de ses collines a été fortement arrangée ou dérangée ; que de pertes subies, que de coups de pioche à travers toutes les belles vieilles rues hérissées de pignons ; combien de changements apportés au reste par le goût excessif de notre époque pour une froide régularité, et néanmoins combien de belles choses encore dans cet étonnant paysage de toits dominés par le grand viaduc, que d'aspects intéressants et de coins de haute couleur et de forte originalité !

Laissons le *Pavé* banalisé à part et fouillons un peu les ruelles du centre ; c'est un curieux tableau que la rue des Lavoirs qui dresse sur la rivière ses hauts pignons soutenus par de gros murs en contreforts, avec les laveuses morlaisiennes tournant le dos à l'eau courante, lavant debout sur un encaissement de granit. Voyons un peu en détail toutes ces antiques maisons revêtues en haut d'ardoises losangées, montrant sur la rue des portes de couloir, des panneaux à serviettes, rongés, usés et rafistolés, avec des pièces et des morceaux en travers des sculptures, et dans ces couloirs des départs de vieux escaliers abîmés et vermoulus ; suivons les venelles grimpantes qui commencent par des boutiquettes sombres ou des cabarets et finissent dans les chants d'oiseaux, par des petits chemins sous les arbres d'où l'on plonge par-dessus les toits dans le fond des cours, aux vieux murs cahotants couleur de sépia et coupés de bouts de jardins où se balancent de hauts panaches de verdure.

Sous la colline qui porte l'église Saint-Martin peu intéressante et la gare attachant le vieux Morlaix d'en bas au siècle qui passe haletant et soufflant là-haut sur ses locomotives, au bas de la montée, un nom de Morlaisien célèbre, au coin d'une place, arrête le regard, un nom de littérateur qu'on est heureux de saluer en passant, le nom d'Émile Souvestre, qui fit connaître à la grande patrie la Bretagne, ses mœurs et ses traditions, et qui la fit aimer.

SOUS LE VIADUC

GALERIE SUPÉRIEURE DANS LA CHAPELLE DU KREISKER

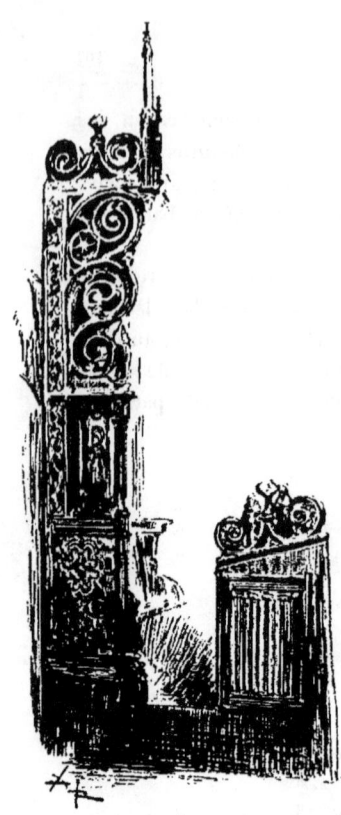
STALLES DE LA CATHÉDRALE DE SAINT-POL

XVI

ROSCOFF ET SAINT-POL-DE-LÉON

LA RIVIÈRE DE MORLAIX. — CHATEAU DU TAUREAU
SAINT-JEAN-DU-DOIGT. — LE KREISKER ET LA CATHÉDRALE DE SAINT-POL
FAÇADE MARITIME DE ROSCOFF. — L'ILE DE BATZ
KEROUZÉRÉ, KERGOURNADECH ET KERJEAN

Le paysage, à l'extrémité de la rivière de Morlaix, est loin de posséder les couleurs riantes des beaux vallons ombragés où s'étagent les maisons de la ville. Après l'anse du Dourdu, la rivière aimable cesse d'être la rivière et devient bras de mer; après le château du Taureau, c'est la mer, parsemée d'innombrables îles, îlettes et îlots, de rochers en larges affleurements ou de pointes émergeant à peine, entourées de bancs de sable à marée basse.

Sur la gauche, la presqu'île légumière de Roscoff se prolonge jusque devant l'île de Batz, en une côte basse et grise peu séduisante d'aspect, triste même, où pointent les clochers de Saint-Pol-de-Léon, la ville cléricale, la ville sainte qui fait monter si haut, en signe de foi et d'espérance la flèche aiguë de son Kreisker.

La côte sur la droite est plus mouvementée et plus attirante; dans un de ses vallons verdoyants, derrière Plougaznou, se cache le village de Saint-Jean-du-

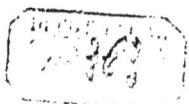

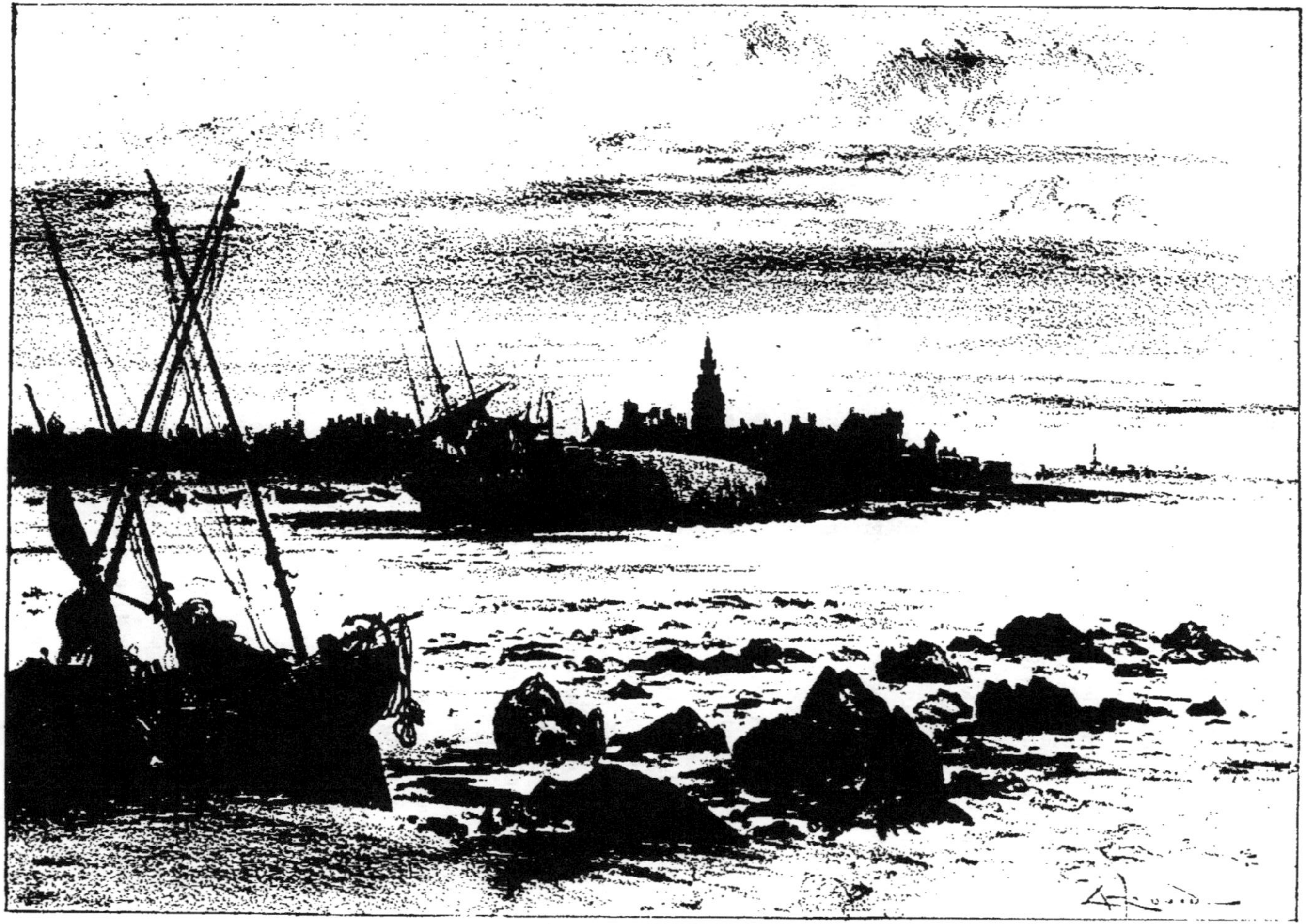

27 ROSCOFF Lith. BELFOND & Cie, 10, rue Gaillon, PARIS

Doigt, pays de pèlerinage et de fontaine sacrée, non loin de Lanmeur. Le *Doigt*, relique conservée dans l'église et qui donne lieu à la fin de juin à un pardon célèbre, c'est l'index de saint Jean-Baptiste, merveilleusement apporté ici au moyen âge. La légende raconte que des dévots sans scrupules, notamment les pirates anglais du XVIe siècle, dans l'espoir de s'approprier ses vertus miraculeuses, ont vainement essayé de le dérober au sanctuaire; le doigt emporté au delà des mers est revenu de lui-même reprendre sa place dans le reliquaire offert en signe de grande dévotion par la reine Anne, lors de son voyage à Morlaix, en même temps qu'elle faisait noble tout homme possédant terre sur le territoire de Saint-Jean.

Saint-Jean-du-Doigt a aussi un superbe clocher à flèche très élevée s'efforçant de dépasser la crête des collines, clocher moins svelte que le Kreisker, mais fort beau et plus original en certaines parties.

Nous touchons à la terre des calvaires, des ossuaires, des cimetières très décorés.

ÉGLISE DE SAINT-JEAN-DU-DOIGT.

Le cimetière de Saint-Jean-du-Doigt possède un portique d'entrée et une chapelle funéraire sans compter le petit ossuaire entre les contreforts de la tour. Une jolie particularité de cette église, ce sont les galeries en arcs trilobés sur robuste balustrade en quatre-feuilles, ouvertes sous le toit à côté du porche et coupant la tour en trois étages sous les grandes baies supérieures.

La fontaine sacrée dans le cimetière est un très gracieux monument de la Renaissance élevé sur un haut piédestal surgissant de sa large vasque inférieure, une élégante superposition de petites vasques ornées chacune d'une couronne de têtes d'anges projetant des filets d'eau, avec statuette figurant la scène du Baptême du Christ au-dessus de la vasque du milieu, et le buste de Dieu le Père surmontant le tout.

Sur un rocher, en travers des passes, à l'embouchure de la rivière, en face du petit havre de Carantec, les Morlaisiens ont planté, aussitôt après leur si cruelle surprise de 1522, le château fort du Taureau. C'est un robuste bastion aux pierres noircies dans le bas par les vagues qui le battent perpétuellement. Vauban le remania quelque peu. Une tour ronde, de fortes murailles, les embrasures d'une batterie basse, une plate-forme avec des canons, voilà tout le Taureau.

Il remplit parfaitement sa mission et préserva Morlaix de toute nouvelle avanie, de l'étranger du moins, car il arriva que pendant les troubles de la Ligue, le fort fut deux fois volé aux Morlaisiens par les propres gouverneurs qu'ils avaient nommés. Ces gouverneurs ne se gênaient point pour faire un peu de flibusterie en arrêtant les navires au passage, et chacun d'eux ne consentit après quelques années à rendre le Taureau à la municipalité que moyennant un bon prix.

Louis XIV enfin débarrassa la ville de la garde de sa forteresse ; il prit pour lui le Taureau et en fit une prison d'Etat.

Au bord des grèves aux longues étendues de sable, parmi les cultures maraîchères qui fournissent toute la région de choux-fleurs, d'artichauts, d'oignons et d'asperges, et qui en expédient au loin par terre et par mer, voici les clochers à jour de Saint-Pol-de-Léon.

Etrange et mélancolique ville, cernée par les réalités fort prosaïques, par la vulgarité même de cette culture de légumes, laquelle ne peut avoir le caractère poétique de la grande culture, la poésie des semailles ou de la moisson, de la charrue enlevée par des robustes attelages, ou des bandes de faucheurs éparpillés dans l'or des blés. Cité austère dans une campagne assez triste, Saint-Pol a l'air perdu dans un rêve religieux et semble, avec l'élan de ses clochers, planer au sein des nuages dans un complet détachement des choses d'ici-bas.

Bien triste au fond, bien glaciale et bien morne est la solitaire petite ville figée dans une atmosphère qui semble d'une teinte plus grise que partout ailleurs. Ville du silence, d'un silence d'éternel repos, nul bruit ne sort des grandes maisons de pierres grises où tout est régulièrement et soigneusement fermé, où la vie semble cadenassée, ville de l'oubli, oubliée par le siècle et l'oubliant, ne se mêlant à rien de ce qui est de ce monde, malgré le chemin de fer qui l'effleure sans troubler son mystique recueillement. Le seul mouvement, c'est le mouvement des nuages passant lentement dans le ciel au-dessus du Kreisker et le seul bruit, c'est celui des voyageurs ou des pèlerins qui vont, silencieux aussi, aux chapelles de la cléricale cité.

Des robes blanches de religieuses passant deux par deux dans des jardins sous de vieux édifices jaunes et gris, quelque moine à robe de bure traversant une rue au pavé herbeux, à l'ombre de quelque clocher, c'est à peu près tout ce que l'on entrevoit des habitants de Saint-Pol, avec quelques femmes à la fontaine et quelque petit marchand au fond d'une boutique sombre, montrant que la ville sainte n'est pas uniquement un immense cloître.

Sur ses grandes places vides, dans ses rues désertes de ville sans doute vivante autrefois, mais qui semble tout à fait défunte maintenant depuis la suppression de son évêché, il y a bien à voir quelques parties de ce grand décor clérical, des petites rues donnant une impression confuse d'ennui endormi, des silhouettes de hauts bâtiments conventuels, des chapelles, un glacial palais épiscopal devenu mairie, des fonds de place aux grandes façades austères projetant une vague tristesse par toutes leurs ouvertures bien fermées pourtant.

Près de la cathédrale une de ces maisons des chanoines de jadis montre à son pignon hérissé de crochets le dragon de saint Pol, le monstre dompté par le saint dans l'île de Batz; une rue devant le Kreisker profile un autre pignon de maison, marchande cette fois, une grande façade de pierres avec tourelle sur l'angle. Encore une jolie petite chose dans un coin de vieille petite rue aux vieilles petites

LE CHATEAU DU TAUREAU

maisons, c'est la fontaine Notre-Dame de Gloire, sous un auvent triangulaire de pierre découpée en ogive qui doit bien dater du XV° siècle.

Mais tout l'intérêt de Saint-Pol-de-Léon est concentré dans ses églises, le fameux Kreisker domine tout. Faut-il avouer qu'au fond ce clocher légendaire est un peu surfait. Il monte dans le ciel avec une belle pureté de lignes, une réelle noblesse de port; sa flèche a quelque chose comme de la suavité, si l'on veut, mais le Kreisker est, tour et flèche, une imitation du clocher de Saint-Pierre de Caen et sa sveltesse est un peu mince.

C'est une tour carrée, percée de grandes baies en lancettes aiguës, portant à près de quatre-vingts mètres la pointe de sa flèche octogonale de pierres, flanquée sur ses pans de quatre hautes lucarnes et de quatre clochetons à trois étages ajourés. Le Kreisker, mot breton signifiant *Milieu de la ville*, paraît d'autant plus élancé qu'il se dresse au-dessus d'une petite église, une simple chapelle, présentant seulement çà et là quelques beaux détails, comme l'ornementation du porche et la grande fenêtre du chevet. A l'intérieur, une particularité d'un grand effet, c'est la galerie supérieure de la nef, formée alternativement de deux petites arcades et d'une grande et profonde ogive éclairée du haut seulement par des ouvertures trilobées.

La cathédrale de Saint-Pol, que la réputation du Kreisker rejette dans l'ombre, est une fort belle et fort majestueuse église ; elle possède deux tours moins élancées que le Kreisker, mais de même dessin et deux flèches moins hautes. Ces deux tours sont sur la façade et encadrent le portail précédé d'un large porche que surmontent des grandes verrières et des galeries ouvertes. Un des pignons du transept est rempli tout entier par une grande rosace d'une magnifique composition ; une galerie précède le haut du pignon en retrait au milieu duquel s'ouvre une fenêtre abritée sous un petit gable à jour. On a supposé quelquefois que cette fenêtre avait pu servir de préchoir pour certaines cérémonies extérieures, peut-être n'est-elle qu'une simple décoration.

MAISON A SAINT-POL-DE-LÉON.

Le chœur et les chapelles ont conservé quelques tombeaux : on montre dans l'une de ces chapelles une curieuse peinture de la voûte représentant la Trinité par une figure à trois visages disposés en forme de trèfle avec trois yeux seulement au centre. Une légende en breton en grands caractères gothiques est inscrite sur une banderolle : « *Ma Douez* » (Mon Dieu).

Le chœur possède encore sa garniture de stalles du XVIe siècle d'une sculpture extrêmement fouillée, avec des panneaux d'entrée très curieux pour leurs ornements à jour et leurs figurines.

Des petites boîtes jetées et posées n'importe comment par-dessus ces stalles attirent les yeux quand on fait le tour du chœur. Que renferment ces boîtes ? Des crânes de chrétiens tout simplement. « Cy est le chef de Monsieur un tel, » disent les inscriptions de ces boîtes. Les ossuaires de cimetière dans les villages du pays de Léon en montrent encore comme cela beaucoup. C'était autrefois la coutume, quand le petit cimetière autour de l'église était plein, de déménager les os en conservant seulement les têtes que l'on mettait précieusement dans une boîte avec le nom du défunt, et ces boîtes étaient rangées dans les ossuaires qui finissaient à leur tour par être remplis. Aujourd'hui cette coutume disparaît, les ossuaires sont presque tous vides ; cependant dans les villages un peu éloignés des villes, on peut encore en voir débordant par toutes leurs ouvertures de boîtes et même de crânes à nu.

Roscoff est à une lieue de Saint-Pol. Sur la route en sortant de la ville, la mélancolie se prolonge ; encore des vieux couvents ou des établissements hospitaliers du temps jadis, puis des parcs à la sombre verdure. A dire vrai, cette mélancolie ou cette maussaderie des choses persiste jusqu'au petit port. La mer qu'on aperçoit de temps en temps des talus bordant les champs de légumes est peu gaie, la côte est plate ; sables et vases remplissent les criques et s'étendent au loin à marée basse vers les îlots et rochers de la rade. Enfin l'entrée de Roscoff est assez maussade aussi ; c'est un éparpillement de petites maisons grises dans un désordre sans pittoresque, sur un terrain plat,

LE KREISKER

avec de rares bouquets de verdure seulement dépassant çà et là les murs de jardins.

Mais cette mauvaise impression faite par Roscoff vu du côté de la campagne se dissipe vite. Roscoff est une ville amphibie. Il y a le Roscoff maraîcher et le Roscoff matelot, le Roscovite labourant la terre et la mer. La façade sur la mer rachète la vulgarité d'apparence de l'autre face ; du côté de la terre, c'est la simple prose; la façade sur la mer, c'est la poésie, poésie assez mélancolique encore, mais d'une mélancolie grandiose.

Une dernière poussée de roches basses sur la mer, une pointe extrême devant l'île de Batz, une crique servant de port, la ville au ras des vagues, telle est la configuration de Roscoff.

Une puissante jetée lancée en travers de la crique, un rempart contre le flot, ferme le port et abrite les barques échouées sur le sable et les quelques petits navires accrochés à son granit. Du côté de la crique opposé à la jetée, avant de tourner vers la petite chapelle Sainte-Barbe, bâtie au sommet du roc, et vers la pointe fortifiée de Bloscow, on a une vue complète de cette rude petite côte de Roscoff, à l'aspect grave, et de son paysage de roches, roches de la terre et roches de la mer, émergeant partout quand baisse la marée.

MAISON A SAINT-POL

Quelques bordures de jardins égaient un peu le fond de la crique où les bateaux se balancent à marée haute et reposent, la quille à nu, sur le sable à mer basse ; après ces jardins, les maisons à mine sévère se pressent et se serrent en un groupe compact dominé par la curieuse tour de l'église à clochetons superposés en pyramide, des maisons aux pierres noircies par des siècles de brises et d'embruns, maisons peu ouvertes du côté de la mer et défendues contre ses colères par des épaulements en terrasse et par la jetée bâtie comme un rempart de granit, avec très haut parapet du côté du large seulement.

A peu de distance de la pointe de Roscoff, à deux kilomètres du rivage, s'étend la longue île de Batz, morne et âpre, peu attirante, grise aussi, d'un gris sombre avec des taches blanches de maisons et la haute silhouette d'un phare dressé au plus haut du rocher. Batz est l'île légendaire où débarqua Saint-Pol arrivant au pays de Léon, la terre de ses premiers miracles, celle qu'il débarrassa d'un dragon monstrueux, figurant probablement le paganisme, et qu'il dota d'une source bien nécessaire, rien qu'en frappant le rocher de son bâton, d'où le nom de l'île, *Batz* ou *Baz*, bâton.

Quelques rues tournantes, une petite place devant l'église, quelques hôtels ou pensions, voilà tout Roscoff à l'intérieur; les maisons de pierre sont très anciennes; ce sont pignons renversés en arrière très rudes et sans ornements, des portes cintrées, quelques-unes en accolade, encadrées d'énormes pierres avec de plus énormes linteaux. Sur la place, l'original clocher de l'église surmonte le

SAINT-POL-DE-LÉON. FONTAINE NOTRE-DAME DE GLOIRE.

cimetière, au-dessus de petits ossuaires. Notre-Dame de Croaz-Batz date du XVIᵉ siècle; le clocher se compose d'abord d'une tour carrée, accostée d'une tourelle d'escalier ronde et coiffée en dôme; ensuite monte en retrait un étage carré à balustrade flanqué de quatre clochetons ronds en dôme, puis, encore en retrait, un autre étage plus petit à clochetons et deux étages de lanternes.

Dans la rue qui longe le port, se rencontre la ruine sans grande figure de la petite chapelle Saint-Ninien. Elle n'a d'intérêt que parce qu'elle fut élevée en 1548 en souvenir du débarquement de Marie Stuart, à l'endroit même où la petite princesse posa pour la première fois le pied sur le sol du « *plaisant pays de France* ». Roscoff possède une autre *curiosité* dans l'enclos d'un ancien couvent de capucins, curiosité végétale qui fait honneur à son climat, un figuier colossal projetant au loin d'immenses branches soutenues par des piliers de pierre.

Tout le pays de la rivière de Morlaix à Landivisiau et Landerneau est extrêmement intéressant ! C'est, derrière une côte sauvage, un pays de belles églises, de calvaires et d'ossuaires, les plus beaux de ceux-ci sont entre Saint-Thégonnec et Landivisiau, c'est aussi un pays de manoirs et de châteaux, de manoirs devenus habitations de cultivateurs, d'amas de tours ruinées ou de châteaux bien conservés et habités.

A quelques kilomètres de Saint-Pol-de-Léon, près de Sibril, se voit un superbe échantillon de ceux-ci, c'est le château de Kérouzéré, une belle et forte gentilhommière du XVe siècle qui se défendit vaillamment jadis dans un siège subi contre les ligueurs et qui montre fièrement ses deux sombres grosses tours intactes, ses solides bâtiments aux grandes fenêtres à croisillons, ses tourelles et ses échauguettes.

Plus loin autre castel, en ruines celui-là, Kergournad'ech, un amas de pierres entre deux tours cylindriques éventrées. C'est tout ce que la guerre et La Fontenelle, le brigand de Cornouailles, en ont laissé.

Kergournad'ech est un beau nom, cela signifie en breton *la maison de l'homme qui ne fuit pas*. L'origine du nom des anciens seigneurs de cette ruine, est fournie par la légende de Saint-Pol-de-Léon. Le premier Kergournad'ech, dit la légende, fut un jeune homme, qui seul de tous les hommes de la côte osa suivre saint Pol dans les cavernes hantées par le dragon ravageant l'île de Batz. Saint Pol le baptisa ainsi pour son courage.

Plus loin, en descendant vers Landivisiau, se trouve Kerjean, immense château de la Renaissance, un bel ensemble de bâtiments et de pavillons dressant, au-dessus de la grande entrée, des combles formidables et de hautes lucarnes accompagnées de quelques pans de façades ruinées.

CLOCHER DE ROSCOFF

23 CALVAIRE DE GUIMILIAU Lith. BELFOND & Cie, 10, rue Gaillon, PARIS

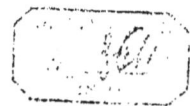

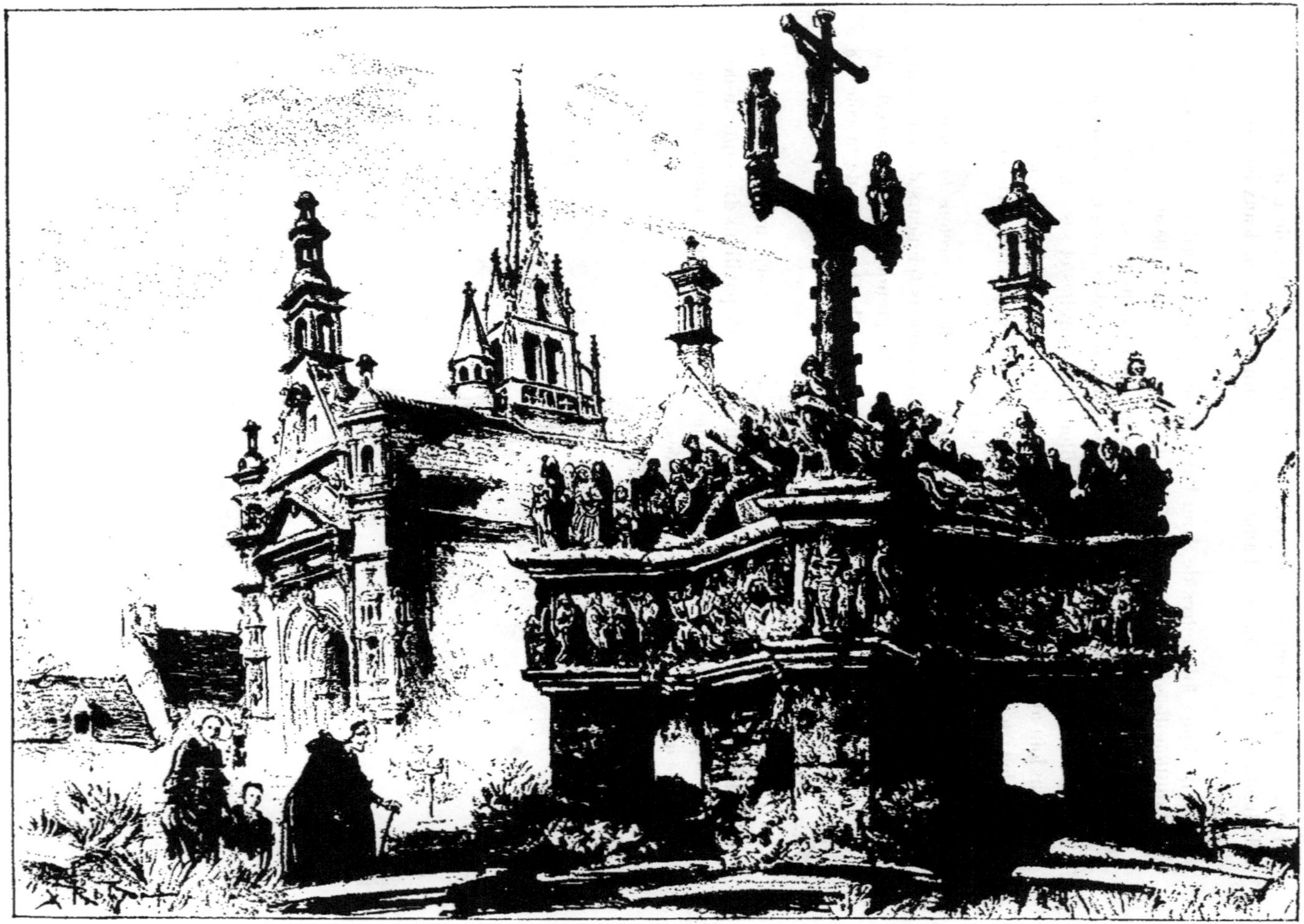

PORTIQUE DU VILLAGE DE LA MARTYRE

XVII

LE PAYS DES CALVAIRES

GRANDES ÉGLISES DE PETITS VILLAGES. — CIMETIÈRES MONUMENTAUX.
OSSUAIRES. — ARCS DE TRIOMPHE ET GRANDS CALVAIRES. — SAINT-THÉGONNEC.
GUIMILIAU, LANDIVISIAU. — RUINES DE LA ROCHE-MAURICE

Cette partie du Finistère, le vieux pays de Léon, serait bien intéressante à explorer morceau par morceau, à voir village par village. Ce pourrait être un peu long et il faudrait pousser des pointes vers la mer, vers la côte sauvage découpée en criques, hérissée de rocs, où les rafales de la mer et les larmes du ciel lavent depuis tant de siècles des pierres celtiques dressées sur les pointes des havres devant l'Océan, vers le rivage du *Pays des Païens* et des pilleurs d'épaves de jadis, de Pontusval à l'Aber Vrach, ou marcher du côté opposé vers les bleuâtres montagnes d'Arrée, vers les mamelons rocheux couverts de bruyères; il faudrait souvent se lancer à pied dans les solitudes et payer par des heures de marche, dans les chemins creux et les sentiers entre-croisés, le plaisir de découvrir quelque belle église bien inconnue ou quelque dramatique calvaire étendant par-dessus le champ des morts ses bras de granit, chargés de cent personnages taillés par des ciseaux naïfs d'il y a trois cents ans.

C'est une région bien curieuse, abondant en superbes églises où le gothique du XVe siècle flamboie, où le style de la Renaissance prend un caractère particulier qui semble contraire à son génie, une sombre physionomie, prêchant à tous, à ce qu'il semble, la sévérité et l'austérité, — une région où de simples villages possèdent des monuments ou plutôt des ensembles de monuments d'une importance considérable réunissant : chapelle mortuaire ou reliquaire, portique, arc de triomphe donnant entrée au cimetière et grand calvaire au pied d'une belle église à clocher imposant.

C'est là que l'on rencontre des églises de pèlerinages vastes comme des cathédrales, poussées en pleine campagne dans des bourgades, déployant toutes les grâces et toutes les fleurs de pierre de l'architecture ogivale, aux jubés découpés dans la nef, aux beaux clochers ouverts sur le ciel.

C'est le pays qui seul a compris la poésie grave et mélancolique des cimetières et qui, solennisant le culte des ancêtres, s'est plu à arranger pour ses morts de magnifiques champs de repos.

CHATEAU DE KEROUZÉRÉ

« Chrétiens, venez voir les os de vos parents blanchir dans le reliquaire isolé, venez voir les os de ceux qui vous ont tant de fois souhaité la bienvenue, lavés par la pluie et fouettés par le vent de la nuit ! » dit un de ces graves cantiques bretons, inspiré par ces ossuaires d'un enseignement terrible pour les vivants, ces ossuaires comme on en voit encore, nichés au pied des églises, ouverts par de petites arcatures ogivales à travers lesquelles, par-dessus les boîtes empilées, des tas de crânes blancs, luisant dans l'ombre, regardent, de leurs orbites vides les vivants passer dans la rue de ce village où ils ont vécu jadis, travaillé, aimé et souffert.

Une excursion rapide cependant aux villages qui possèdent les plus célèbres de ces calvaires et aussi les plus curieux cimetières est facile à faire en commençant par Saint-Thégonnec, la deuxième station après Morlaix. Saint-Thégonnec est un gros bourg dans un pays très vallonné où partout les arbres verdoient en grandes masses sur le flanc des collines, descendent dans les fonds, cachent les fermes éparpillées et dessinent les sinuosités des ruisseaux et des chemins creux qui se coupent et s'entre-croisent dans tous les sens. Il y a encore du costume à Saint-Thégonnec, ou plutôt les débris d'un ancien costume très particulier, costume noir et grave composé d'un grand gilet noir à basques, sur lequel passe une ceinture rayée, d'un habit à basques également, bien raccourci aujourd'hui, jadis habit à la Louis XIV, et d'un pantalon noir remplaçant le bragou-brass antique.

Voici le cimetière de Saint-Thégonnec entouré d'un mur ; au centre s'ouvre la porte comme une sorte d'arc de triomphe, sous un fronton entre deux massifs piliers quadrangulaires, portique d'une lourdeur très magnifique, d'une ornementation très compliquée, réunissant niches, consoles, pilastres, garniture d'urnes et de boules, et gargouilles taillées en canons de pierre. La date 1587 se lit sur la frise entre des bas-reliefs montrant l'énigmatique bœuf ou taureau que l'on retrouve sur bien des églises bretonnes. Des piliers semblables flanquent le portique à droite et à gauche.

Le cimetière est encore à la vieille mode, complètement dallé de pierres tombales bordées d'un mince filet d'herbes. A gauche du portique s'élève l'ancien reliquaire ou ossuaire. C'est une chapelle du style de la Renaissance, datée de 1677 sur un des contreforts; une nef à deux colonnades superposées, terminée d'une façon originale en un chevet triangulaire à trois pignons percés de fenêtres ogivales et chargés, comme les contreforts, de hauts lanternons carrés.

Dans le fronton au-dessus de la porte est l'évêque saint Pol entre Adam et Ève en cariatides; une longue inscription court sur la frise entre les deux ordres : « *C'est une bonne et sainte pensée de prier pour les fidèles trépassés... etc.* »

Au fond du cimetière se dresse l'église, très grande, avec sa haute tour carrée, massive, portant sur sa plate-forme un dôme à lanternons et quatre clochetons. Le calvaire placé en face du reliquaire, c'est tout le drame de la Passion figuré en petits personnages demi-nature très naïvement taillés dans le granit. La croix du Christ se dresse au sommet d'une colonne sur un soubassement carré; des crochets sous la croix portent deux cavaliers en haut, et plus bas la Vierge et quelques apôtres; de chaque côté du Christ les larrons se tordent suspendus à deux croix plus petites, enfin sur le soubassement se déroulent les scènes diverses de la passion. Ce calvaire date de 1610. Très étrange comme silhouette avec ses cavaliers juchés en l'air et ses larrons en croix, il est d'une exécution très inférieure à celui de Guimiliau, village distant de 6 ou 7 kilomètres par des petits chemins, et de bien davantage en suivant la grande route de Landerneau et le chemin vicinal ensuite.

Par les petits chemins c'est donc plus court et plus joli, mais c'est bien plus long. Quel pays charmant, agreste, cultivé mais sauvage, habité mais perdu!... Ces petits chemins font un labyrinthe tout à fait délicieux, mais vraiment trop embrouillé. Frais sentiers côtoyant des prairies où coulent petite rivière et ruisselets, ravins tombant à des moulins, chemins creux finissant à des mares qu'il faut traverser sur des pierres, chemins tournant, revenant, s'entre-croisant... c'est charmant, mais à qui demander la vraie route? Pas à la carte assurément, qui a renoncé aussi à les débrouiller. Les quelques chrétiens dénichés au fond de mai-

ARC DE TRIOMPHE DU CIMETIÈRE DE SAINT-THÉGONNEC.

sonnettes perdues vous répondent en breton, mais enfin un petit gars frotté de français dans les écoles consent à servir de guide jusqu'en vue du clocher de Guimiliau.

A Guimiliau, l'église, le calvaire, tout est plus ancien qu'à Saint-Thégonnec. Nous sommes au XVIe siècle au lieu du XVIIe. Sauf le portail, qui est dans le style de Saint-Thégonnec, très chargé aussi, très intéressant par ses sculptures, avec de petits édicules ouverts sur colonnes en haut de son fronton et de ses contreforts, édicules qui se retrouvent aussi sur les autres pignons, l'église est ogivale ; elle a un joli clocher ouvert et une petite flèche de pierre. L'intérieur, outre des sculptures et des statues, montre un superbe baptistère en bois sculpté du XVIIᵉ siècle, qui est tout un édifice supporté par des colonnes torses et chargé de niches, d'ornements et de statuettes.

CALVAIRE DE SAINT-THÉGONNEC

Le calvaire en Kersanton, granit des environs de Brest, tout mousseux aujourd'hui et plaqué de taches jaunes, est un monument vraiment admirable. On peut le placer au-dessus non seulement de Saint-Thégonnec, mais encore au-dessus de celui plus célèbre de Plougastel et de celui de Pleyben, si imposant pourtant par son soubassement monumental.

Ici, à Guimiliau, les statuettes innombrables sont d'un art plus original et plus complet, les figures sont mieux traitées et plus expressives. Le soubassement portant ce fourmillement de statuettes est appuyé de contreforts formant arcades au-dessus desquels court un premier rang de figurines en haut relief retraçant toute la vie de Jésus depuis la fuite en Égypte ; au-dessus s'agite une autre multitude de personnages dominée par la grande Croix. C'est Jésus portant le bois du supplice, et tout le cortège de la passion, le jugement, la flagellation, Caïphe, Pilate, le Christ au tombeau, etc., la plupart de ces personnages en costumes du xvi⁰ siècle peu ou point modifiés, avec des hauts de chausses, des coiffures, des armes du temps de la Ligue.

Il y a même des épisodes grotesques, l'épisode de Catel Golet, Catherine-la-Perdue emportée par des diables, qui rappellerait l'histoire d'une femme de Guimiliau, damnée pour avoir caché un crime en confession.

Au total le calvaire de Guimiliau est une importante et magnifique œuvre d'art, et c'est un simple village qui l'a élevé en l'accompagnant d'un arc de triomphe pour l'entrée du cimetière et d'une chapelle mortuaire.

A Lampaul maintenant — encore quelques kilomètres de course mais en chemins moins compliqués. Lampaul est un bourg de deux mille habitants, son église du xvi⁰ siècle montre un beau porche, quelques sculptures curieuses, notamment encore un des dragons de la légende de saint Pol, un dragon que le grand évêque de Léon captura sur le territoire du village et ramena apprivoisé au saint lieu.

A Lampaul, arc de triomphe et calvaire sont réunis en un seul monument. A l'angle du cimetière, s'appuyant au pignon de l'église, s'ouvre un portique à colonnes très simple, portant sous son entablement un balcon à balustrades au milieu duquel s'élèvent les trois croix : la croix du Christ accompagnée de saints personnages et les gibets des larrons.

Clochers Renaissance ou clochers gothiques, de ce gothique breton des xv⁰ et xvi⁰ siècles qui a inventé de jolies combinaisons, qui a porté toutes les ressources de son imagination et mis toute sa poésie avec toute son originalité dans les couronnements de ses clochers, qui a trouvé ainsi toute une série de sommets de tours, répartis par familles, avec des modifications et des arrangements divers autour de quelques types admirés, — calvaires d'une si originale poésie taillés dans le granit, — portiques, reliquaires ou ossuaires, on en trouve à droite et à gauche dans presque tous les villages, sans compter les croix de carrefour, au bord des chemins.

A Landivisiau, ville ou plutôt gros bourg, maussade et sans aspect, l'ossuaire est célèbre pour les cariatides des arcades, ce sont des figures extrêmement bizarres, des squelettes de démons, de vices et de vertus taillés dans un goût naïf frisant la barbarie. Autrefois l'ossuaire au coin du cimetière faisait tableau avec l'église, mais cette église dédiée à Saint-Thuriaff ou Tivisiau qui a donné son nom à la ville, a été complètement restaurée ou plutôt rebâtie à neuf, le cimetière supprimé et l'ossuaire transporté dans un cimetière neuf hors de la ville.

A Bodilis, surgissant parmi les grands arbres, c'est une magnifique église du xvi⁰ siècle, mais encore ogivale de structure sinon de détails, avec une imposante flèche à gros clochetons carrés flamboyants.

Sizun, de l'autre côté, au pied des monts d'Arrée, montre un grand arc de triomphe à trois portes ; le calvaire breton, au-dessus de la porte principale, s'allie assez étrangement aux colonnes corinthiennes séparant les arcs et à l'élégante balustrade Renaissance.

CALVAIRE DE LAMPAUL.

La Martyre, Pencran et la Roche-Maurice, trois villages au-dessus de Landerneau, possèdent aussi de curieux monuments. Pencran, dont on voit de si loin en haut de la colline la flèche pointue sur le clocher à jour, a un beau calvaire. A la Martyre, c'est autre chose, l'église gothique dédiée au roi breton Salaün ou Salomon, assassin repentant du roi Erispoë, assassiné lui-même en 874, après discussions de famille à la mode de nos rois mérovingiens, et canonisé ensuite, l'église à flèche, très simple et d'apparence plus ancienne que sa date, est précédée d'un portique gothique à trois entrées dont une seule est décorée de sculptures et surmontée d'une balustrade flamboyante au-dessus de laquelle se dresse le calvaire, avec un groupe sur la balustrade représentant la Descente de croix et les larrons se tordant sur les gibets au-dessus des contreforts. Une chapelle du XVIIᵉ siècle sous la tour montre des cariatides étranges, hiératiques et même quasi égyptiennes d'apparence.

A la Roche-Maurice, dans un superbe paysage, une ruine romantique couronne les escarpements rocheux qui dominent le cours de la rivière de Landerneau, l'Elorn, aux moulins moulinant sous les arbres, traçant son sillon d'argent à travers les vastes étendues d'un pays agreste et mouvementé. La ruine et le rocher se confondent enveloppés de verdure tous deux et formant comme un bloc déchiqueté. Le château de la Roche-Maurice ou Roc-Morvan, aux croulantes tours carrées, c'est le château de Morvan, roi ou vicomte du Léonais, qui succomba au commencement du IX° siècle, dans sa lutte contre l'invasion des guerriers francs de Louis le Débonnaire.

Morvan, sous le surnom de Lez-Breiz, *la hanche de Bretagne*, est le soutien, le combattant légendaire de la nationalité bretonne, le héros d'un chant épique que M. de la Villemarqué recueillit dans le Barzaz-Breiz et que Brizeux traduisit en partie, — un poème étrangement et puissamment coloré, où l'on voit le chevaleresque Lez-Breiz après sa fin, conforme à l'histoire, sous les coups d'une armée franque, errer sa tête coupée à la main, les yeux pleins de sang et de feu, dans la forêt de Brocéliande, à la recherche d'un saint ermite, qui trempe la tête dans l'eau bénite, ranime Lez-Breiz et lui impose une rude pénitence de sept ans, à la suite de laquelle le héros s'en va dormir sous un tertre de la mystérieuse forêt, pour se réveiller et sortir tout armé de sa fosse chaque fois que la Bretagne a besoin de son bras.

Dans les arbres sous ce qui reste du château du roi Morvan, sous ce bloc de si vieilles pierres soudées au rocher par une végétation de onze cents ans, l'église de la Roche pointe son fin clocher. Il y a dans cette église de village un très intéressant petit jubé en bois du XVI° siècle offrant au-dessus d'une grille à balustres de bois très ornementée, un balcon extrêmement fouillé aussi, où s'encadrent douze figures de saints dans des panneaux d'un curieux travail, supportés au-dessus de la grille par des potences taillées en animaux fantastiques presque hindous d'apparence.

CHÂTEAU DE LA ROCHE-MAURICE

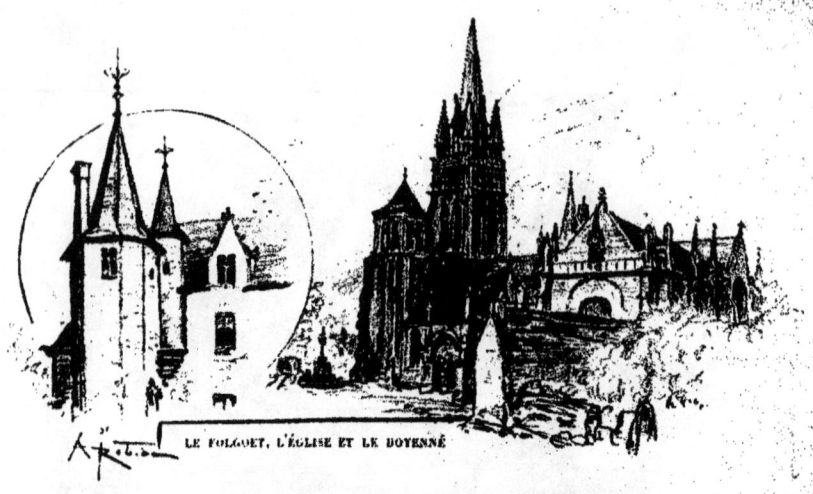
LE FOLGOET, L'ÉGLISE ET LE DOYENNÉ

XVIII

LANDERNEAU. — BREST

UN VIEUX PONT A MAISONS. — SAINT-HOUARDON ET SAINT-THOMAS
MOULIN DE ROHAN. — LA RIVIÈRE DE LANDERNEAU
LE FOLGOET. — LA VILLE ET LE CHATEAU DE BREST

La gracieuse rivière de Landerneau, qui bientôt rencontrant les vagues de la mer venues au-devant d'elle dans la rade de Brest, va, de sa goutte d'eau aider les flots de l'Océan à soulever les formidables tours de fer des cuirassés, l'Elorn arrive doucement en frôlant des prairies et des murs de jardins fleuris, au pied des collines riantes ombrageant la bonne et aimable vieille ville de Landerneau.

O Landerneau, laisse sourire les gens qui te plaisantent on ne sait pourquoi, tout comme ils plaisantent ton chef-lieu Quimper-Corentin, peut-être simplement pour la musique des trois syllabes de ton nom, qui n'ont pourtant rien de comique, qui sonnent bien et qui signifient *Terre d'Ernoch*, du saint ermite Ernoch, fils d'un roi breton plus ou moins fabuleux.

Dans la riche et plantureuse campagne sous la Roche-Maurice, antique nid d'aigle résidence de ses seigneurs, depuis les rois chefs de clan jusqu'aux Rohan princes de Léon, Landerneau s'étale pittoresquement sur les deux rives de la rivière, que relie un vieux pont chargé de noires maisons ardoisées et d'imposants moulins seigneuriaux. La ville, avec ses clochers de Saint-Houardon, récemment reconstruit, et de Saint-Thomas, avec ses couvents, ses grands toits se profilant par-dessus la verdure, a bonne figure, figure aimable et accueillante, avec la gaieté de ses vieux murs fleuris, de son port ombragé où les voiles des navires font des taches blanches sur les grands arbres feuillus. Le quai est amusant quand on y tombe un jour de marché dans l'encombrement des charrettes, des marchandes de légumes, des étalages de poterie et de draperie, dans la confusion des paysans remplissant le bas de la ville et grouillant sur le pont aux moulins. De hautes maisons bordent ce quai, derrière lesquelles à des bouts de toits, à des pointes de combles on devine d'autres et plus anciens logis noircis, quelquefois un peu déjetés, sur de jolis tournants de ruelles. La promenade dite du

LE PONT DE LANDERNEAU

Champ de bataille sans doute en souvenir de la mise à sac de la ville par la bande de la Fontenelle, se prolonge plus loin sur le quai et va mêler la verdure de ses arbres à la verdure des collines au pied desquelles fuit l'Elorn.

Le pont aux moulins, l'originalité de Landerneau, est un des derniers, le dernier peut-être bien complet, des ponts de jadis bordés de deux lignes de maisons. La petite Elorn s'élargit là considérablement pour former le port. Le commencement de ce vieux pont, c'est d'abord, attaché à la rive droite, un premier morceau de trois arches étroites chargées de petites maisons basses, avec différentes boutiques, puis un énorme pâté de constructions au milieu de la rivière, à cheval sur d'autres petites arches, de grands pignons à crochets, et des pavillons ajoutés. Des jardins en terrasse au-dessus de l'eau égayent de leur verdure et de leurs lierres les façades grises de grands bâtiments remplaçant un chatelet qui défendait ici au moyen âge la ville et le passage de la rivière.

Sous ce pâté de vieilles maisons, l'Elorn fait tourner le moulin de Rohan, construit en 1518 par les vicomtes de Rohan, princes de Léon, seigneurs de la ville. Le moulin ouvre sur le pont par une petite porte sous une ogive à gros fleurons frisés, en forte saillie sur la muraille jaune et supportée par deux anges déroulant une inscription gothique.

L'autre face se présente autrement ; sur les arches sombres, sur l'éperon d'un terre-plein et sur de gros piliers de bois s'appuient les maisons du pont, hautes ou basses, entièrement ardoisées, en longue file noire au-dessus des bouillonnements d'un déversoir en biais.

Sur la rive droite, à deux pas du pont, l'ancienne place de la Sénéchaussée ou du Marché a conservé en partie son caractère ancien, grâce à quelques pignons ardoisés et à la haute maison du fond de la place, sur laquelle s'applique une tourelle de pierre montant en quatre ou cinq étages jusqu'aux grandes lucarnes du toit.

Toujours de ce même côté de l'Elorn, dans le quartier principal et par conséquent plus transformé de Landerneau, s'élève l'église Saint-Houardon, une église de la fin du XVIe siècle, presque du XVIIe, assez lourde de style, déménagée récemment de son emplacement primitif. La tour, à coupole et clochetons, a été apportée pierre à pierre et reconstruite là, ainsi que le pignon du portail. Saint-Houardon est ce pieux ermite d'Irlande qui suivant la légende sacrée, venant catéchiser la Bretagne, fit la traversée dans une auge de pierre.

PLACE DU MARCHÉ A LANDERNEAU

Le quartier de la rive gauche, moins important, a mieux gardé ses vieilles rues à façades de bois, dans la rue de Ploudivy, ou ses grands pignons de pierre à fenêtres gothiques, ses curieux coins de rues où la douce figure de la

Vierge sourit dans une niche fleurie. Dans ce faubourg ancien, au sommet d'une pente, sur une place irrégulière, autre église et autre clocher. C'est Saint-Thomas une église gothique du xvi⁰ siècle, petite et basse, flanqué d'une tour assez bizarre du siècle suivant, très haute, à trois étages en retrait les uns sur les autres, braquant sur les angles des gargouilles taillées en longs canons de pierre.

Devant la tour Saint-Thomas existe encore l'ancien ossuaire du cimetière maintenant habité par le bedeau de l'église, un petit bâtiment de la Renaissance décoré de sculptures autour des anciennes arcades aujourd'hui bouchées ou transformées en fenêtres.

On emporterait déjà un joli souve-

nir de cette aimable petite ville de Landerneau et du riant paysage qui l'encadre, mais il y a encore autre chose, il y a dans ce vaste déroulement de verdures, à trois lieues de Saint-Houardon et de Saint-Thomas, *Notre-Dame du Folgoët*, lieu de pèlerinage célèbre, un grand et important bijou gothique, érigé en pleine campagne, dans un simple village, en souvenir de la bien naïve et bien poétique légende de Salaün, le fou du bois *Fol-goët*.

Salaün vivait au XIV° siècle; c'était un pauvre innocent habitant « *comme un passereau solitaire* » dans un bois qu'a remplacé l'église, passant ses journées grimpé dans un arbre, à se bercer dans les branches en chantant l'*Ave Maria* et

ANCIEN OSSUAIRE DE SAINT-THOMAS A LANDERNEAU

dormant la nuit la tête sur une pierre au bas de son perchoir. A côté de l'arbre jaillissait une source, dans laquelle, par les plus grands froids de l'hiver, il se plongeait, toujours chantant *Ave Maria*. Quand, après de longues années vécues ainsi, la maladie le frappa, il se coucha pour trépasser sous son arbre près de sa fontaine, consolé, dit la légende, par la sainte Vierge descendant du ciel accompagnée d'une troupe d'anges.

Quelque temps après la mort du *fou du bois*, sa tombe, où fleurissait un lis merveilleux portant les mots *Ave Maria* en caractères d'or sur ses pétales, étant devenue un but de pèlerinage, l'église de *Notre-Dame du Folgoët* s'éleva sur l'emplacement de l'arbre du fou, et le village actuel naquit.

C'est un vaste édifice du style ogival, sans abside ni transepts, terminé par un chevet droit, avec une chapelle en retour d'équerre. Sur le portail s'élèvent deux tours, une tour basse terminée par un petit étage carré de la Renaissance et une tour beaucoup plus haute, hardiment couronnée d'une belle flèche de pierre à quatre clochetons, posée sur une galerie flamboyante. Ce qui est joli, c'est ce couronnement aérien, un étage ajouré découpant sur le ciel ses légères arcatures habitées par les oiseaux, entre les étages pleins et massifs de la robuste tour et la flèche de pierre.

De curieuses sculptures et des statues ornent les porches latéraux et les chapelles à l'intérieur. Au chevet de l'église, sous la grande et magnifique rosace, coule encore la fontaine de Salaün-le-Folgoët, sous une arcade ogivale à crochets protégeant une jolie statuette de la Vierge.

A l'intérieur de l'église se trouve le morceau capital, le beau jubé de pierre composé de trois larges arcades cintrées à redents trilobés, surmontées de frontons aigus et d'une balustrade découpée en deux rangées de quatre-feuilles.

Devant l'église de vieux bâtiments du xve siècle forment le fond de la place; c'est le Doyenné, un petit manoir à tourelle qui vient d'être restauré. Le village du Folgoët n'est qu'à deux kilomètres de Lesneven, un bien petit détour pour le pèlerin en quête de pittoresque et d'art, mais un détour inutile, car il n'y a rien à regarder dans ce gros bourg très plat et très insignifiant.

Le seul endroit intéressant de la route du Folgoët, c'est, presque dès la sortie de Landerneau, en haut de la colline dominant la ville étendue dans son écrin de verdure, la petite chapelle de saint Eloi, où tous les ans, au *pardon des chevaux* devant la statue placée sous une niche à l'angle de la route, deux ou trois mille chevaux sont amenés des pays du voisinage ou de très loin, pour saluer cérémonieusement le saint évêque maréchal ferrant et laisser, en signe d'hommage, un paquet de leurs crins.

A quelques tours de roues et quelques halètements de locomotive du paisible Landerneau, au bout de l'Elorn, devant la grande rade, encerclée au loin de bleuâtres et rocheuses presqu'îles extrêmement découpées, la grande cité guerrière de Brest étale, développe, accroche ses innombrables bâtiments, ses immenses lignes d'édifices, ses châteaux forts et ses batteries surveillant le Goulet, sa large porte sur l'Océan.

« Brest, a dit Emile Souvestre, n'est pas une ville, c'est le gaillard d'avant d'un « vaisseau de guerre. » Tout l'intérêt d'une pareille cité, ce n'est pas la ville, c'est la partie accessoire et flottante, tout le détail et l'attirail extrêmement compliqué de son port.

Sur les deux côtés de la rivière la Penfeld qui forme le port, s'entassent et se superposent quartiers sur quartiers, maisons sur maisons, arsenaux sur casernes, magasins sur ateliers; d'un côté Brest proprement dit, de l'autre Recouvrance, des immensités bâties et pas de monuments, seulement quelques clochers sans intérêt pointant dans la masse.

En avant de ce formidable entassement de pierres tout fourmillant de vie, donnant une impression de grandeur, mais de grandeur triste, se dresse le Château, la sombre et rébarbative sentinelle, avec le prolongement de remparts portant le Cours d'Ajot, une oasis de verdure qu'on est heureux de trouver parmi tant de blocs de granit accumulés.

Au château de Brest, l'art militaire de tous les siècles a travaillé, — depuis le temps des Romains, dont on retrouve la main dans les substructions de quelques parties de remparts et le souvenir dans le nom de Tour de César, donné à l'une des grosses tours du moyen âge, depuis le XIIIᵉ siècle, époque où les ducs de Bretagne posèrent sur ce rocher, qui avait déjà vu un castel franc succéder au castellum des Romains, l'imposante forteresse que les âges suivants modi-

UNE PLACE A LANDERNEAU

fièrent, augmentèrent et transformèrent de siège en siège, d'époque en époque, au fur et à mesure des transformations de l'art militaire.

Et ils furent nombreux les sièges et les assauts bravement subis par la forteresse que Bretons et Français, Anglais et Espagnols assaillirent maintes et maintes fois et qui subit sans broncher les rudes poussées de Montfort, de Du Guesclin, et de Clisson.....

Le château a son entrée sur la grande place devant le Cours d'Ajot. Des ouvrages avancés plus modernes couvrent l'ancienne porte du xv siècle, ouvrant entre deux grosses tours rondes à mâchicoulis. Au dedans, c'est une accumulation de tours, de courtines, de bastions, enfermant de grands bâtiments, des casernes du

LA FONTAINE DE FOLGOËT

xvIII et même du xvI, à fenêtres encadrées de granit noirâtre et à grandes lucarnes sculptées.

Les grosses tours bâties par les ducs, dressant leurs vieilles têtes par-dessus les bastions de Vauban, sont assez intéressantes à visiter intérieurement, non pas pour les aménagements intérieurs qui n'existent plus guère, mais surtout pour les vues curieuses et variées qu'elles donnent sur les batteries étagées au-dessous d'elles, sur le sémaphore, sur le port et sur la rade. A circuler dans la complication de ces fortifications de toutes les époques, par les passages voûtés, par les galeries basses

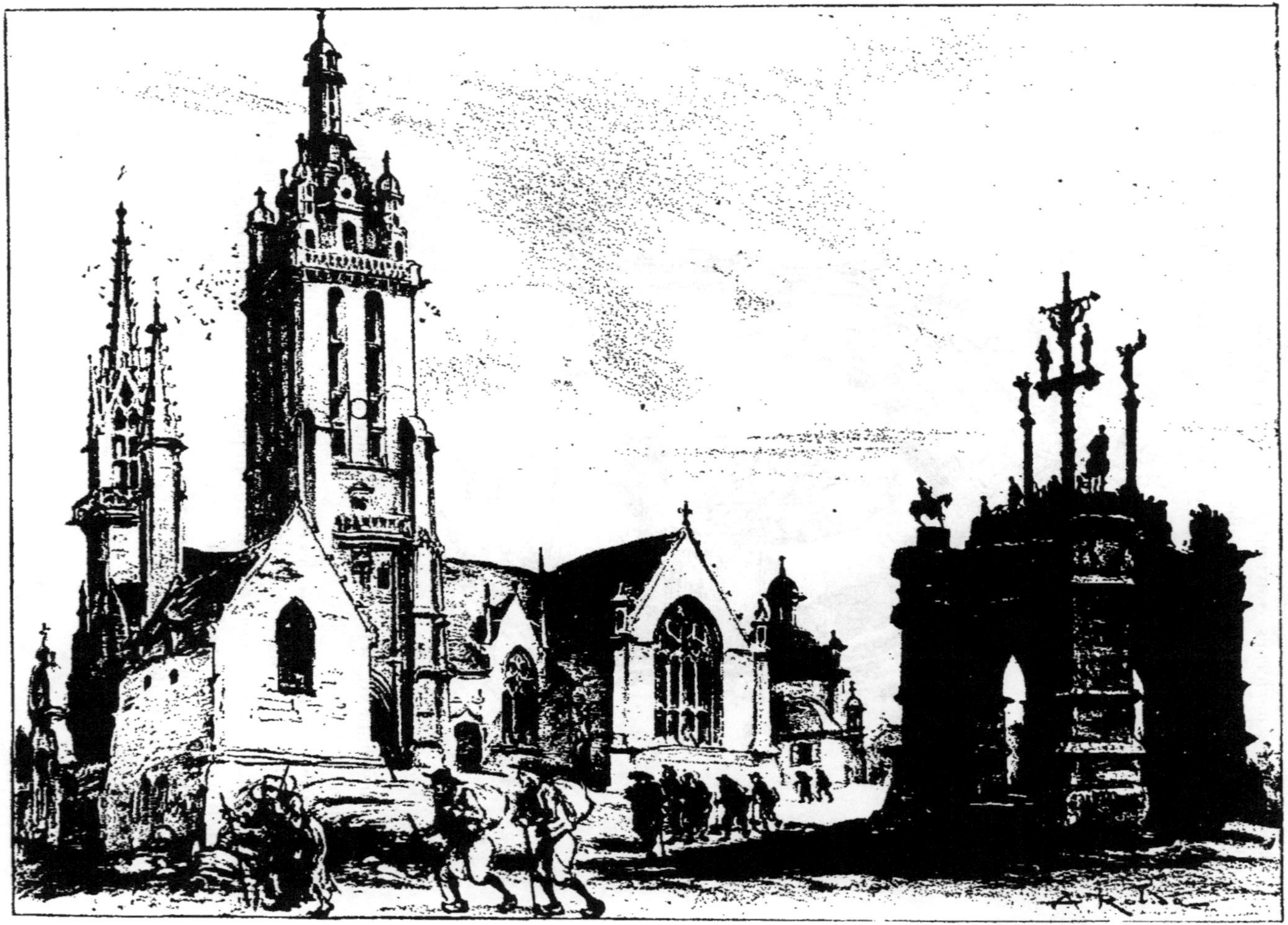

25 ÉGLISE ET CALVAIRE DE PLEYBEN

Lith. BELFOND & Cⁱᵉ, 10, rue Gaillon, PARIS

percées d'embrasures, à suivre les longues courtines, à descendre dans des souterrains pour remonter ensuite aux plates-formes des tours par d'étroits escaliers tournant dans l'épaisseur des murailles, l'esprit se déconcerte et toute idée de plan se perd. Dans cette énorme agglomération de rudes bâtiments, il y a la tour de la Madeleine, la tour des Anglais, le bastion de Sourdéac, gouverneur pour Henri IV au temps de la Ligue, la tour d'Anne de Bretagne, la tour de César, la tour de Brest, la tour d'Azénor, remplaçant probablement une tour plus ancienne que la tradition donne pour prison à la fille infortunée d'un prince de Léon, une Geneviève de Brabant bretonne du ve siècle.....

Quelques cachots bien noirs et des oubliettes traîtreusement ouvertes au bout

LE JUBÉ DE FOLGOET

d'un couloir en pente, c'est tout le souvenir que l'on garde de l'intérieur de ces vieilles tours. Ce que l'on se rappelle, c'est le paysage vu du haut des remparts, c'est le panorama changeant d'embrasure en embrasure et de plate-forme en plate-forme, sur les coteaux dominant la Penfeld, sur les caps rocheux pointant au large, sur les grands cuirassés en rade, les fantastiques donjons de fer, les tours flottantes braquant de monstrueuses gueules de canons.

Quelle vue curieuse des échauguettes suspendues à l'angle du bastion regardant la ville, quelles plongées sur le port, sur la Penfeld profondément encaissée entre tant et tant de bâtiments superposés en longues lignes, sur le port hérissé de mâts avec tous ses navires, ses vieilles frégates transformées en pontons immobiles ses machines à mâter, ses petits ponts de bois articulés passant au ras de l'eau, son immense pont de fer qui s'ouvre pour livrer passage aux vaisseaux, à l'extrémité duquel s'aperçoit, faisant face au château, la grosse tour ronde défigurée aujourd'hui de la Motte-Tanguy, élevée au XIVe siècle par le connétable de Clisson, pour faire échec au château que détenaient les Anglais venus comme auxiliaires de Montfort.

N'importe, l'aspect est quelque peu mélancolique, de ce colossal entassement de colossales constructions, régulier dans l'irrégularité, rectifiant par de longs rectangles de bâtiments l'irrégularité de la rivière ; l'aspect est triste parce qu'il manque la note d'art, la douceur réconfortante d'une flèche gothique, qui percerait l'amas gris et morne de cet ensemble où tout ramène impérieusement la pensée au dur travail de la fourmi humaine s'agitant sur le rocher, et à l'austérité du devoir militaire.

LE CHÂTEAU DE BREST

LE PASSAGE DE KERHUON SOUS PLOUGASTEL

XIX

CHATEAULIN

VERT PAYS DE LÉON ET ROCHERS DE CORNOUAILLE
LE PASSAGE DE PLOUGASTEL. — LE CALVAIRE
AU FAUBOURG DE CHATEAULIN. — LE BOURG DE PLEYBEN

Cette extrémité du Finistère découpée et dentelée en mille pointes, percée de fiords profonds où la mer remonte très loin et s'en va rejoindre les sinueuses petites rivières coulant au pied de coteaux granitiques, n'a plus l'aspect gras du pays de Léon. Les côtes sont rudes et dressent contre la mer d'énormes murailles de rocher que les vagues, par des siècles de bataille obstinée, ont rongées par endroits, comme dans la presqu'île de Crozon, à la pointe de Toulinguet, à Camaret, à Morgat et à Dinant, et percées de fissures profondes se prolongeant au loin dans les entrailles de la terre, de salles mystérieuses, domaine des fées de la mer, de magnifiques grottes où le flot rugit et qu'il n'abandonne guère, sauf pour quelques instants à chaque marée.

Un peu partout, sur cette extrême pointe granitique de la Bretagne, gardée en mer par une avant-garde de rochers, par un archipel d'îles et d'îlots, des souvenirs du passé sont éparpillés. C'est l'abbaye de *Saint-Mathieu de fin de terre* au cap Finistère, dressée aux dernières limites du roc, grandes ruines sombres, dont un phare tout blanc traverse les voûtes crevées, c'est la bien plus antique abbaye de Landevennec à l'autre bout de la rade, le clocher de Rumengol, près du bourg de Faou, le calvaire de Plougastel, etc.

En remontant un peu la rivière de Landerneau jusqu'au passage de Kerhuon, on trouve sur les hauteurs de la rive droite le village de Plougastel-Daoulas qui possède le calvaire le plus connu peut-être de tous ceux de la Bretagne.

A Kerhuon, non loin de l'anse où les bois destinées à la marine sont plongés dans l'eau, on traverse la rivière ou plutôt le bras de mer dans un bateau à voile qui fait constamment la navette d'une rive à l'autre. Le paysage a de l'originalité. L'Elorn sur sa rive gauche est encaissé par d'abruptes collines hérissées d'énormes et fantastiques rochers aux formes bizarres, qui semblent avoir déchiré et percé le sol pour se dresser partout en pointes rongées et déchiquetées. On dirait une sierra espagnole, Plougastel, qu'on ne voit pas, se cache en haut de la colline derrière ces chicots monstrueux.

Vivent les vieilles races imaginatives, amies de l'irréel et du symbolique, des mythes et des légendes, les races primitives à qui la simple réalité ne suffit pas et qui trouvent pour expliquer tout accident de la nature ou tout phénomène quelconque, une histoire ingénieuse ou naïve, comme elles recouvrent tout événement méritant de rester dans le souvenir d'une broderie de détails merveilleux qui, en somme, enrichissent et embellissent le cerveau populaire et du moins le soulèvent au-dessus des platitudes de la vie réelle.

Une légende rapportée par M. Henri du Cleuziou explique comment la rive léonaise de l'Elorn est plantureuse et parée de verdures, tandis que la rive gauche cornouaillaise est ainsi hérissée de rochers.

Un jour le diable, *l'ange cornu qui a une queue*, ou *Maître Guillaume*, comme disent les Bretons qui donnent à messire Satanas bien d'autres petits noms, voyageait en Cornouaille. Les affaires sans doute n'allaient pas, Satanas, un diable de vraiment mauvaise tournure et mal nippé, se traînait un soir sur les routes, fatigué, tirant la jambe et la langue, affamé et la poche très dépourvue.

Comme à tout malandrin ou mauvais gueux, on lui fermait brutalement au nez la porte de toute ferme, de toute masure où d'une voix humble et dolente il demandait à gîter pour la nuit sur un peu de paille avec les bêtes. Repoussé de partout il alla jusqu'à la rivière, et malgré son harassement dut passer sur l'autre rive en pays de Léon, où dans ce temps-là les villages très pauvres se nichaient en des trous sur des rocs infertiles.

Dans le premier village Léonard que le diable rencontra, à la première maison où il frappa, une bonne femme malgré sa mauvaise mine en eut pitié et lui accorda l'hospitalité avec une écuellée de soupe à sa première supplication.

Satanas avait encore un peu de bon, en ce temps-là. Le lendemain, reposé et réconforté, le diable reconnaissant voulut récompenser l'obligeance de son hôtesse.

Elle ne demandait rien, mais service pour service, quelques menus rochers gênaient dans le jardin les légumes de la bonne femme, le diable offrit de nettoyer le jardin. Satanas se mit de tout cœur à la besogne et se souvenant des refus essuyés la veille en Cornouaille, il voulut faire d'une pierre deux coups. Ramassant cailloux, pierrailles, blocs de rochers, il se mit donc à lancer le tout sur l'autre rive de l'Elorn pour assommer la Cornouaille et ce avec tant d'acharne-

LE CALVAIRE DE PLOUGASTEL

ment, qu'il accumula bientôt dans ses champs autrefois fertiles les fantastiques rochers que l'on voit aujourd'hui et qui précédemment encombraient ce pays de Léon.

Plougastel est trop près de Brest, le village se ressent de la proximité d'une grande ville. L'église a été reconstruite, le cimetière n'est plus le cimetière breton pavé de simples dalles comme à Saint-Thégonnec et le calvaire lui-même, restauré et comme tout neuf, n'a plus ces chaudes colorations et cette rouille jaune des pierres vénérables que le temps seul a touchées.

Il est pourtant d'un bel arrangement ce calvaire, sur une sorte d'arc de triomphe bouché, appuyé aux angles par des contreforts en arcades. Comme à Guimiliau et à Saint-Thégonnec, les scènes de la Passion représentées par d'innombrables personnages se déroulent sur l'entablement du massif, autour d'un grand Christ central sortant du tombeau. C'est la même ordonnance qu'aux autres calvaires, avec les cavaliers et les saintes femmes sur des supports détachés du grand pilier et les croix des larrons accompagnant la croix du Christ. Ce calvaire date de 1602; il est donc postérieur à celui de Guimiliau, les personnages sont d'une bonne exécution, mais sans naïveté ; ils n'ont pas le mouvement et la verve des autres, mais après tout, en un tel lieu et pour un tel monument, cette froideur austère convient au grand drame sculpté dans la pierre et ajoute à l'impression religieuse qui doit s'en dégager.

Il y a encore quelques costumes à Plougastel et j'ai eu l'occasion, un dimanche après-midi, dans une cour de ferme non loin de l'église, de voir quelques gars coiffés de longs bonnets catalans de laine rouge et quelques filles en jolis corsages, danser de joyeuses rondes en chantant, sur un rythme lent, des couplets bretons peut-être poétiques , mais où revenait un refrain français qui l'était moins :
« ... Vivent la pipe et le tabac ! »

Le chemin de fer de Quimper qui vient à Landerneau s'embrancher à la grande ligne, file en décrivant de nombreux circuits entre la mer à droite, dont on traverse de temps en temps des pointes poussées en terre, et la sauvage région des monts d'Arrée à gauche, à travers cette Cornouaille rocheuse partout soulevée en abrupts ressauts et coupée de ses nombreux petits fiords.

La première station importante est Chateaulin, dans les montagnes noires, sur la rivière d'Aulne, qui s'en va tomber dans la rade de Brest, sous les ruines de l'abbaye de Landevennec.

Le pays est extrêmement accidenté aux approches de cette ville, ce sont des ravins, avec de belles découpures de crêtes rocheuses à l'horizon, puis de belles collines noires ou violettes, encaissant profondément la rivière, des collines de schiste où l'ardoise soulève les herbes. A deux kilomètres de Chateaulin, au fond du large ravin où coule la rivière, sur un coude de l'Aulne se trouve Port-Launay, le port de Chateaulin, qui, si bien caché dans les terres à 8 ou 10 lieues de l'embouchure de l'Aulne, reçoit pourtant le flot de la mer et les navires.

Chateaulin, qui semble promettre beaucoup quand on le découvre du haut des collines, ne tient guère ! Jolie situation, belle apparence de loin, mais de près ce n'est plus qu'une petite sous-préfecture monotone et monochrome, très grise et très dépourvue de particularités intéressantes.

Elle est assise sur les deux rives de l'Aulne, la plus grosse partie sur la rive droite, la partie la moins curieuse, car elle n'a guère à montrer que des rues à maisons grises sans le moindre caractère, et, en fait de monuments, le banal marché couvert moderne, et l'église Saint-Idunet toute neuve.

Ce côté est donc bientôt vu, par bonheur l'autre morceau de Chateaulin est beaucoup mieux.

Ce n'est guère qu'un faubourg sur la rive gauche de l'Aulne, et la ville en face

ÉGLISE DU FAUBOURG DE CHATEAULIN

doit le mépriser, mais le faubourg est joli. C'est une longue rangée de vieilles maisons, au pied d'une forte colline qui porte à son sommet les restes bien peu importants, consistant en quelques pans de murs perdus dans les arbres, d'un château des anciens comtes de la Cornouaille, devenu plus tard forteresse des ducs. Au bout du faubourg sur la pente, au pied du dernier escarpement, se cache dans les arbres une autre église, Notre-Dame, qui date en partie du xv° siècle et fut alors la chapelle du château. Belle entrée de cimetière en haut de la rue grimpante à côté de quelques maisons paysannes datées de 1610; belle arcade gothique aux pierres moussues bien patinées par les siècles en haut de l'escalier sous des bouquets d'arbres. Une vieille croix apparaît par-dessus le mur du cimetière, ainsi que la tour de l'église d'une architecture qui semblerait modeste certainement si elle se présentait isolée hors de son cadre, mais qui fait très bien dans cet ensemble de vieilles pierres et de verdures. La tour abrite à sa base l'ancien ossuaire gothique aux arcatures bouchées. Le mamelon isolé, coupé derrière par la ligne du chemin de fer fait aussi bonne figure par là avec son clocher, ses verdures, ses maisonnettes et les quelques tas de pierres de l'ancien château disparu.

Voilà tout Châteaulin. A trois lieues de la petite ville aux collines violettes du pays des ardoisières, se trouve Pleyben, un gros bourg connu pour son Calvaire rival de ceux de Plougastel et de Guimiliau.

Quelle jolie route presque constamment sur la crête des collines qui retrouvent l'Aulne à chacune de ses boucles et la voient fuir dans le bas, tourner derrière les mamelons boisés et se perdre au loin dans le moutonnement bleuâtre des collines ! L'Aulne est alors empruntée par le canal de Nantes à Brest qui l'a rattrapée du côté de Carhaix. Quelques bateaux tournent lentement avec elle, naviguant dans les étendues vertes.

Le temps est un peu couvert quand, après avoir perdu de vue l'Aulne et ses paysages ombragés, j'arrive à Pleyben, et les nuages sombres ajoutent encore à l'aspect sévère de l'immense grande place du bourg, au fond de laquelle se dresse un bien étonnant ensemble d'édifices.

Au centre de cette grande place qui est l'ancien cimetière dégarni de ses tombes et de ses arbres, s'élève un grand calvaire sombre beaucoup plus haut que les autres Calvaires, érigé sur une plate-forme portée par de massifs contreforts en croix réunis par des arcs que surmontent une frise sculptée. Ici les cavaliers ne sont pas placés sur des supports sortant du pilier central, ils sont en dehors des groupes serrés et confus au pied des croix qui se détachent dramatiquement sur le ciel nuageux.

L'église en arrière est très grande, c'est une nef gothique, basse, à fenêtres flamboyantes, accompagnée par trois clochers, une très haute et très forte tour de la Renaissance portant un couronnement compliqué de dômes et de clochetons, et deux autres petits clochers de style flamboyant sur la façade, tout à fait différents de forme et de hauteur très inégale, dont l'un n'est qu'un simple clocheton et dont l'autre s'effile en une belle flèche à jour.

L'église où l'on entre par un grand porche orné de statues est intérieurement gâtée par un bariolage éclatant. Au chevet s'appuie une sacristie de la Renaissance recouverte d'un dôme; un autre bâtiment isolé sur la place est l'ancien ossuaire du cimetière, ouvert autrefois par des arcades aiguës qu'on a bouchées, quand cet ossuaire a servi de maison d'école.

Pour compléter l'effet de cette belle grande place triste, avec sa haute tour sévère, son église sombre et son noir Calvaire dressé dans un ciel tourmenté, voici tout à coup une troupe de mendiants qui la traverse, filant lamentables, et se hâtant

UN CARREFOUR A QUIMPER

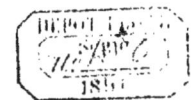

clopin clopant, du presbytère qui vient de leur faire une distribution d'aumônes, vers une maison tout à l'autre bout de la place où les attend quelque aubaine semblable.

Ils sont bien pittoresques, les pauvres porte-besace, les *quêtants*, presque tous dans l'ancien costume, ayant gardé la veste et le bragou-bras, les jambières et les sabots, des vieux en cheveux longs, au menton hérissé de poils blancs, des vieilles fantastiques toutes branlantes appuyées sur deux bâtons, des aveugles conduits au bout d'une ficelle par un compagnon d'infortune ou par une vieille femme... Pauvres vieux, qui après une vie de travail par les champs ont pris le bâton et la besace !

L'ANCIEN OSSUAIRE DE PLEYBEN

LA RUE DU LYCÉE A QUIMPER

XX

QUIMPER

LE MAIL SUR L'ODET. — LES CLOCHERS DE LA CATHÉDRALE
SAINT CORENTIN ET LE ROI GRALLON
LE PORT ET LE FAUBOURG DE LOCMARIA

Une jolie promenade publique, quelques belles files d'arbres le long d'une rivière, le *Cours* ou le *Mail* traditionnel, avec des promeneurs élégants, des officiers, quelques dames en jolies toilettes, des groupes d'enfants en jerseys surveillés par des bonnes, et, sous les arbres près d'un banc, regardant passer ces modernités, quelques vieilles bretonnes assises à terre en train de filer la quenouille comme au temps jadis.

C'est Quimper, ce mélange du passé et du présent, et il n'y a qu'en Bretagne que l'on puisse voir ces contrastes violents.

Derrière un rideau de grandes maisons neuves ou de vieux logis modernisés, une ligne de magasins et d'hôtels, de demeures bourgeoises cossues bordant les quais de la rivière, derrière une façade de préfecture importante, mais assez tranquille et pas trop bousculée par les affaires, les ondulations désordonnées des grands toits et des pignons d'une vieille ville serrée sous les hautes flèches d'une grandiose cathédrale, voilà Quimper qui ressemble assez à la bonne femme en vieux costume, filant sa quenouille devant les chapeaux de haute forme et les toilettes de la promenade élégante.

L'entrée de ville est jolie et gracieuse, avec la petite rivière et le port calme et tranquille où les mâtures de quelques bricks se mirent dans l'eau, toute verte du reflet des beaux ombrages de la promenade. La rivière c'est l'Odet, grossi d'un petit affluent et qui s'en va bientôt s'élargir en fiord sinueux. D'un côté s'étend la ville, un quai d'aspect riant, bordure de maisons modernes entre lesquelles apparaissent les mâchicoulis d'une longue courtine perdue dans les habitations, seul vestige des anciennes murailles; de l'autre côté le sol se relève brusquement en une colline boisée, le mont Frugy, qui laisse à peine entre sa base et la rivière la place suffisante pour les allées du Mail.

Deux pas dans une petite rue débouchant sur un pont de l'Odet et l'on est au cœur de la vieille cité devant la cathédrale. Une belle place s'arrondit irrégulièrement devant le grand portail de l'église, une place de physionomie ancienne entourée de hauts pignons; sur le côté de l'église s'ouvre une autre place, immense celle-ci et froide, rectiligne, bordée d'édifices municipaux modernes avec la statue du grand médecin Laënnec au milieu. De celle-ci il n'y a rien à dire, l'aspect en est officiel et glacial, autant que celui de la petite place sans prétention est amusant et coloré.

Un angle de cette petite place surtout fait bonne figure par la pittoresque carrure d'un vieil hôtel du *Lion d'or* aux étages surplombants, recouverts d'un toit immense plus haut que le reste de la maison. La cour de ce *Lion d'or*, dans un désordre mouvementé de voitures, de courriers, de chevaux, de charrettes, de caisses et de paquets est bien curieuse, dominée par de formidables arrière-façades de maisons à grandes tours ardoisées.

Les débouchés des rues tombant sur cette place sont également jolis. En haut c'est la rue montant au lycée, un lycée tout neuf mais gothique, arrangé avec des fragments de remparts, une rue bordée de vieilles maisons où l'on trouve presque à l'entrée une petite porte encadrée d'un fronton aigu en contre-courbe du xv° siècle.

Juste en face de la tour de gauche de la cathédrale, c'est la vieille rue commerçante de la ville, de hautes façades aux étages très surplombants, un joli bout de rue qu'il faut voir en se retournant, du premier carrefour un peu plus loin, avec les belles tours de la cathédrale comme fond de perspective, l'envolement superbe des lignes verticales, de la base robuste des tours à la pointe des belles flèches ajourées.

Cette cathédrale qui s'élance si majestueusement dans les airs est un considérable édifice que le xiii° siècle commença et qui s'acheva au xv°, quand le style ogival à sa dernière période faisait flamboyer et se tordre la pierre sculptée. La façade aux lignes grandioses est fort originale. Ce sont deux hautes tours percées de prodigieuses fenêtres en lancette, soutenues aux angles par des contreforts détachés à doubles arcs-boutants, tours réunies presque à la hauteur des plates-formes par un pignon obtus percé de fenêtres flamboyantes au-dessus du portail. Particularité intéressante, le fronton au-dessus de ce portail en ogive surbaissée est entièrement rempli de fines sculptures héraldiques. Au milieu, sur le fleuron central, le lion casqué de Montfort tient la bannière ducale, d'autres écus aux armoiries effacées malheureusement l'accompagnent à droite et à gauche, avec des heaumes en cimier et des devises peu lisibles aujourd'hui sur des banderoles flottantes. Tout en haut du pignon entre les deux tours, au sommet du gâble, la statue équestre du roi Grallon plane sur la ville. C'est ce fabuleux Grallon ou Gradlon, père de la vicieuse et criminelle princesse Dahut dont les orgies et les crimes soulevèrent la colère de Dieu et finirent par causer la submersion de la légendaire ville d'Ys, c'est ce roi de Cornouaille représenté à cheval au-dessus de l'église, qui donna la ville à saint Corentin, premier évêque de Quimper et patron de la cathédrale.

STATUE DU ROI GRADLON

Saint Corentin était un pieux ermite du Ménéhom, qui vécut pendant des années d'un petit poisson dont il coupait tous les jours un morceau et qu'il remettait ensuite tout frétillant dans son ruisseau. Il convertit au christianisme les habitants de Quimper avec le roi Gradlon ; son nom reste encore attaché à la ville et la dévotion au saint permit en ces dernières années de couronner les hautes tours, au-dessus de la belle galerie en arcades à jour qui les terminent, de belles flèches élancées et de clochetons flamboyants.

Le pauvre roi Gradlon, en sa qualité de monarque, fut en 1793 détrôné de sa royauté aérienne au sommet de la cathédrale, et sa restauration avec la statue actuelle date de 1858 seulement.

L'intérieur de la cathédrale a subi une complète restauration à l'époque où l'on construisit les flèches et où l'on enleva de la façade les échoppes et masures nichées dans les contreforts comme des pauvres agenouillés aux pieds de saint Corentin ; il est peut-être permis de regretter cet humble accompagnement des vieilles églises, qui ne faisait que donner aux majestueuses façades plus d'élévation et encore plus de majesté.

Sur le côté de l'église, au-dessus de la rivière, s'alignent les grands bâtiments de l'évêché. On les voit mieux de l'autre rive de l'Odet, élevant leurs toits à lucarnes du XVIᵉ siècle sous les hautes tours et les grands combles de la cathé-

PLACE DE LA CATHÉDRALE A QUIMPER

drale, dont l'abside s'assied presque sur un long morceau des vieux remparts de la ville.

Les évêques successeurs de saint Corentin furent, en vertu de la donation du roi Gradlon le Grand, les seuls seigneurs de Quimper pendant tout le moyen âge, de puissants et fastueux seigneurs, qui ne laissaient pas les ducs empiéter sur leurs droits et les défendaient du bec et des ongles.

Au temps de la grande guerre civile, l'évêque de Quimper dut prendre parti. Il se rangea du côté de Montfort, ce qui amena aussitôt Charles de Blois sous ses bonnes murailles. Après une vigoureuse défense, la malheureuse ville prise d'assaut par les soldats de Charles de Blois fut le théâtre d'un horrible carnage. Quimper conquise resta dans le parti de Charles de Blois et ce fut contre les attaques de Montfort qu'elle eut alors à se défendre. Elle résista avec la même opiniâtreté et le même courage, même après la bataille d'Auray, lorsque la cause de Blois fut tout à fait perdue, et elle ne se rendit qu'à bout de forces, après maints furieux assauts donnés à ses remparts, ébréchés par les engins de Jean de Montfort.

Il ne reste guère de ces bonnes murailles que ce fragment en bordure sur l'Odet à côté de la cathédrale ; leurs derniers services datent des guerres de la Ligue, pendant lesquelles elles reçurent encore de rudes assauts. La ville épiscopale tenant pour la Ligue, ce furent d'abord les attaques d'un capitaine Lézonnet, chef de bandes royaliste et surtout pillard émérite qui, appuyé par quelques partisans dans la place, tenta de l'enlever par surprise. Retardé dans le faubourg par quelques vaillants bourgeois et finalement repoussé, Lézonnet amena le maréchal d'Aumont avec son armée pour un siège en règle et, cette fois, la ville capitula.

Alors un autre ennemi se dressa contre Quimper. C'était l'horrible Guy de la Fontenelle, le ligueur chef de brigands féroces, l'égorgeur de la Cornouaille. La Fontenelle avait tellement ravagé le pays, qu'à quinze lieues à la ronde autour de son repaire de l'Ile Tristan, les villages étaient abandonnés. Quimper était plein de réfugiés, leurs coffres et leurs objets précieux sauvés du pillage remplissaient les chapelles de la cathédrale. Pour comble d'infortune, l'accumulation des malheureux paysans amena bien vite la famine et avec la famine les maladies qui la suivent.

Alléché par le butin à faire dans la ville où s'étaient ainsi réunies toutes les richesses de la Cornouaille, la Fontenelle tournait comme une hyène autour de Quimper, tramant des embûches, essayant de la corruption sur les quelques soldats qui la gardaient et attaquant parfois à force ouverte avec ses bandits. Après bien des péripéties, avec beaucoup de chance, la ville réussit cependant à se maintenir hors de ses griffes jusqu'à la fin des guerres, mais quel soupir de soulagement elle dut pousser quand la Fontenelle reçut enfin le châtiment de ses crimes !

Entre la cathédrale et Saint-Mathieu, seconde église de Quimper, qui reproduit en plus petit un des clochers de la cathédrale, se tasse le vieux quartier serré et compliqué aux rues étroites et tortueuses, coupé de ruelles montantes, le quartier des carrefours curieux non démolis encore, des vieux logis qui n'ont pas fait peau neuve. Un coin tout à fait charmant, c'est le carrefour de la rue du

Pichery, le petit pont avec une ouverture soudaine à travers les antiques maisons, pour le passage de la petite rivière qui s'en va se jeter dans l'Odet. Tout à fait jolie cette coulée d'eau baignant le pied de vieux murs herbeux et broussailleux ;

CARREFOUR DU PICHERY A QUIMPER

d'un côté, une échauguette en encorbellement se profile sur des verdures de grands arbres, de l'autre un pâté de maisons suspend des balcons et des étages en surplomb au-dessus de l'eau et projette des petits ponts particuliers.

Dans ce vieux quartier, les rues ne donnent pas toujours une impression aussi aimable que le coin de la rue Pichery égayé par le passage de l'eau ; il y en a d'un pittoresque plus gris et plus mélancolique, comme du côté de la place au Beurre, très curieusement bordée au fond de petites maisons basses par-dessus lesquelles se dressent de grands toits gris et des façades où se montrent quelques fenêtres taillées en ogive et des portes en accolades, de vieilles, vieilles façades dans la rue des Gentilshommes, dans la rue du Pain-Cuit, laquelle, par parenthèse, conduit à la prison.

La promenade du bord de l'Odet, sur l'autre rive, conduit au faubourg de Locmaria où se trouvent les manufactures de poterie, les fabriques de cette faïence de Quimper au décor polychrome et naïf. Il y a là une troisième église, mais une église de village très simple, très pauvre, très fruste, remarquable surtout par son ancienneté et ses parties romanes.

La petite rivière qui baigne les belles allées de Locmaria s'élargit vite après Quimper, et finit après quelques lieues d'un large cours, dans la belle échancrure de Benodet, *tête de l'Odet*, tout à côté du débouché de la rivière de Pont-l'Abbé, signalé par l'île Tudy et Loctudy, où se voit une très vieille église romane marquant l'emplacement du monastère de Saint-Tudy.

FRONTON DE LA CATHÉDRALE DE QUIMPER

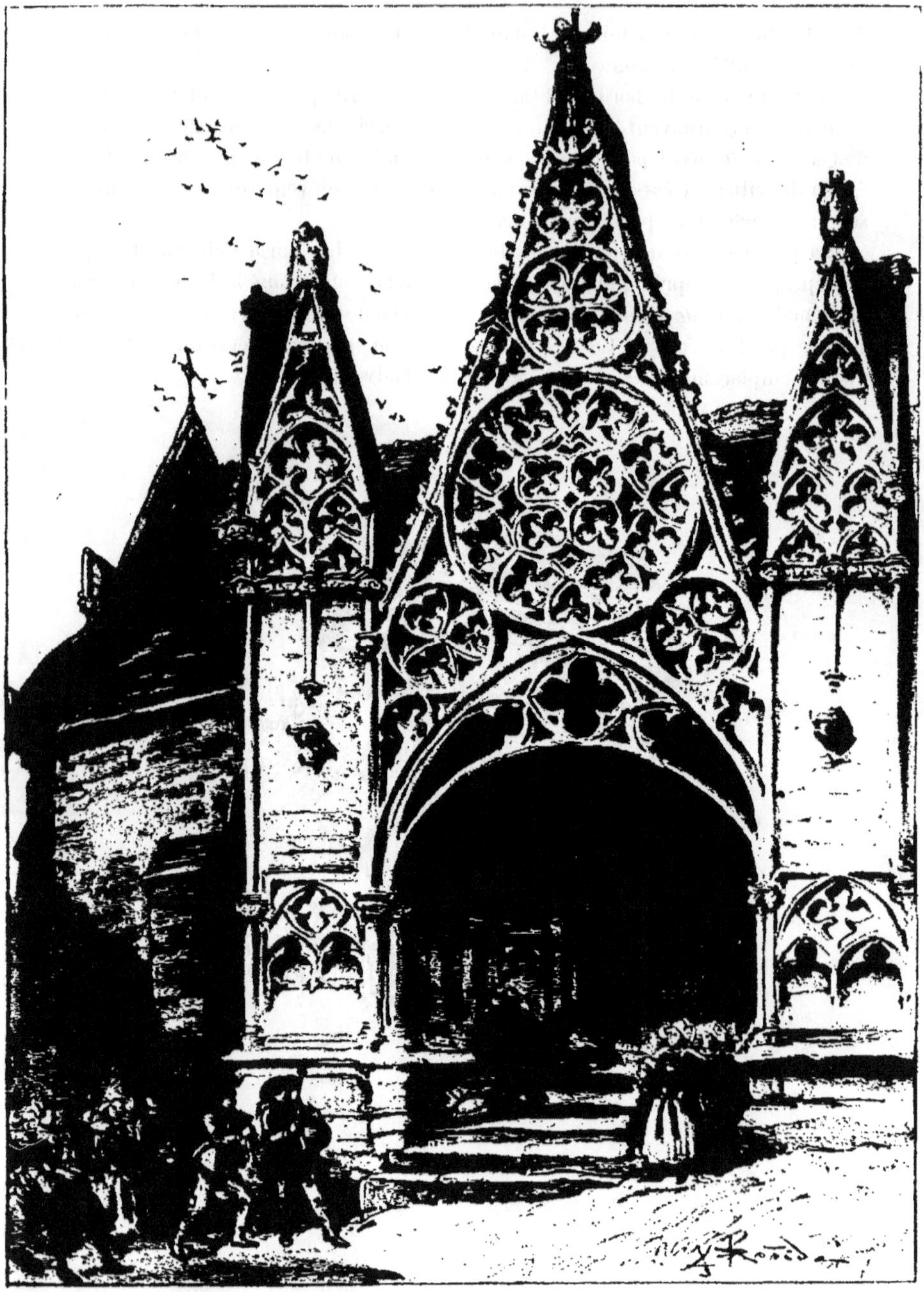

N° 27   PORCHE DE L'ÉGLISE DE PONTCROIX

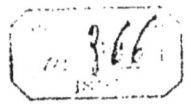

ÉGLISE SAINTE-NONNA A PENMARCH

XXI

DOUARNENEZ. — PENMARCH

UNE VILLE SARDINIÈRE. — L'ILE TRISTAN ET LE BRIGAND
DE CORNOUAILLE. — LE PORCHE DE PONTCROIX.
AUDIERNE ET LA POINTE DU RAZ. — RUINES D'UNE VILLE
DÉFUNTE. — PONT-L'ABBÉ

Cette découpure du Finistère, qui pousse en mer la pointe de Penmarch au sud
et la pointe plus aiguë du Raz au nord, — deux caps hérissés de rochers gardant
la longue et sauvage baie d'Audierne, avec Quimper dans les terres au milieu,
entre Pont-l'Abbé et Douarnenez, — ce pays est extrêmement accidenté et varié
d'aspect, tantôt agreste et charmant comme autour de Quimper, tantôt riant,

découpé en gracieuses criques abritées sous les arbres comme dans la baie de Douarnenez, tantôt d'une grandeur sauvage et mélancolique, vers Audierne, féroce avec les falaises déchirées en pointes aiguës de la baie des Trépassés...

C'est aussi le pays des beaux costumes; on pourrait presque dire ce fut, car ils s'en vont bien, les beaux costumes et les paysans quimperois qui persistent à garder les vastes bragou-braas et les ceintures à larges plaques de cuivre se font

LA PLAGE DE DOUARNENEZ ET L'ILE TRISTAN

rares maintenant; on voit encore les vestes et les gilets à broderies multicolores autour de l'encolure, mais le costume complet se rencontre plus rarement. Les femmes seules gardent fidèlement les anciens atours, les beaux corsages diversement taillés, bordés et brodés, de Fouesnant, de Pont-l'Abbé, Scaer ou Rosporden, et les coiffes et les grandes collerettes.....

La ville de Douarnenez, reliée maintenant à Quimper par une petite voie ferrée, n'a par elle-même aucun intérêt; ce n'est qu'une immense sardinerie sans monuments intéressants, c'est un nid de pêcheurs d'où s'élancent comme un immense vol de mouettes blanches huit cents bateaux de pêche sillonnant incessamment la baie à la recherche de la sardine.

Les maisons de Douarnenez en amas désordonné sur les bords du Poul-Davy, qui forme le port, avec Tréboul de l'autre côté, semées sur le rocher dans une confusion sans pittoresque, ne flattent pas beaucoup le regard. Le site seul est remarquable quand on tourne le dos au port, qu'on voit Ploaré sur la jolie colline dominant la ville sardinière, avec un gracieux clocher quimperois en légère silhouette sur le ciel au-dessus des arbres, et il devient charmant lorsque l'on gagne la petite crique des bains en face de l'île Tristan.

Cette plage toute petite est délicieuse par le soleil. C'est une simple marge taillée le long de l'échancrure arrondie, terminée par deux pointes de roches écroulées dans la mer ; les cabines sont serrées et blotties à l'ombre de grands arbres garnissant les pentes au-dessus de la crique. En face, à très courte distance, est l'île Tristan, avec un îlot rocheux un peu plus loin ; sur la droite, les falaises se déroulent bleuâtres et vaporeuses dans le bleu du ciel, enfermant la baie sillonnée de voiles blanches.

L'île Tristan, rocher verdoyant sur lequel un grand phare se dresse parmi les arbres et quelques pans de vieux murs, fut le repaire de ce Guy de la Fontenelle, dont on retrouve le nom dans chaque ville de cette partie de la Bretagne, attaché à quelque horrible souvenir de pillage et de massacre.

Ce terrible *Brigand de Cornouaille*, c'est le bandit le plus complet de cette effroyable époque de désordres et de guerres civiles si fertile en bandits de toute taille, régnant chacun sur un morceau de province terrorisée et ravageant tout dans un rayon plus ou moins grand autour d'eux, sous prétexte de Ligue ou de Réforme, Rieux de Pierrefonds dans le Valois, La Mark, le sanglier des Ardennes dans l'Est et tant d'autres. La Fontenelle, cadet de bonne famille, s'échappa d'un collège de Paris pour se faire à seize ans chef de bande, commençant petitement par rançonner les villages, puis s'attaquant aux manoirs, brûlant les bourgs et pillant les villes surprises. Beau cavalier, ami des belles, il alliait la paillardise à la férocité et ramenait, comme butin de ses courses, les femmes des châteaux incendiés.

Il est resté, cet ogre, le héros de maintes ballades populaires. Dans l'une d'elles, transcrite par M. de la Villemarqué dans le Barzas-Breiz, le poète appelant la Fontenelle *le plus beau fils qui porta jamais habits d'homme*, rapporte l'enlèvement au château de Mézarnou, dans le pays de Léon, de la petite Marie de Coatdelan, riche héritière que la Fontenelle vola quand elle avait huit ans et qu'il plaça dans un couvent de Saint-Malo, en attendant qu'elle eut l'âge d'être épousée. Ce qui semble plus extraordinaire, c'est que plus tard le bandit fut aimé de l'héritière de Coatdelan devenue sa femme, et que, s'il faut en croire la tradition, celle-ci fit tout pour le sauver quand le châtiment tomba sur lui.

La Fontenelle, ayant grossi ses bandes de tous les brigands de la Bretagne, se fortifia successivement en divers endroits, au château de Coatfrec près Lannion, fond de la pierre, au-dessus d'une légère décoration ajourée appliquée sous la grande ogive du porche. Le sommet pyramidal des contreforts est décoré de la même façon de trèfles et de quatre-feuilles.

Pendant que je dessine cette entrée d'église vraiment remarquable, des sons aigus de biniou se font entendre et j'ai la bonne fortune de voir arriver une noce. Deux joueurs de biniou marchent en avant et se rangent devant le porche pendant que le cortège défile. Enfin, voilà donc quelques-uns de ces vieux costumes tirés pour l'occasion du fond des armoires ; il y a là plusieurs paysans très complets et de jolis atours de femmes. Les joueurs de biniou, par exemple, ont abandonné le bragou-brass pour le pantalon. Honte à eux !

Cette église, où j'entre à la suite de la noce, fut le théâtre d'une des plus effroyables atrocités du chef de bandes de l'île de Tristan. En 1597, la Fontenelle fondit sur la petite ville de Pontcroix ; la place forcée, son gouverneur, la Ville-Rouault, et les principaux habitants se barricadèrent dans l'église où s'étaient réfugiées les femmes et où déjà, comme à Quimper, les gens de la ville et des environs avaient porté leurs meubles précieux et leurs coffres. Les brigands eurent bientôt forcé les portes de l'église, mais comme les gens de Pontcroix continuaient à les arquebuser du haut de la tour, la Fontenelle essaya de les enfumer avec des broussailles et des branchages verts allumés dans le bas ; puis ayant rendu la position à peu près intenable, il offrit aux malheureux une capitulation avec la vie sauve.

Les gens de Pontcroix se fièrent, hélas ! à la parole du brigand de Cornouaille et quittèrent leur forte position ; ils étaient à peine tous en bas, que la Fontenelle réservant ceux qu'il pouvait mettre à rançon, fit, avec tous les raffinements d'une cruauté infernale, massacrer ou pendre les autres. M. de la Ville-Rouault avait sa jeune femme dans la tour ; la malheureuse, malgré ses cris et ses supplications, sous les yeux du mari garrotté et déjà la corde au cou, fut soumise par la Fontenelle au plus infâme traitement et poignardée ensuite. Puis la Ville-Rouault ainsi que le curé furent pendus et les bandits gorgés de sang, quittant l'église pleine de cadavres pantelants, réunirent le butin et les prisonniers, pour regagner leur île de Douarnenez.

La route de Pontcroix à Audierne contourne pendant cinq ou six kilomètres le bras de mer qui vient baigner le bas de Pontcroix. C'est encore un petit fiord. La nature est sévère, on se croirait en Norwège, devant ces roches grises, dans cette solitude, traversée par le ruban d'argent du fiord brillant au bas des collines, sous la sombre végétation qui couvre les pentes et descend jusque dans les petites anses emplies par le flot.

Audierne est un petit port à l'extrémité du fiord, la ville se compose surtout d'un vaste quai assez animé quand les bateaux de pêche ne sont pas au large.

La région sauvage et désolée du cap commence bientôt après Audierne; elle aboutit par une gradation dans la désolation et la sauvagerie aux falaises déchiquetées, hérissées de dents aiguës, percées de grottes et creusées en gouffres où la vague gronde sourdement dans ses jours sans colère, mais qu'elle remplit de ses rugissements, quand l'Océan soulevé attaque furieusement la pointe et fracasse sur ses rochers les pauvres barques surprises dans le Raz-de-Sein.

Voici de sinistres écroulements de rochers, voici l'enfer de Plogoff aux blocs de granit mordus par les vagues, et la ligne jaune de la baie des Trépassés ouverte devant les mille récifs du large, devant la druidique île de Sein, la légendaire baie des naufragés, avec son large lit de sable qui semble s'étaler et s'arrondir pour recevoir les malheureuses épaves des tempêtes.

C'est là, sous les eaux du fond de la baie que gisent les tours du roi Grallon, le palais de sa fille Dahut, les maisons de la mystérieuse ville d'Is, célébrée par les légendes. On connaît l'histoire de la belle Dahut que l'on représente comme une Marguerite de Bourgogne celtique et qui avait en ce lieu sa Tour de Nesle battue par la mer.

La ville d'Is, que les légendes font à l'envi grande, riche et merveilleuse, était défendue contre la mer par des digues coupées d'écluses. Dahut enleva la clef de ces écluses au roi Grallon son père, et ouvrit, par une nuit de folie, les portes toutes grandes à l'Océan. Ce ne fut pas seulement la marée qui entra, mais l'inondation, le flot de la submersion lancé par la colère de Dieu. Aussitôt s'écroulent tours et remparts assaillis par les vagues, tandis que les habitants poussant des hurlements d'épouvante, s'efforcent de gagner les rochers. Le roi Grallon fuit à cheval avec Dahut terrifiée en croupe, mais la mer court derrière eux et plus vite qu'eux! Une voix, alors, retentit dans la tempête criant à Grallon de jeter à la mer le démon qu'il porte en croupe, s'il veut sauver son peuple et se sauver lui-même. Et Dahut la maudite est poussée au flot qui rugit et l'emporte laissant la vie au malheureux Grallon et à ses gens.....

Au sud, à l'autre extrémité de la longue baie d'Audierne, il y a l'autre pointe au renom sinistre, la pointe de Penmarch, moins aiguë que la pointe du Raz, mais non moins sombre et désolée, étalant les débris d'une ville sur son cap extrême, non pas d'une ville légendaire engloutie sous les flots, mais d'une ville du moyen âge en ruines émiettée au souffle des tempêtes.

Penmarch, triste et plate péninsule, longue pointe rocailleuse où le vent de la mer tourbillonne à l'aise par les champs et les landes, soulevant la poussière de sentiers qui furent des rues, de chemins qui ne conduisent nulle part ou qui aboutissent à des ruines d'églises jadis détruites par les hommes et mangées peu à peu par les tourmentes, Penmarch, vaste éparpillement de pauvres maisons ou de fermes d'allure équivoque, maisons de défiance percées de meurtrières et pourvues de petits beffrois d'où l'on pouvait voir venir de loin l'ami ou l'ennemi. Penmarch fut naguère une ville importante et commerçante, lançant des navires sur la mer pour les négoces lointains, armant des corsaires à l'occasion pour la guerre maritime avec l'Anglais. Penmarch, me dit un naïf conducteur de carriole, les anciens racontent que c'était la plus grande ville de France!

C'est un peu beaucoup dire. Ce fut en tout cas une des fortes cités de Bretagne, une bonne ville du moyen âge tuée d'un seul coup vers la fin du XVIᵉ siècle, par les guerres de la Ligue si épouvantablement calamiteuses en ce pauvre pays d'Armorique. Elle est certainement considérable en étendue, en vastes espaces vides jadis quartiers de cité, reconquis aujourd'hui par les ajoncs ou le blé noir, semés de maigres îlots de pauvres maisons noires, de chaumes posés sur de robustes carrés de murailles.

UNE FERME DE PENMARCH

Ces morceaux de villages éparpillés dans les champs bordés de murs de terre, parmi des bouquets de broussailles et de ronces noires de mûres, avec des ruines au loin debout dans le morne paysage, c'est tout ce qui reste de la grande ville de Penmarch, pauvre cadavre qui témoigne encore aujourd'hui de la férocité de son assassin, Guy de la Fontenelle, le brigand de l'île Tristan.

Il en est beaucoup, ici et partout, de villes qui moururent plusieurs fois de mort violente, par le fer et le feu, tragiquement, comme Penmarch, mais qui ressuscitèrent chaque fois avec obstination. Pour Penmarch le désastre fut définitif; la ville, jetée bas sur les cadavres de ses habitants, était bien morte aussi.

On ne se douterait guère, quand on va de ferme en hameau par les chemins entre-croisés, parmi les pauvres paysans peinant sur la glèbe retournée, quand on passe avec un cortège de marmaille courant pieds nus, psalmodiant en celte une demande de sous, quand on traverse cette misère, on ne se douterait guère qu'il y eut jadis dans ces déserts une agglomération de citadins suffisante pour fournir une garde bourgeoise de deux mille piquiers ou arquebusiers, une population de riches armateurs et de matelots, et parmi ces roches des havres pour les centaines de navires ou de grosses barques pêchant la morue — dans les eaux de Bretagne alors — ou portant des marchandises le long des côtes jusqu'en Espagne.

Vinrent les sanglantes années de la Ligue, les guerres civiles qui bouleversèrent la Bretagne et l'incendièrent aux quatre coins. La prospère cité de Penmarch

CONCARNEAU

Lith. BELFOND & Cie, 10, rue Gaillon, PARIS

N° 28

troublée dans ses affaires de négoce et de pêche, ne voulut point prendre parti, espérant rester hors des bagarres épineuses; mais la Fontenelle s'étant établi avec ses bandes dans l'île Tristan, en face de Douarnenez, les gens de Penmarch s'armèrent. A défaut d'une enceinte régulière que la trop grande étendue de leur cité n'avait pas permis d'élever, ils abandonnèrent les parties de la ville trop écartées

PORTE DU CIMETIÈRE DE PENMARCH.

et se groupèrent autour de l'église Sainte-Nonna à Tréoultré, déjà fortifiée elle-même, et dans Kérity qu'ils couvrirent par des remparts improvisés sur lesquels ils firent bonne garde d'abord.

Tassés sur un seul point, ayant ramassé leurs épargnes, leurs meubles et leurs provisions, campant autour de l'église et dans l'église même, où ils avaient dû aligner leurs lits dans les bas côtés et les chapelles, les pauvres gens passèrent tristement quelques mois. C'était d'ailleurs la vie générale à trente lieues autour de Quimper, dans cette partie de la Bretagne ravagée par les gens de guerre et terrifiée par leurs massacres et atrocités. Les campagnes abandonnées, les bourgs pillés et incendiés, les habitants avaient cherché refuge dans les villes fortes où la peste et la faim les décimaient.

Un jour, les gens de Penmarch virent arriver la Fontenelle qui les leurra par des protestations et obtint d'être reçu en ami dans la place où il put tout examiner à l'aise, et se convaincre qu'il y avait là une riche proie pour lui.

Bien peu de jours s'écoulèrent entre cette visite de bon voisinage et une seconde que vint faire la Fontenelle à ses amis de Penmarch. Cette fois le ligueur-brigand était accompagné de ses bandes et les gens de Penmarch virent bien qu'il s'agissait de se défendre. Ils prirent les armes, mais pendant quelques pourparlers que la Fontenelle eut l'adresse d'entamer devant l'église fortifiée, les routiers se lançant brusquement à l'escalade, enlevèrent rapidement les retranchements et pénétrèrent jusque dans Sainte-Nonna pêle-mêle avec les assiégés.

L'horrible massacre de tant de gens, puis des femmes et des enfants, dans l'église rouge de sang et de flammes, mit une telle épouvante dans l'âme des Penmarchois enfermés à l'autre bout de la ville dans Kérity, qu'ils se rendirent sans combat. Après le massacre, le pillage et l'incendie; lorsque la Fontenelle regagna son repaire sur les barques de Penmarch chargées de butin, la ville n'était plus. Et dans ses décombres, à partir de ce moment, parmi les ruines des riches quartiers d'autrefois, des églises et des chapelles éventrées, les malheureux survivants végétèrent misérablement sans que la ville pût jamais se relever.

C'est par Pont-l'Abbé qu'on arrive à Penmarch. Pont-l'Abbé est une toute petite ville par malheur banalisée; elle a des boutiques à devantures et des prétentions citadines, ce qui la gâte quelque peu. Toute cette pointe qui finit à Penmarch est imprégnée d'une réelle mélancolie naturelle qui tombe du ciel et monte de la mer, qui sort des vieux murs et plane sur les horizons brumeux, les recherches de coquetterie ne lui vont guère. Au lieu de garder son vieux caractère breton, qui ne jurait pas avec le cadre, Pont-l'Abbé se dénature, cherche à se donner des airs de sous-préfecture et devient quelque chose d'insignifiant et de platement morne.

Mais le comble, vraiment, c'est la gendarmerie, une bâtisse moderniste d'un effroyable mauvais goût. On ne peut pas ne pas la voir, cette gendarmerie, elle tire l'œil par ses coquetteries d'entrepreneur de maçonnerie en délire. Sur le fond de moellons, ce maçon a plaqué des ronds, des losanges, des ovales en cailloux roses et il a complété cette belle façade par des persiennes jaunes à lames d'un bleu gendarme grinçant. Il y aurait de quoi gâter toute une ville. N'oublions pas aussi parmi ces beautés modernes le très laid drapeau tricolore en zinc découpé, le drapeau à plis ondulés qu'on voit à toutes les gendarmeries et mairies de la région.

Le vieux château des barons de Pont-l'Abbé, haute construction féodale, a été aussi arrangé et banalisé, il en subsiste, au-dessus du pont, une grosse tour et des bâtiments transformés. L'église de Pont-l'Abbé est mieux, du moins dans certaines parties. C'est une nef avec un seul bas côté éclairé par de belles fenêtres; dans le pignon du chevet, sous une espèce de dôme bulbeux, se découpe le réseau d'arcatures d'une admirable et immense rosace. Entre l'église et la maison d'école existe encore le cloître des Carmes du XV° siècle aux superbes arcatures, qui a, lui aussi, couru quelques dangers récemment.

La dernière curiosité de Pont-l'Abbé c'est le costume. Celui des hommes a disparu; peut-être, en certaines occasions, le revoit-on sur les épaules de quelques paysans des environs moins modernisés, mais les femmes, comme presque partout en Bretagne, ont conservé leur parure originale, leur corsage en plastron montant de couleur, les manches coupées au milieu du bras de plusieurs lignes de broderies coloriées et le bigourdenn, leur coiffure célèbre, un petit bonnet serre-tête rouge bordé de velours noir, couvert de fleurs et de rinceaux d'or, sur lequel bonnet les cheveux relevés franchement, comme pour toutes les coiffures bretonnes, viennent se rattacher sous une petite pointe de tulle blanc. Coiffure vraiment coquette avec la petite bride sous le menton et le nœud au milieu de la joue.

La route de Penmarch est monotone, elle traverse quelques villages ou hameaux sans grand intérêt, des plaines peu ondulées où se distinguent à peine les murailles grises de quelques fermes coiffées de chaumes noirs et quelquefois un vieux menhir jaune et déjeté, couvert de plaques de mousse, se dressant au-dessus d'un champ de blé noir, comme une énorme bête antédiluvienne penchée curieusement vers le voyageur qui trouble le grand silence.

Ce pays plat rappelle les environs du bourg de Batz, dans la Loire-Inférieure, par la nature de son sol, la mélancolie des aspects, l'éparpillement des îlots de maisons; mais il y manque la ligne de collines de Guérande. Poursuivez peu à peu vers la côte et le caractère du pays s'accentue. La verdure grise disparaît; il n'y a bientôt plus de terre; c'est la roche dénudée qui se montre, non pas la roche dressée en blocs et en aiguilles comme à la pointe du Raz, à Crozon, aux cornes diverses que le Finistère pointe contre la mer, mais la roche plate et que balaye la vague.

Un radeau sur l'Océan, voilà ce qu'est Penmarch, un immense radeau battu par les lames avec le grand phare de l'extrême pointe dressé comme un mât de fortune, qu'on s'étonne presque de ne pas voir se balancer au roulis du flot. Ici, sur ces roches fendillées émergeant à peine dans les découpures de l'anse de la Torche, où la mer écume et bouillonne parmi les déchiquetures de récifs traîtres à peine visibles et d'écueils cachés, c'est le grand combat de l'Océan féroce contre la côte, de l'ouragan contre la pierre, contre l'abri dressé par l'enfant de la côte, contre l'arbre tordu, et le grand combat de l'homme contre tout, ouragan, bise, roc, vague et océan féroce !

Un radeau avec ses dangers habituels, car la vague traîtresse qui le bat avec fureur ne pouvant le soulever, semble se recueillir parfois, et au cours d'une hypocrite accalmie s'élance soudain avec plus de férocité pour surprendre sur les rocs et emporter quelque proie, quelque inattentif promeneur errant le long des grèves.....

A l'extrême pointe, sur les rochers qui portent le phare, des matelots sont assis presque dans l'écume de la mer montante qui couvre de ses lames rapides les milliers de pointes visqueuses couvertes de varechs et d'algues noirâtres s'agitant et flottant comme des chevelures de noyés, écueils et récifs en avant desquels surgit le rocher de la Torche de sinistre réputation.

A droite, la côte s'infléchit ; à perte de vue c'est la grève grise, et triste, et déserte où quelques groupes de chaumières perdus dans le désert mélancolique indiquent seuls la présence de l'homme.

UNE FLÈCHE DE PENMARCH

De l'ancien Penmarch disparu, voici des morceaux éparpillés, ces tours carrées, ces chapelles perdues au loin tombant plus ou moins en ruines, tout à fait isolées, ou accompagnées de deux ou trois maisons. Le hameau de Kérity près du phare, avec son église en ruines est le plus important de ces fragments, après le village groupé autour de l'église Sainte-Nonna. Ces ruines d'églises debout dans la solitude, ces nefs sans toit, ouvertes aux brutalités de la bourrasque, ce sont Notre-Dame de la Joie, Saint-Fiacre et Saint-Guénolé, jadis chapelle importante.

Disséminés sur le large espace compris entre tous ces vestiges d'un passé prospère, se montrent de vieux pignons de pierre grise, débris de petits manoirs ou de maisons fortes, de gros murs dans lesquels s'ouvrent la porte des piétons et la porte charretière en ogive fleuronnée, — façades percées de fenêtres-meurtrières et flanquées d'une tourelle, ou toits de chaume au milieu desquels se dresse un beffroi élevé.

Tourelle ou beffroi sont des tours de guette. Au sommet du cône, le toit se relève et s'entr'ouvre pour le poste de la vigie, souvenir des temps où dans le riche Penmarch exposé aux débarquements de pillards anglais ou espagnols, à défaut d'enceinte générale, chaque groupe de maisons devait pourvoir à sa défense particulière.

La superbe église Sainte-Nonna, la paroisse actuelle, a pris elle aussi une apparence guerrière. La grosse tour de la façade a l'air d'un massif donjon carré. Vue par le chevet, l'église est tout à fait pittoresque s'élevant par-dessus la verdure et les arbres de son cimetière, avec ses toits de chapelles irrégulières, avec le grand pignon à crochets percé de belles fenêtres flamboyantes et le campanile carré à petite flèche de pierre flanqué de deux petits clochetons, qui enfourche le grand toit.

Au pied du pignon sur la grande verrière s'appuie un petit ossuaire à claire-voie gothique. On entre dans le cimetière par une belle porte en anse de panier accompagnée d'un petit édifice qui fut sans doute un ossuaire, percé, à hauteur d'homme, de belles ouvertures en façon de balustrades.

Le bas de la tour de Sainte-Nonna est décoré de curieux bas-reliefs représentant des navires du XVᵉ siècle, souvenir des armateurs du vieux Penmarch d'autrefois, du port orgueilleux rival de Nantes et de Saint-Malo, de la lamentable ville presque aussi complètement défunte que la légendaire ville d'Is engloutie sous les flots.

CLOCHER DE ROSPORDEN

BORDS DE L'ELLÉ A QUIMPERLÉ

XXII

QUIMPERLÉ. — CONCARNEAU

L'ÉTANG DE ROSPORDEN. — LE FAUBOURG DES SARDINERIES
CONCARNEAU INSULAIRE. — LA VILLE CLOSE ET LES TRENTE CAVALIERS
HUGUENOTS. — ENTRE L'ISOLE ET L'ELLÉ. — LE VIEUX PONT DE QUIMPERLÉ
SAINTE-CROIX ET SAINT-MICHEL

Le pays entre Quimper et Quimperlé est une des plus charmantes régions de la Bretagne, un pays accidenté et verdoyant, tantôt en landes fleuries de genêts, tantôt en vastes étendues couvertes de ces chênes de Bretagne qui furent amputés de la tête dans leur jeunesse et qui ont poussé courts et trapus, en troncs noueux hérissés de branches latérales.

Le pays de Bannalec est ainsi, avec ses fermes et ses hameaux perdus dans la verdure des chesnaies. De capricieuses petites rivières s'en vont à la côte en décrivant mille circuits. L'Aven aux rives pittoresques, une des plus jolies, sort de l'étang de Rosporden et se dirige vers la ville des meuniers Pont-Aven, joli bourg aimé des peintres où, campés sur les roches au pied des belles collines boisées, les moulins tournent sous les grands arbres trempant dans l'eau.

Rosporden est un fort village en jolie situation qui se mire dans la belle nappe blanche de son petit lac. Devant la chaussée que traverse le chemin de fer, l'église, parmi les arbres du cimetière, s'élève sur une pointe de terre avançant dans l'étang. Cette église ainsi dressée sur l'eau étincelante a un beau clocher à flèche de pierre, modeste assurément, mais dont le couronnement avec ses petits clochetons amalgamés aux lucarnes se silhouette bien dans le frais paysage.

De Rosporden, une petite ligne ferrée conduit maintenant à Concarneau, la si curieuse ville de pêche située sur la verdoyante et riante baie de la Forest, diminutif de la baie de Douarnenez, ouverte comme une conque marine entre Concarneau et Fouesnant.

Concarneau a une physionomie bien particulière, Concarneau est double, il y a la ville nouvelle de terre ferme, la ville sardinière du faubourg Sainte-Croix, beaucoup plus considérable que l'autre partie, et la Ville Close, le bloc aux murs de granit, le vieux Concarneau insulaire, bâti dans une île plate, enfermé dans une étroite ceinture de remparts que la mer entoure complètement.

Sainte-Croix, le faubourg moderne bâti sur une pointe au tournant de la baie de la Forest, n'a pas le moindre intérêt artistique; c'est la ville vivante et très remuante quand les bateaux sont à quai et tous les marins à terre, la ville du commerce et des sardineries. Le port s'ouvre entre Sainte-Croix et la Ville Close, le long du quai s'alignent des centaines de bateaux sur plusieurs rangs, serrés et embrouillés, tout grouillants de matelots occupés à préparer, arranger ou raccommoder les filets et engins de pêche. Ces bateaux sont tous pareils, avec deux mâts portant ici, en guise de voiles, leurs grands filets à mailles minces suspendus pour sécher.

Sur le quai, c'est le même mouvement, une animation plus bruyante, des allées et venues de marins, des groupes de femmes de pêcheurs et des ribambelles de moussaillons de toute taille, errant ou courant çà et là, sautant du quai dans les bateaux et des bateaux sur le quai, tous matelots, depuis celui qui finit à peine de téter, jusqu'au grand qui fume la pipe d'un air grave et important.

Les femmes de pêcheurs, jeunes ou vieilles, en corsages coquets à entournures de velours, ou bien en jupes passées et rapiécées, ont toutes les belles coiffes à grandes ailes et de grandes collerettes plissées très blanches, la coquetterie des Bretonnes du Finistère. Les matelots n'ont pas autant de tournure, ils n'ont rien gardé de local dans l'aspect; l'air loup de mer des marins de la côte normande leur manque même souvent; leurs barques d'ailleurs ne sont pas les grandes carcasses noires de goudron des pêcheurs normands, étendant sur les vagues de vastes ailes rousses, elles sont petites et minces et filent coquettement avec de petites ailes blanches.

Etrange végétation du côté de la plage encaissée derrière les sardineries, on dirait des algues couleur de rouille, des ronces ou des chardons bizarres étendant de longues pointes! Vue de près, cette végétation couvrant de broussailles épineuses les petits murs de terre qui bordent les jardins, on s'aperçoit qu'elle est tout simplement formée de découpures de boîtes à sardines, de longs enroulements

LA PORTE ET LE PONT A CONCARNEAU

de lianes de fer-blanc rouillé. Un lit de terre, un lit de découpures de boîtes, un lit de terre et encore des broussailles de fer-blanc, voici la bordure de la plage et sa végétation.

Sur les rochers de la pointe, en tournant sur la baie, près d'une vieille chapelle isolée, se trouve l'établissement de pisciculture fondé par M. Coste, le vivier-aquarium où s'ébattent dans les bassins en communication avec la mer, poissons, homards et langoustes.

La Ville Close, entourée de bateaux, surgit assez mélancoliquement de l'eau dans son rigide corset de murailles grises. C'est un îlot irrégulier à fleur des vagues, rattaché à la terre sur la face ouest, par un long pont coudé, fortifié au milieu par une petite barbacane crénelée, après laquelle la porte s'ouvre, braquant à son sommet une large embrasure dans un gros rempart, au pied d'une forte tour.

C'est sur sa face nord que la Ville Close se présente avec le plus de caractère et le plus d'originalité, montrant après une forte échauguette carrée sur l'angle au-dessus du pont, tout le développement de ses murailles flanquées de grosses tours rondes.

Lith. BELFOND & Co, 16, ... PARIS

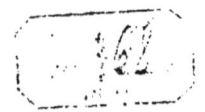

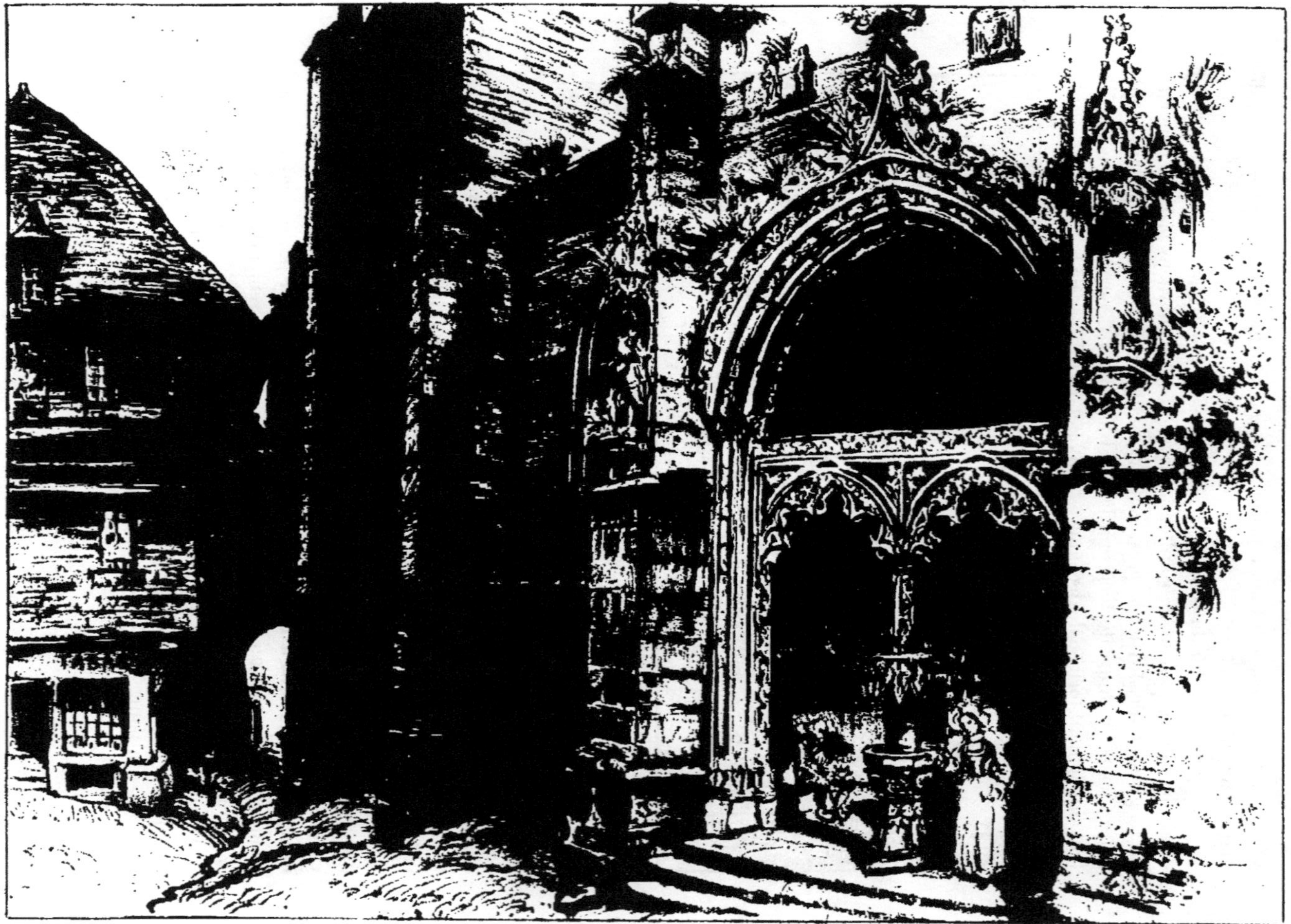

La ville elle-même ne se voit pas, c'est à peine si quelques toits et quelques cheminées dépassent par endroits le sommet du rempart, sous le clocher de l'église; c'est tout, rien ensuite que de l'eau, montant ou descendant suivant la marée, clapotant sourdement au pied du sombre paquet de remparts de la silen-

CONCARNEAU, PORTE DE LAURIEC

cieuse et presque morne vieille forteresse, rattachée seulement à la vie par le pont là-bas.

La Ville Close à l'intérieur ne se compose pour ainsi dire que d'une seule rue, la rue Vauban, aboutissant à la place Saint-Guénolé et à l'église, moderne et franchement laide, derrière laquelle une butte où s'arrondissent quelques verdures d'arbres domine l'entrée du port.

Outre sa porte principale devant le faubourg de Sainte-Croix et une poterne, la Ville Close a encore une autre porte à l'extrémité de la rue Vauban, la porte de Lauriec pittoresquement ouverte sur un étroit bras de mer et faisant comme une petite crique rocheuse au pied des murailles, avec des bateaux attachés aux rochers, des filets qui sèchent, des gens qui débarquent et tout le petit mouvement d'un passage fréquenté, regagnant derrière les maisons de l'autre côté la route de Pont-Aven.

Concarneau par sa position insulaire fut une des plus fortes places de Bretagne et défia souvent les efforts de ceux qui l'assaillirent. Cependant Du Guesclin bien qu'il ne pût facilement la prendre corps à corps, l'enleva d'assaut aux Anglais qui la gardaient.

La plus mémorable aventure de ce petit Saint-Malo de Cornouaille fut le coup de main de 1576, si hardiment tenté par trente cavaliers calvinistes. C'est un des épisodes les plus curieux de ces guerres de surprises, de coups de fortune soudains et de bouleversements rapides. Dans l'enchevêtrement des partis en Bretagne, ligueurs ou royalistes se disputant et s'arrachant successivement chaque ville et chaque lambeau de pays, comme jadis les partisans de Blois et ceux de Montfort, quelques gentilshommes calvinistes complotèrent de s'emparer de Concarneau et de se faire de ces bonnes murailles et de cette porte sur la mer, une petite Rochelle communiquant facilement avec la grande cité huguenote.

Un matin de janvier 1576, comme les gens de Concarneau se reposaient en toute tranquillité, trente cavaliers conduits par Lorriac de Kermassonnet, arrivèrent sans être signalés devant Concarneau. La troupe s'étant embusquée sur le rivage, un des cavaliers marcha tranquillement vers la porte, descendit de cheval, et demanda, une lettre à la main, à parler au capitaine de la ville. Tout en causant avec le portier, il laissa tomber sa lettre. Comme il s'y attendait, le portier se baissa machinalement pour la ramasser. Tout aussitôt le huguenot le jeta à terre d'un coup de dague et dans le même instant les autres cavaliers se précipitèrent sur la porte et s'en saisirent.

Ils avaient ville gagnée, Concarneau était à eux, toute la difficulté maintenant était de la conserver jusqu'à l'arrivée des secours attendus de la Rochelle. Kermassonnet et ses compagnons ne perdirent pas une minute, ils désarmèrent les gens de la ville, enfermèrent les uns, chassèrent les autres et se partagèrent la garde des remparts.

Cependant, sur le bruit de la surprise, les ligueurs des environs étaient bien vite accourus pour reprendre la ville si témérairement enlevée. L'attaque s'organisa et les trente calvinistes assiégés furent bientôt sur les dents. Pas de repos possible en cette situation, les trente braves ainsi aventurés avaient besoin de toute leur énergie, de tout leur courage et d'une vigilance de tous les instants pour se maintenir dans leur conquête, pourvoir à la garde des prisonniers et défendre tours et remparts. Pendant cinq jours ils réussirent derrière leurs bonnes murailles à braver les efforts des ligueurs, mais il fallait encore du temps avant que l'on put voir les navires des Rochellois cinglant dans la baie.

Une nuit, accablés par la fatigue, le chef calviniste Kermassonnet et un autre gentilhomme prenaient quelque repos dans la maison d'un nommé Le Bris; Kermassonnet dormait avec les clefs de la grande porte passées au poignet et ses armes près de lui. Le Bris qui guettait l'occasion, se glissant dans la chambre, se saisit des poignards des dormeurs et les leur planta d'un seul coup dans la poitrine ; laissant les deux huguenots mourants, il arracha les clefs et se dissimulant dans l'ombre, marcha vers la porte de la ville. Un calviniste de garde au rempart aperçut cette ombre suspecte ; il descendit bien vite et lui courut sus, mais Le Bris eut le temps d'ouvrir la porte que les ligueurs accourus au bruit occupèrent aussitôt. Concarneau était repris.

Après ces côtes d'aspect sauvage, les découpures farouches de la pointe du Raz et les grèves sinistres de Penmarch, à l'extrémité de ce département du Finistère aux aspects si extraordinairement variés, où l'on va de la désolation des falaises de granit assiégées par les vagues tourbillonnantes, à la poésie des petites criques de sable dormant dans le bleu sous les ombrages suspendus au rocher, après la mélancolie des vieilles murailles de Concarneau autour desquelles tourne la brise âpre de la mer, on trouve Quimperlé, l'un des sites les plus délicieux de la Bretagne, le plus délicieux peut-être ; toutes les grâces, tous les sourires de la nature dans un doux et charmant pays de collines aux belles ondulations toutes chargées de verdure, bois, jardins et vergers, de coteaux courant en lignes sinueuses encadrant de frais vallons, au-dessus de deux jolies rivières qui se réunissent dans la ville même, sous les terrasses fleuries et échevelées des maisons de la vieille rue du Château.

Comme on l'a dit, l'agreste pays de Quimperlé c'est l'Arcadie de la Basse-Bretagne. Les deux rivières qui le traversent, l'Isole et l'Ellé, portent des noms aux douces résonances, aussi douces que le nom de la Voulzie de Provins chantée par Héségippe Moreau. Kemper en breton voulant dire confluent, Quimperlé, c'est le confluent de l'Ellé.

La ville produit le plus charmant effet étagée dans son écrin de grands arbres sur les pentes de deux collines, au-dessus des deux rivières, avec ses lignes de vieux toits sertis de feuillages, avec sa haute tour de Saint-Michel se détachant sur le ciel au-dessus de la ville haute, avec les eaux qui filent sous les verdures folles et portent là-bas du côté de la mer la voile blanche de quelque modeste petite barque.

Le point central de Quimperlé, c'est, au fond de la vallée, la basilique de Sainte-Croix, autrefois église de l'ancienne abbaye de Bénédictins qui, succédant à un monastère primitif, donna naissance à la ville. Sur le côté, devant les hauts bâtiments de l'abbaye s'ouvre une grande place plantée d'arbres presque à la jonction des deux rivières.

Ces bâtiments des Bénédictins, reconstruits il y a quelque cent cinquante ans, encadrés de hauts pavillons dont l'un a son fronton rempli par un immense cadran solaire, sont occupés maintenant par la sous-préfecture et la mairie, dont les bureaux donnent sur une cour en arcades qui fut l'ancien cloître. Quelques-unes des maisons du fond de la place furent des dépendances de l'abbaye, leurs jardins vont par derrière border l'Ellé de leurs terrasses.

Quimperlé fut une ville de couvents, placés aux bons endroits dans la vallée

BORDS DE L'ISOLE A QUIMPERLÉ.

ombreuse ou planant sur la colline dans le calme et la fraîcheur d'un doux et riant paysage. La paix du cloître, les pieuses rêveries dans les jardins à l'ombre des chapelles élevées, il serait difficile de trouver pour cela plus doux cadre et site plus favorable. Il y en a encore quelques-uns de ces couvents : au Bourgneuf, les anciens Jacobins tout au fond de la grande place, où maintenant la communauté des dames de la Retraite garde au-dessus de la grande porte quelques débris de sculptures provenant de l'ancien couvent; et le couvent des Ursulines construction considérable que l'on voit de partout, dominant le moutonnement des verdures, au sommet de la ville haute près de l'église Saint-Michel, et dans la rue escarpée qui monte à Saint-Michel, l'hôpital, avec sa chapelle ouvrant par une petite porte ogivale, portant une inscription gothique à demi effacée, de réédification au XVe siècle.

L'ancienne église Sainte-Croix reconstruite de nos jours après la chute de son clocher, mais reconstruite sur son plan primitif, est extrêmement curieuse.

L'extérieur n'a rien de séduisant, c'est une rotonde couverte d'une coupole

QUIMPERLÉ, LA TOUR DE SAINT-MICHEL

basse en entonnoir, mais l'intérieur de cette église circulaire, imitation de l'église du Saint-Sépulcre à Jérusalem, est d'un aspect saisissant par sa singularité et dégage une profonde impression religieuse.

Le centre de la rotonde sous la coupole supportée par d'énormes colonnes est surélevé, il est à deux étages, un étage supérieur baigné par la lumière et un dessous mystérieux comme une crypte où se montrent aussi des ombres de fidèles agenouillés.

La porte de l'église s'encadre à l'intérieur dans un vraiment magnifique retable de la Renaissance très superbement sculpté, subdivisé en quatre compartiments contenant chacun, sous de doubles dais sur pendentifs très fouillés, une statue d'Evangéliste, avec l'ange, le lion, le bœuf et l'aigle symboliques, avec une frise formée de têtes d'apôtres courant sur l'ensemble.

Au pied de Sainte-Croix commence la rue du Château, occupant l'étroit espace entre les deux rivières; c'est une rue de vieilles maisons, d'antiques hôtels aux grandes façades grises ayant, le côté nord de la rue, des jardins sur l'Isole et le côté sud des jardins baignés par l'Ellé. Elles ont souvent grand aspect, ces vieilles demeures nobles ou bourgeoises, sur la rue tranquille, sans autres vivants, par une belle matinée de soleil, que des groupes de vieillards et de pauvres attendant des aumônes à quelque antique grande porte; dans le grand silence, on ne perçoit que le bruissement des arbres, le chant des oiseaux et le doux murmure des rivières.

A l'entrée de la rue, l'église Saint-Colomban gît en débris écroulés sur un terrain vague, parmi les hangars. Sur la rue même, au-dessus de petites maisons nichées entre les contreforts, s'élèvent les murs du portail, une porte romane basse et profonde surmontée d'un grande fenêtre ogivale dégarnie de ses meneaux, entre deux niches transformées en jardinières pleines d'herbe fleuries.

Les bords des deux rivières, l'Isole que l'on voit surtout des portes, et l'Ellé dont on peut longer quelque temps les rives, sont charmants et déroulent des files de jardins débordant en panaches de fleurs par-dessus les terrasses et vieux murs; plusieurs ponts les traversent : un pont tout neuf au centre de la ville, près du confluent où trois immenses roues de moulins tournent accrochées aux arrière-façades de grandes maisons, des petits ponts, et le vieux pont sur l'Ellé qui est tout à fait joli et s'arrange merveilleusement dans le plus ravissant décor qui se puisse imaginer.

Qu'il est superbe ce vieux pont enjambant sur trois arches la rivière ici élargie, trois arches complètement envahies par la mousse et les broussailles, les paquets d'herbes et les touffes de fleurs jaunes couvrant les piles et les parapets, retombant en lianes sous les voûtes, un pont verdoyant et fleuri qui se rattache à des terrasses non moins couvertes de végétation, ayant, comme des trous dans la verdure, des portes, des bouts de ruelles, de petits escaliers descendant à la rivière sous les grands arbres projetant leurs branches par-dessus l'eau courante.

Et pour fond tout un ensemble désordonné de bâtiments dans lesquels on aperçoit des ouvertures de fenêtres gothiques, de grands toits à vieilles lucarnes, l'entrée d'une petite rue aux très vieilles façades en pans de bois, et la rotonde de Sainte-Croix par là-dessus dans le feuillage. Elle n'est pas profonde, la rivière étincelant sous les coups de soleil et tournant sous les terrasses, dans le vert joyeux des

QUIMPERLÉ. RUINES DE SAINT-COLOMBAN

bouquets d'arbres s'arrondissant partout ; il y a des lavandières jusqu'au milieu, installées sur des presqu'îles ou des caps de cailloux et de grosses pierres, des lavandières en corsages bleus aux larges entournures de velours noir.

Ces groupes de laveuses jasant, battant et caquetant, on les trouve à chaque petit couloir descendant de la rue du Château, à chaque escalier de terrasse sous les grands arbres. Tout en remontant l'Ellé sur la rive droite, par un simple sentier ombragé interrompu souvent par de grands murs plongeant dans la rivière qui vous forcent à des détours, on arrive à mille ou quinze cents mètres du pont.

en s'enfonçant de plus en plus dans le vert, à un solitaire et charmant petit étang où la rivière s'attarde parmi les éboulements de rochers jaunes sous les bouquets de roseaux et les plaques de feuilles d'eau, loin de tout autre bruit que la lente musique de la grande roue d'un vieux moulin, qui tourne à demi cachée sous les grands arbres et fait retomber l'eau de l'Ellé en cascade argentée.

De l'autre côté du pont, toujours en restant sur la même rive, c'est autre chose :

CHAPELLE SAINT-DAVID A QUIMPERLÉ

après un bel arrangement de terrasses échevelant leurs verdures folles, et de vieux murs coupés d'escaliers, se rencontre un débris probable des remparts de Quimperlé, détruits depuis le XVIIᵉ siècle, une vieille tour trempant dans la rivière, entièrement vêtue de feuillages. Elle fut en dernier lieu le pigeonnier de l'abbaye dont les grands bâtiments sont là derrière, invisibles dans la verdure des jardins.

Toujours du même côté, le champ où les gens de Quimperlé, après avoir vécu dans ce site gracieux, devant ces beaux horizons de collines mouvementées reflétés par leurs gaies rivières murmurantes, vont goûter l'éternel repos, n'est pas moins

LE VIEUX PONT A QUIMPERLÉ

Lith. BELFOND & Co, 10, rue Cailleu, PARIS

N° 30

joli, ni moins enverduré. Il est situé à peu de distance, sur la colline, autour de la vieille chapelle gothique de Saint-David ; un petit clocher trapu sur un porche, de grands combles moussus avec de hautes fenêtres flamboyantes en lucarnes, un pré verdoyant derrière de vieux murs disparaissant sous les feuillages, voilà ce dernier et tranquille abri entouré de champs de ronces fleuries où chantent les oiseaux dépourvus de soucis.

Les rives de l'Isole de l'autre côté de la rue du Château ne sont pas moins

QUIMPERLÉ, LES HÔTELS DE LA RUE DU CHATEAU SUR L'ELLÉ

gracieuses, mais accaparées par maisons et jardins, elles sont plus difficiles à suivre. Au-dessous de Quimperlé, les deux rivières, réunies sous le nom de la Laïta, s'en vont en longeant les hautes futaies de la forêt de Carnoët, se jeter à la mer dans l'anse du Pouldu.

Au-dessus de cette aimable ville de Quimperlé — où, si l'on avait plusieurs existences à dépenser, on voudrait en passer au moins une à se laisser vivre doucement en un vieux logis à terrasse sur l'Isole, — au-dessus de la ville basse répandue dans le vallon aux deux rivières, avec son port, sa large rue du château, ses ruelles aux vieilles maisons et sa curieuse église Sainte-Croix, il y a la ville haute escaladant la colline, et l'église Saint-Michel plantée tout en haut et dominant les vallées verdoyantes.

La rue escaladant la colline abonde en vieilles maisons curieuses, ainsi que la grande place devant l'église, ce ne sont qu'antiques pignons abritant des rez-de-chaussée bas et sombres, toits pittoresques, bâtiments désordonnés juchés sur un plan montueux.

L'église est fort belle. Elle est du xive siècle et sa tour du xve. Cette grosse tour massive et carrée, assise sur un ensemble irrégulier de toits se termine par une svelte et superbe galerie de fines arcatures trilobées entre deux légères balustrades, galerie ajourée, fine découpure de pierres qui se détache si bien, dorée par les soleils couchants, sur le bleuâtre petit comble bas qui couvre la tour, entre les quatre forts clochetons d'angle dressant leurs quatre petites flèches hérissées de crochets.

L'intérieur est une grande nef sans bas côtés, aux voûtes de bois peintes en bleu et semées d'hermines.

Extérieurement deux gros arcs-boutants soutiennent le chœur, appuyés sur de vieilles maisons en surplomb et percés chacun d'une arcade donnant sur la rue dégringolante.

Le porche sur le côté, ouvrant sur la grande place, est une vraie merveille. C'est une haute ogive aux voussures très ornementées, fermant à la naissance de l'arc par une cloison de pierre subdivisée en deux arcades ogivales, chargées de sculptures très fouillées, à redents trilobés sous l'intrados, arcades reposant sur une colonne centrale très décorée aussi, sortant pour ainsi dire d'un joli bénitier octogonal qui lui sert de base.

L'intérieur du porche assez profond n'est pas moins décoré, les contreforts appuyant la grande ogive sont ornés de niches où malheureusement il n'est resté qu'une seule statue de chevalier du xve siècle.

Ce côté de l'église est d'un pittoresque superbe, les délicates sculptures de ce magnifique porche sont mises en valeur par les tons sombres des murs noirs et moussus à la base, par la masse noirâtre d'une maison ardoisée du haut en bas de ses étages surplombants, appuyée au grand contrefort du chœur dont l'arcade basse, ouverte pour laisser passer la ruelle, encadre un morceau de ciel et les cheminées des maisons descendant sur la pente rapide vers les rives fleuries des deux rivières.

Et l'autre face de la vieille église se dessine aussi pittoresquement, ce sont encore d'autres vieux pignons, une autre rue en pente allant rejoindre sous le chœur la grande descente à la ville basse, un porche plus ancien d'une architecture robuste au pied de la tour, à côté d'une ancienne chapelle transformée en débit.

LE CHATEAU DE PONTIVY

XXIII

LE FAOUET. — PONTIVY

LES CHAPELLES DU FAOUET. — LA CHAPELLE SUR LE PRÉCIPICE
DE SAINTE-BARBE. — SAINT-FIACRE, CLOCHERS A JOUR ET JUBÉ. — GUÉMÉNÉ
KERNASCLEDEN. — LE CHATEAU DE PONTIVY

Route du Faouet, dans le parfum du blé noir en fleurs...

De grands et beaux groupes d'arbres, majestueux châtaigniers s'arrondissant noblement sur les chemins ondulés bordés de petits murs aux vieilles pierres jaunies, verdies et fleuries, alignements sur les pentes de chênes étêtés semblables à des menhirs moussus auxquels il pousserait des branches... Le pommier, dans les prés de la Bretagne, prend des airs sévères, ce n'est pas le luron de Normandie cocassement tordu, avec ses grosses pommes réjouies semblables à des joues d'enfant dans son feuillage ; plus haut et plus droit, le pommier breton s'efforce de ressembler à un chêne.

On croise quelques vieux paysans qui ont conservé le costume complet, la petite veste à broderies dans le dos, les culottes étroites du Morbihan, les guêtres noires ; c'est le costume des jours de travail, en toile bise. Partout des enfants, des nichées de petits Bretons sur le pas des portes des villages ou des fermes, dans les herbes, au bord des fontaines, sous les châtaigniers, dans les creux de verdure...

Le Faouet est un gros bourg agréablement situé dans un joli pays accidenté

LA HALLE DU FAOUET

et boisé, parcouru, en coulées ravinées au pied de ses collines, par divers affluents de l'Ellé ; sur la grande place du bourg se trouve un bel échantillon de ces halles de charpente qui disparaissent une à une ; celles du Faouet, très vastes, reposant extérieurement sur des piliers de pierre, ont un pignon d'entrée sur chaque côté et un petit campanile au centre de l'immense comble sous lequel s'agitent, dans une ombre chaude, des groupes de paysans déchargeant de grands sacs, un petit mouvement de fin de marché.

On vient au Faouet pour les célèbres chapelles de Sainte-Barbe et de Saint-Fiacre qui sont situées l'une et l'autre à une certaine distance du pays, Sainte-Barbe à quinze cents mètres dans un site sauvage et Saint-Fiacre à trois kilomètres sur la route même de Quimperlé.

C'est un simple sentier qui conduit à Sainte-Barbe, un sentier sous les arbres, il débouche sur la grande place au coin d'une vieille maison de granit qui porte sur l'angle une statuette de la Vierge dans une niche. On a bien de la peine à ne pas perdre la bonne route parmi les maisonnettes éparpillées, dans les entre-croisements de chemins, les bifurcations de ravins ; en arrivant à la montagne escarpée, le sentier coupé de trous et de fossés devient une grimpade désordonnée, une chaussée presqu'en escalier, dallée de grandes pierres disjointes, que les racines des arbres ont bousculées et jetées de côté. Cet escalier sous bois, charmant et

CHAPELLE SAINTE-BARBE AU FAOUET

pittoresque aboutit au sommet de la montagne. Là, pas de chapelle; en passant près de la tombe d'un vieux guerrier du premier Empire qui a voulu être enterré en haut, sur le plateau désert, il faut marcher jusqu'à la crête pour découvrir l'extrémité du clocheton de Sainte-Barbe, pour apercevoir le toit de la chapelle en-dessous, accrochée sur un ressaut du rocher.

Quel charmant et singulier arrangement d'architectures et de paysage. A la crête de la colline, un beffroi bas, posé sur quatre piliers, recouvre une grosse cloche qu'au jour du pardon chaque pèlerin doit faire sonner, puis un escalier à balustres mousseux descend à l'église sous la verdure des grands arbres et projette au premier palier une arche conduisant à une première petite chapelle carrée, posée en l'air sur une pointe de roc. Sainte-Barbe apparaît enfin sous l'arche aux vieux balustres.

C'est une petite chapelle du xve siècle, intéressante surtout par sa position étrange sur cette arête du roc, suspendue au-dessus d'un véritable précipice profond d'une centaine de mètres, belle gorge sauvage et bleuâtre, au fond de laquelle coule une branche de l'Ellé. Elle a été construite en si singulière situation, en exécution d'un vœu, par un seigneur de Toulboudou qui, chassant dans le vallon sauvage, fut surpris par un orage épouvantable et faillit périr écrasé sous les blocs de rochers fracassés par la foudre.

La chapelle est très étroite, on entre par le côté dans une nef en largeur ayant l'autel en face de la porte, adossé au flanc donnant sur le précipice.

La chapelle Saint-Fiacre, à deux kilomètres seulement par le raccourci, qui rallonge à cause des chemins entre-croisés, est sur un terrain plat, au hameau de Saint-Fiacre. Au milieu des chaumières, des meules de foin et des étables avec tout l'attirail agricole épars, ce petit bijou du xve siècle a l'air de s'élever au centre d'une cour de ferme.

Ce petit édifice charmant par son irrégularité, et très gracieux de décoration, élève sur un large pignon trois tourelles reliées par une passerelle aérienne. La tourelle du milieu porte sur sa belle galerie en encorbellement un étage carré à gâbles flamboyants surmontés d'une petite flèche, qu'accompagnent sur les côtés les flèches plus basses des deux autres tourelles. C'est tout à fait original comme lignes. On dit que le gothique était fini et mourait de sa belle mort à la fin du xve siècle, et voilà ce qu'élevaient pourtant dans de simples villages des architectes anonymes, voilà les jolies trouvailles du style ogival toujours en travail de transformation, les combinaisons élégantes qu'ils inventaient encore pour les couronnements des clochers, les terminaisons si heureuses et si variées des clochers de la Bretagne, clochers de cathédrales, clochers d'église champêtre ou de chapelle de pèlerinage.

Au dedans, la chapelle Saint-Fiacre d'un bel aspect, très riche en vieilles statues, en sculptures curieuses et en vieux vitraux, possède un étonnant jubé de bois sculpté, découpé, ajouré, véritable merveille d'art, à la fois naïf et savant, une dentelle de bois du style flamboyant, chargée et surchargée de sculptures, de statuettes, de groupes religieux, de sujets bizarres ou comiques, d'une naïveté parfois poussée un peu loin.

La galerie du jubé porte sur cinq arcades ogivales, avec des figures d'anges contournées ou renversées en pendentifs soutenant des statuettes. Un grand christ extrèmement décharné, montrant toutes ses côtes et tous ses os, étend ses bras maigres sur une croix dressée au-dessus de l'ogive du milieu; les arcs sont remplis par une claire-voie d'une finesse invraisemblable, surmontée d'une frise. Le côté donnant sur le chœur est orné avec la même abondance, la même verve, de figures d'animaux et de sujets plus ou moins étranges. Par malheur, ce magnifique jubé a été il y a quelque quarante ans, peinturluré de bleu, de rouge, de couleurs violentes du haut en bas, depuis le Christ en croix jusqu'à la moindre figurine, jusqu'au moindre détail du réseau de meneaux flamboyants.

La route qui mène à Pontivy passe à Guéméné sur Scorff, un bourg assez peu séduisant, consistant surtout en une longue route à vieilles et sombres maisons de granit, avec un ancien château en partie restauré au bout de la grande rue, mais enfermé derrière les grands murs d'un parc.

Un peu avant Guéméné, on a passé au hameau de Kernascleden, devant la chapelle Notre-Dame, charmant édifice ogival qu'on admirerait volontiers s'il n'était — à quelques détails près comme les beaux porches et la grande fenêtre à rosace, — une répétition de la chapelle Saint-Fiacre. La légende s'est chargée d'expliquer cette ressemblance. La chapelle de Kernascleden a été construite en même temps que l'autre; pendant que les ouvriers de Saint-Fiacre se reposaient, les anges transportaient leurs outils à ceux de Kernascleden pour les reporter ensuite aux autres, et toujours ainsi jusqu'à l'achèvement simultané des deux édifices.

Le pays est fort joli jusqu'à Pontivy, les grands châtaigniers et chênes tordus bordent toujours la route et les chemins creux qui viennent s'y embrancher; ils moutonnent au loin, enfermant hameaux et fermes dans leurs bouquets verts.

On rencontre encore des paysans en costume. Le costume des femmes de Guéméné est particulier. Les servantes de l'hôtel où j'avais trouvé gîte portaient des corsages rouges à large bordure noire au col et aux entournures. Pas de coiffes; la coiffure très bizarre est un cone noir posé en arrière, on dirait un hennin tronqué.

J'ai revu quelques autres de ces costumes et de ces coiffes sur la route, près d'une ferme agitée par les préparatifs d'une noce, dans un coin agreste où des tables se dressaient sous les arbres, où des chaudières fumaient en plein air. Je ne sais pas si des noces se préparaient partout, mais dans chaque village, sur cette route, je voyais flamber en pleine rue quelque cadavre de porc, grand comme un petit cheval, ou même saigner impitoyablement, malgré ses cris aigus, l'infortuné dispensateur des bonnes tranches de lard et des succulentes andouillettes...

Il est dur, après Quimperlé si charmant et si intéressant, après le Faouet, après ces petites scènes de la route empreintes d'une si bonne couleur locale, de tomber sur une ville qui n'a gardé aucune couleur bretonne en plein cœur de la

LA RUE DU PONT A PONTIVY

Bretagne, sur une ville tout à fait dénuée d'intérêt, d'une apparence absolument administrative, moderne et banale, et suprêmement ennuyeuse, formant le type idéal et le modèle en relief de la sous-préfecture, comme on a dû les rêver à la création des sous-préfectures.

C'est Pontivy sur le Blavet, ville double, composée de deux parties, une ville ancienne dépouillée à peu près, sauf dans une rue, de tout caractère, et une ville nouvelle, création administrative, née tout d'une pièce d'un décret

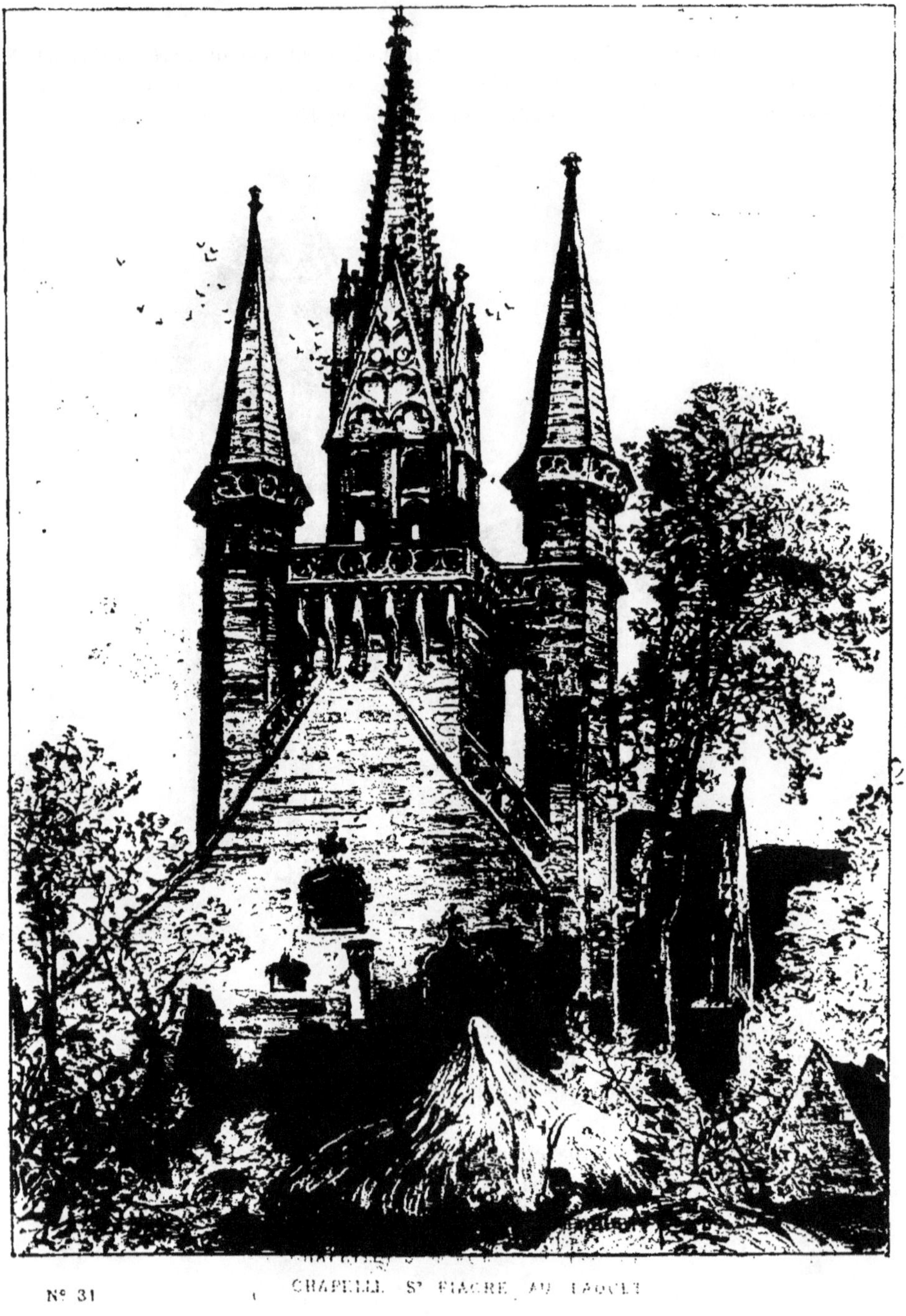

N° 31 CHAPELLE St FIACRE AU FAOUET

Lith. [illegible]

de Napoléon. De celle-là il ne faut pas en parler, ce sont des édifices d'administration lourds et désagréables, posés dans de vastes espaces, sur d'immenses places ou sur des rues tirées au cordeau, des lignes de maisons plates et uniformes, des casernes, des squares, une prison ressemblant à un tombeau de monarque égyptien, etc...

Le Pontivy ancien, de l'autre côté du Blavet, est serré entre l'église **Notre-Dame de la Joie**, ogivale du XVe siècle et le vieux château. Il ne s'y trouve guère d'intéressant que la rue du Pont bordée d'antiques maisons basses, aboutissant sur la grande place devant une grande maison de pierre de la Renaissance portant une haute tourelle sur l'angle.

Quant au vieux château caché dans les arbres, c'est un massif quadrilatère de remparts de la fin du XVe siècle, quelque peu ruinés par endroits, entourés d'un profond fossé; l'une des faces a conservé deux grosses tours cylindriques bien complètes, dont la garniture de mâchicoulis est coupée de lucarnes à frontons ornés de crochets.

VIEILLE MAISON A GUÉMÉNÉ

RUE SAINT-NICOLAS A JOSSELIN

XXIV

PLOERMEL. — JOSSELIN

LA VILLE ET L'ÉGLISE DE SAINT-ARMEL. — LE GRAND PORCHE
LE COMBAT DES TRENTE. — ENTRÉE DE JOSSELIN
NOTRE-DAME DU RONCIER. — LE CHATEAU. — MALESTROIT
QUESTEMBERT — LA SAUVAGE TOUR D'ELVEN

C'est encore de la belle Bretagne verdoyante et plantureuse que le paysage autour de Ploërmel et de Josselin, autour du grand castel féodal ciselé comme un bijou et de la bonne vieille petite ville, assez bien conservée et très à l'aise d'ailleurs dans son vêtement pittoresque à la mode des siècles passés.

La campagne sous Ploërmel est superbe, coupée de vastes étangs étincelant sous des bois de chênes et de châtaigniers. Ploërmel c'est le *pays* où la *peuplade* d'*Armel* ou d'*Ermel*, un de ces saints anachorètes des premiers siècles chrétiens qui s'en vinrent de la Grande-Bretagne christianiser les Celtes d'Armorique et fonder dans les vastes landes semées de pierres druidiques, des ermitages et d'humbles chapelles. Autour de ces ermitages, sous la protection de leurs saintes murailles, se groupèrent les populations et les villes naquirent. Une petite cité se fonda ainsi autour du monastère où vécut Armel avec quelques moines; elle prit le nom tout rayonnant de vertus du pieux ermite et lui consacra son église, devenue à la suite de transformations diverses à travers les âges, la grande et belle église Saint-Armel actuelle.

La ville de saint Armel a conservé en partie les remparts qui la protégèrent au moyen âge, elle les a utilisés beaucoup comme maisons, ce qui est une garantie contre les destructions malencontreuses et ce qui ajoute aussi au pittoresque de ces vieilles murailles. Ainsi, les courtines utilisées comme terrasses de jardins par des logis bourgeois ou populaires bâtis en arrière, les tours arrangées en maisons d'habitation, peu luxueuses sans doute ni grandement confortables, mais accessibles aux bourses plates des bonnes gens, ainsi les vieux remparts qui ont défendu les ancêtres, logent les arrière-descendants et fournissent, pour l'agrément de leur existence, des jardins pittoresques où la vigne s'accroche au vieux créneau, des belvédères haut placés d'où le regard plane sur les faubourgs s'allongeant vers la campagne et sur le bocage bleuissant dans le lointain.

Le point où ces remparts présentent l'aspect le plus curieux, c'est sur une promenade, un angle de la vieille enceinte avec son fossé envahi par les vergers et les potagers, d'où surgit très haute une grosse tour ronde aux pierres noirâtres, entière encore, reliée à des morceaux de courtines tout à fait transformées, percées, éventrées, devenues soubassements de maisons ou terrasses verdoyantes baissées pour laisser des vues à quelque logis au toit monumental.

Derrière ces remparts, dans l'intérieur même de la ville, d'autres murailles à tournure rébarbative se montrent aussi transformées en habitations. C'est l'hôtel du duc de Mercœur, un amalgame de tours et de bâtiments du moyen âge, en pierres rousses ou presque noires, arrangé en grande et riche maison d'un côté, et sur l'arrière-façade en maisons à petits logements, dont les fenêtres s'espacent sous une rangée de créneaux et meurtrières abritée par le toit aux ardoises jaunies.

Quelques jolies maisons aux étages saillants portés sur des poutres ornées souvent de sculptures et de figurines, se rencontrent dans les petites rues, maisons à pans de bois ou maisons de pierres. L'une d'elles est un pavillon carré de la Renaissance, à un seul étage, montrant d'assez curieuses sculptures, des figures et des cariatides abîmées et noircies à la grande et lourde lucarne du toit.

Il y a encore, plus loin, devant un rempart en logements, un bâtiment de la Renaissance également, occupé par un maréchal ferrant avec un joli pavillon d'entrée au toit coupé par un fronton à niche vide.

L'église Saint-Armel développe sur une vaste place la série des pignons irréguliers de sa nef de style gothique flamboyant, dominée par une grosse tour à balustres XVIIe siècle. Derrière, sur une petite place, l'autre façade latérale déploie une plus grande richesse d'ornementation. Parmi les pignons à fenêtres flamboyantes se trouve de ce côté, morceau important de l'église, un portail superbe qui est une

LE PORTAIL DE SAINT-ARMEL A PLOERMEL.

grande page d'illustration, quelque chose comme un encadrement de manuscrit sculpté et brodé sur la pierre. C'est un pignon plus grand que les autres, au gâble hérissé, en guise de crochets, de bêtes fantastiques tirant la langue; pignon rempli par un grand arc cintré qui encadre deux hautes fenêtres ogivales et au-dessous deux portes en anse de panier. Les voussures des portes et le pilier central qui se continue entre les deux fenêtres sont couverts de fines sculptures ; deux beaux contreforts sculptés du haut en bas soutiennent le pignon, leur base de chaque côté des portes est divisée en petits compartiments remplis de sujets religieux mêlés de sujets grotesques, où l'on retrouve la truie jouant de la cornemuse, le mari battu par sa moitié, le savetier cousant la bouche de sa femme, etc... L'église

VIEUX REMPARTS A PLOËRMEL.

à l'intérieur, imposante par ses hauts piliers portant de belles voûtes de charpente, est éclairée par de grandes et belles verrières de la Renaissance.

Par les rues à vieilles maisons qui découpent sur le ciel d'irrégulières files de toits grands et petits, simples pignons gothiques ou grands combles à lucarnes d'hôtels du XVIe siècle, il reste à signaler le couvent des Ursulines et sa chapelle, les vastes bâtiments des Frères, puis quelques belles portes çà et là, quelques curieuses petites boutiques et enfin de vieilles halles à grands piliers de pierre.

Aux alentours de Ploërmel abondent les vieilles ruines, les châteaux du moyen âge comme Trécesson et Crévy, et aussi les monuments celtiques dressés sur les tertres dominant landes et bocages.

A trois lieues s'élève Josselin, les tours élégantes et puissantes à la fois, refaites à la fin du XVe siècle sur le soubassement des rudes tours construites par le connétable Olivier de Clisson. A moitié chemin de Josselin se rencontre le champ illustre à jamais où combattirent Beaumanoir et ses trente chevaliers contre Bembro et trente Anglais de la garnison de Ploërmel.

La place de Ploërmel, dans la grande guerre civile du XVIe siècle, était tombée entre les mains de Montfort qui l'avait confiée au capitaine anglais Richard Bembro ou Penbrock ou Benborough, suivant les diverses orthographes, tandis que tout près, dans Josselin, resté au parti de Charles de Blois, commandait le brave chevalier Jean de Beaumanoir. Fatigué de chercher les Anglais par les mêmes villages et les champs dévastés sans pouvoir arriver à un combat décisif, Beaumanoir alla jusqu'aux murs de Ploërmel provoquer Bembro et les deux capitaines convinrent de se rencontrer en un champ sous le chêne de Mi-voie, entre leurs deux villes, chacun avec trente chevaliers.

MAISON RENAISSANCE A PLOËRMEL.

On connaît tous les détails de ce combat fameux. Hélas ! à la place du grand chêne au pied duquel, sous des coups bravement portés, tant de sang a jailli des cuirasses de fer, un bois de maigres sapins a été planté qui ne fait pas très bel effet, autour d'un obélisque de granit.

Mieux vaudrait la grande lande nue à l'endroit où le 27 mars 1351, au milieu d'une foule accourue de tous les châteaux et bourgs environnants, chargèrent les uns sur les autres les champions de Bretagne et d'Angleterre, où soixante-deux hommes bardés de fer se ruèrent en une mêlée farouche, les épées, masses d'armes, haches ou fauchards frappant avec un bruit de marteaux sur enclumes, où,

UNE PETITE PLACE A PLOERMEL.

après des péripéties diverses et des changements de fortune, après que l'Anglais Bembro eut péri, après qu'à Beaumanoir blessé et criant la soif, le chevalier Geoffroy du Bois eut répondu : « *Bois ton sang, Beaumanoir, la soif passera!* » les chevaliers bretons taillardés de blessures et couverts de sang se trouvèrent vainqueurs sur un tas de cadavres, avec vingt et un prisonniers aussi abîmés qu'eux.

Le champ de ce combat des Trente, plus mémorable que bien des batailles amenées par le hasard des rencontres, aura-t-il un jour un monument plus digne du grand souvenir chevaleresque que le mesquin obélisque de Mi-voie ?

Le bourg de Josselin, avec sa splendide couronne de tours robustes campées sur le rocher qu'affleure la rivière l'Oust, se montre à nous, passants du XIXᵉ siècle, comme un superbe échantillon du moyen âge miraculeusement oublié par le temps destructeur et venu jusqu'à notre époque bien portant et bien vivant.

C'est le bourg seigneurial, la petite cité groupée à l'ombre du donjon de ses barons, grand castel planant sur bourg, villages et campagnes, non pas à l'état mélancolique de ruine démantelée, percée à jour par les boulets des sièges, par les foudres des révolutions ou par les mines allumées par Richelieu, mais, sinon toujours entier, du moins, dans la partie qui a échappé aux vicissitudes des

PLOËRMEL, CARREFOUR DERRIÈRE L'HÔTEL DU DUC DE MERCOEUR

guerres, toujours fier, toujours habité par les descendants de ses seigneurs d'autrefois.

Une bonne entrée dans Josselin, au soleil baissant, par une fin de marché franc. Dans la rue Saint-Nicolas qui descend de la colline, des paysans et des paysannes des environs regagnent leurs villages, les uns en voiture, les autres à pied, par groupes, les uns menant des bœufs ou des veaux, les autres tirant, attachés à mi-corps, des porcs récalcitrants. Certains ayant trop hanté les auberges, montent la pente raide en décrivant des zigzags...

CHATEAU DE JOSSELIN

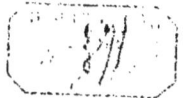

Lith. BELFOND & Cᵒ, 10, rue Gaillon, PARIS

Cette rue Saint-Nicolas est fort pittoresque, les maisons qui grimpent appuyées les unes sur les autres sont précédées d'un rayon maçonné, avec escalier devant chaque porte. Dans le bas, pointent les girouettes des tours du château. A la suite

JOSSELIN, PORTAIL DE NOTRE-DAME DU RONCIER

de la rue Saint-Nicolas, une rangée de maisons longe le grand mur qui enferme le parc et les tours restant du château qu'habita Clisson et le grand corps de logis dominant la rivière.

Une rue principale perpendiculaire à la rivière et une longue rue transversale, quelques ruelles tournant autour du château et de l'église, composent, avec un faubourg de l'autre côté du pont, le joli bourg de Josselin qui, dans la grande et large voie aboutissant à l'église, a bien l'aspect d'une ville. Ce sont de ce côté de grandes maisons avançant fortement par leurs étages supérieurs et découpant de grands combles hardis et des lucarnes à faîtières. Quelques gargouilles de pierre se voient encore provenant de plus anciennes maisons remaniées en partie.

Des ruelles tournent sous le château et passent sous une poterne ouverte dans un rempart ruiné qui se relie aux murs du château descendant aux rives de l'Oust. De ce côté, ce sont des maisons pas plus vieilles mais plus vieillottes, perchées sur les pentes raides dans une amusante irrégularité, petites bicoques aux vieilles pierres jaunies ou façades cahotantes çà et là percées de fenêtres carrées ou arrondies, encadrées de cubes de granit de toutes les formes.

Il y a beaucoup à regarder dans les rues de Josselin, à ces logis de pierre ou de pans de bois, pour la plupart du XVIe siècle et offrant souvent des dates, des écussons, des ornements sculptés sous leurs encorbellements.

Les plus anciennes de ces maisons se rencontrent plus haut au bout de la rue Saint-Michel. Ce sont deux simples maisonnettes à côté l'une de l'autre, chacune d'un étage de pans de bois porté par un rez de chaussée de pierre formant trois arcades ogivales. Ils sont bien vieux et bien déjetés, ces vénérables restes qui datent des temps héroïques de Josselin et ont vu passer les chevaliers de Charles de Blois et ceux de Clisson. Sous les ogives bouchées, sauf celles qui servent de portes, viennent s'asseoir de vieilles gens, des femmes filant ou tricotant, tandis que des vaches vont retrouver leur étable au fond, mitoyenne avec l'étude d'un notaire.

L'église de Josselin ouvrant son grand portail sur une petite place en pente comme toutes les rues, est fort jolie en son arrangement de lignes irrégulières et fort pittoresque, à la voir surtout par un beau dimanche matin avec le marché devant son porche, les paniers de légumes appuyés aux murailles, avec les étalages de charcuterie, et tout le va-et-vient des ménagères allant aux provisions et des fidèles sortant de la messe basse, naïve et nullement irréligieuse promiscuité des aspirations différentes de l'âme et du corps.

L'église est sous l'invocation de Notre-Dame du Roncier, rappelant la légende d'une miraculeuse statue de la Vierge découverte par un pauvre laboureur en des temps fort lointains, enfouie sous une ronce toujours et en toutes saisons verte et fleurie.

L'édifice actuel, sauf certaines parties romanes de la chapelle Sainte-Catherine à gauche du chœur, est de différents moments du XVe siècle ; le pignon du portail, aux voussures en accolade et aux fenêtres flamboyantes, hérissé de crochets et de pyramides aiguës sur les contreforts projetant d'énormes gargouilles, est dominé en arrière par une haute tour surmontée d'un petit dôme à clocheton ardoisé plus moderne.

L'intérieur gothique, en réparation actuellement, est d'un bel aspect, éclairé par de grandes verrières blanches où sont restés enchâssés quelques débris de

LA GRANDE RUE A JOSSELIN

vitraux peints. On peut voir, sous la niche d'une crédence gothique, la partie supérieure d'un crâne humain posée sur de petits sacs de toile remplis de grains. Cette coupe, qui sert à mesurer le blé apporté en vertu d'une ancienne superstition pour se préserver des maux de tête, est considérée comme étant le crâne de saint Étienne, mais on prétend que c'est en réalité le crâne d'une Marguerite de Clisson, de la femme ou de la fille du connétable.

Deux chapelles flanquent le chœur : la chapelle Sainte-Marguerite, à droite, est l'ancien oratoire de Clisson, en restauration aujourd'hui pour le château ; elle est séparée du chœur par un mur percé de deux baies, une porte et une large fenêtre surbaissée, subdivisée en deux ogives entièrement remplies de rosaces, avec l'M au-dessus, formant comme une grille de pierre. Derrière cette grille, sous une grande niche, était le banc seigneurial, c'est de là que le grand connétable entendait les offices.

En l'honneur de sa femme Marguerite de Rohan, Clisson avait semé les murs

L'ORATOIRE DU CONNÉTABLE A JOSSELIN

de cette chapelle d'M couronnées et de marguerites bien effacées. Les M que l'on voit aussi sur certaines maisons de la ville ont-elles la même origine? D'après un travail de M. de Bréhier sur Josselin, l'M inscrite partout par Clisson aurait double signification, elle serait aussi initiale du mot *Miséricorde* et rappellerait un appel fait par Clisson à la clémence du roi Charles VI, lorsqu'à la suite d'une rébellion parisienne un certain nombre de bourgeois allaient être exécutés en place de Grève.

A gauche, de l'autre côté du chœur, est la chapelle Sainte-Catherine, la plus ancienne partie de l'église. Au milieu se trouve le tombeau de Clisson mutilé en 93 et rétabli en partie aujourd'hui. Sur une table de marbre noir deux magnifiques statues de marbre blanc sont couchées, la tête abritée par un dais, ce sont : *Très haut et très puissant seigneur monseigneur Olivier de Clisson, jadis connétable de France*, en armure, avec sa grande épée au côté, les pieds appuyés sur un lion, et sa femme Marguerite de Rohan, en surcot, les pieds posés sur un lévrier. Le soubassement du monument, décoré d'arcatures, possédait autrefois une rangée de *pleureurs* qui gisent en morceaux dans un coin de la chapelle. Le caveau qui s'ouvre à côté est vide, les ossements du grand Clisson ayant été dispersés à la Révolution. Des restes de peintures murales se distinguent encore

MAISONS DE LA RUE SAINT-MICHEL A JOSSELIN

sur les murs des deux chapelles, dans la chapelle mortuaire c'est une danse macabre aux figures bien effacées.

C'est du bout du pont de Josselin qu'il faut voir le puissant château, dont on aperçoit de partout les combles pointus, développer majestueusement sa haute façade guerrière et refléter dans la rivière d'Oust, large, limpide et ombragée, sa fière silhouette féodale dorée par le soleil.

Le château réserve pour l'intérieur une plus splendide décoration architecturale ; de ce côté extérieur, c'est un massif de bâtiments solides campés sur le roc, trois tours rondes très hautes coiffées en éteignoir, réunies par des courtines dont la galerie de mâchicoulis est percée de fenêtres et surmontée de six grandes lucarnes. Jadis la base rocheuse de ces tours trempait dans la rivière, mais il a fallu trancher le roc et tailler au bas des tours pour pratiquer un chemin de halage sur la rivière empruntée par le canal de Nantes à Brest. Au delà des tours complètes, d'autres tours dérasées et des murailles suivent l'escarpement du roc et s'en vont retrouver, du côté de la ville, l'entrée actuelle et son pavillon gothique moderne élevé récemment par le prince de Léon.

Derrière ces murs, parmi les arbres des jardins, restent quelques débris des défenses de cette face et une haute tour conique isolée. Au fond, le grand corps de logis sur la rivière déploie toute la richesse de sa façade intérieure. C'est une véritable merveille que cette façade, précieusement ciselée et fouillée de la base au faîte par le ciseau des sculpteurs du commencement du xvie siècle.

Le grand bâtiment est, on peut le dire, tout en lucarnes, en prodigieuses lucarnes s'élevant au-dessus de plusieurs rangées de belles fenêtres à ogives fleuronnées. Ces admirables lucarnes qui tiennent à elles seules la moitié de la hauteur du bâtiment sont au nombre de dix, toutes semblables de proportions, mais différentes de décoration, élevant sur un double étage de fenêtres en accolades d'un fort relief, de hauts frontons flanqués de riches pinacles.

Les sculpteurs ont trouvé pour décorer toutes les parties pleines sous les belles fenêtres à croisillons de pierre, les plus belles combinaisons de rosaces, arrangées avec des feuillages et des écussons. Une balustrade ajourée à la base du toit relie entre elles ces dix lucarnes, chaque travée est d'un dessin différent, le motif est tantôt géométrique, en croisillons, tantôt une suite de rosaces, d'hermines ou de fleurs de lys, ou bien des lettres formées d'animaux fantastiques entrelacés découpent dans le granit la devise des Rohan : A PLUS.

Dix grandes gargouilles projetant d'énormes têtes d'animaux sous la balustrade descendent en fûts cannelés terminés par une autre tête animale jusqu'au bas des murailles, l'une d'elles est un grand lézard fantastique. Sur le côté, devant la façade, est un puits à large margelle recouverte d'une belle ferronnerie moderne élégamment hérissée et écussonnée.

Le château de Josselin est habité aujourd'hui par le prince de Léon. A l'intérieur de ce grand corps de logis, chef-d'œuvre de l'art ogival à son ultime période, dans le grand salon garni de portraits et rempli de précieux souvenirs de famille, on retrouve à la cheminée, sculptée sur le vaste manteau parmi des enroulements de feuillages, la devise énigmatique mais assez transparente. « *A plus,* » que la riche, fière et puissante maison de Rohan pouvait se permettre : *Roi ne suis, Prince ne daigne*, mais j'aspire *à plus*, devise qui se retrouve partout, entière ou condensée dans le grand monogramme A au-dessus des écussons aux macles de Rohan.

Les plus anciennes pierres de ce château, qui rappelle tant et de si glorieux noms, ont été posées au xie siècle sur ce roc en si admirable position, par Odon, comte de Porhoet. La chapelle Notre-Dame du Roncier existait seule auparavant en ce lieu, le château s'éleva et une ville se forma sous la protection de la Vierge du Roncier et du comte, qui lui donna le nom de son aîné Josselin.

Ce premier château périt, un autre s'éleva ; ce fut le château d'où Beaumanoir partit avec ses trente compagnons pour le combat de Mi-voie, le château dont le connétable de Clisson qui possédait déjà Lamballe, Broons, Blain, Jugon, Clisson, la Roche-Derrien et d'autres des plus forts châteaux de Bretagne et Montlhéry en Ile-de-France, fit une place formidable en augmentant considérablement ses défenses et en construisant un grand donjon.

Josselin fut pour le grand connétable en son existence si agitée et traversée par de si rudes soubresauts de fortune, sa principale place forte lors de ses guerres avec le duc Jean V de Montfort, et sa retraite lorsque les armées du duc le pressaient trop. Sa femme, Marguerite de Rohan y fut assiégée. Plus tard, lorsque après réconciliation, Clisson devint le tuteur des enfants de ce même duc, c'est dans ce château de Josselin que sa fille Marguerite, mariée au fils de Charles de Blois, ambitieuse dépourvue de scrupules, donna au vieux connétable malade le conseil de supprimer les enfants de Montfort et de se saisir du duché. Clisson, outré de la félonie proposée, se dressa sur son lit, saisit un épieu et il en aurait transpercé sa fille si elle ne s'était jetée dans l'escalier si vite qu'elle roula en bas et se cassa une jambe, accident qui en fit Marguerite la Boiteuse.

Le formidable Josselin laissé par Clisson, complété par la grande façade si magnifiquement ornée, fut au temps de la Ligue, vers la fin, l'un des boulevards du duc de Mercœur et Henri IV, à son avènement, le fit démanteler par mesure de prudence. C'est alors que le grand donjon de Clisson tomba ; deux autres tours furent démolies dans le courant du siècle dernier et il ne resta au-dessus de la petite cité de Josselin que le castel actuel, toujours superbe malgré ses pertes et toujours aux Rohan.

La distance entre Josselin et la ville de Malestroit n'est pas très longue; c'est l'affaire de deux bonnes heures de voiture sur une route charmante où l'on a encore, quelque temps après avoir monté la côte au-dessus du faubourg de Josselin, la vue du vaste ensemble de belles tours et de logis du château, avec toutes les pointes des toits de la petite ville à ses pieds, surgissant dans les verdures coupées par le fil d'argent de la rivière.

Bon vieux petit pays encore que l'antique Malestroit, moins important comme chiffre de population que bien des villages, mais petite ville tout de même avec ses seize cents habitants. Ville ancienne, jadis ceinte de remparts jetés bas après des sièges au temps de la Ligue, Malestroit est dans un joli site sur les bords de l'Oust qui sépare la ville de son faubourg de la Madeleine, mirant dans la rivière ses moulins à eau et sa vieille chapelle.

La grande place de l'église, c'est tout Malestroit. Elle est fort jolie, cette grande place et l'entrée par la petite rue qui débouche dans l'angle est fort pittoresque.

Là de vieilles maisons encadrant un tout petit carrefour de ruelles étroites forment, avec l'avancée de leurs étages, comme une porte laissant apercevoir la perspective de la place.

La maison de droite, qu'on appelle la maison de la *Truie qui file*, indépen-

JOSSELIN, PETITE RUE SOUS LE CHATEAU

damment des lignes bizarrement équilibrées de sa façade, est encore toute chargée de sculptures amusantes. Des corbeaux sculptés en têtes de dragons fantastiques ou bien ornés d'un sujet à figures comiques, soutiennent les poutres moulurées des étages surplombants. Ce sont les vieilles plaisanteries traditionnelles du moyen âge qui font le sujet de ces sculptures, la truie qui file et l'âne cornemusant, un chasseur cornant, un mari en bonnet de coton battant sa femme, etc...

FAÇADE INTÉRIEURE DU CHATEAU DE JOSSELIN

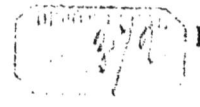

Lith. BELFOND & Co, 10, rue Gaillon, PARIS

Au fond de la place devant de hautes maisons de pierre jaunies et enlierrées du XVI° siècle, une vieille halle à piliers carrés et grosses poutres, met la note

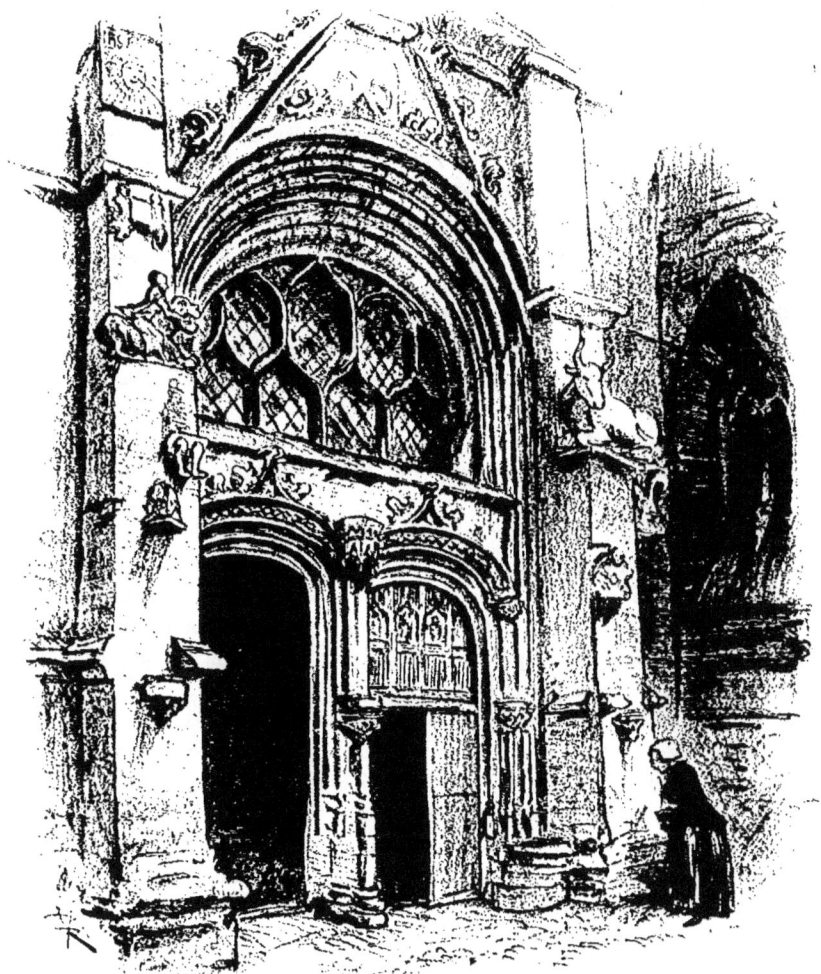

PORCHE DE L'ÉGLISE SAINT-GILLES A MALESTROIT

sombre de ses dessous vigoureux et de son grand toit d'ardoises. L'église Saint-Gilles est sur le côté, elle se compose de deux nefs formant sur le portail deux pignons avec clocheton octogonal au milieu.

Sur la grande place, au pied d'une grosse tour carrée s'ouvre un porche du xv⁰ siècle ressemblant au porche de Saint-Armel à Ploërmel, avec les deux portes en anse de panier inscrites dans une arcade cintrée.

Ce porche de Saint-Gilles est moins important et moins décoré. Parmi quelques débris de sculptures accrochées aux contreforts qui le flanquent, on remarque, sur un ressaut du contrefort de droite, un bœuf sculpté en grandeur demi-nature. Ce serait, suivant les uns, le symbole de l'évangéliste saint Luc, d'autant plus qu'un animal qui lui fait pendant sur l'autre contrefort pourrait bien représenter le lion de l'évangéliste saint Marc, mais les proportions si considérables du bœuf, l'importance qu'on lui a donnée sembleraient donner raison à ceux qui veulent y voir une allusion à certaine légende relative à la construction de l'église. Un brave paysan conduisant des pierres sur un chariot attelé de deux bœufs eut par accident son chariot renversé, perdit une de ses roues et l'un de ses bœufs; en cet embarras, l'homme invoqua l'aide de saint Hervé et soudain le bœuf restant releva le chariot chargé de pierres et le traîna jusqu'à l'église sur une seule roue.

L'église en sa double nef éclairée par une grande fenêtre à rosace au chevet, possède quelques vitraux, un curieux saint Martin en bois, et une chaire xviii⁰ siècle qui a l'air d'être en faïence.

La chapelle de la Madeleine, dans le faubourg, est un édifice fortement dégradé au fond d'un vieux cimetière dans un riant entourage agreste. Le lierre et les broussailles fleuries escaladent les murailles, grimpent aux contreforts massifs du clocher et encadrent de leurs panaches les grandes fenêtres flamboyantes aux verrières brisées. C'est presque une ruine et une jolie ruine, conquise par la végétation, embellie par la nature.

Questembert, où l'on rejoint en quelques lieues de chemin de fer la ligne de Vannes, n'est qu'un gros bourg assez plat, tout à fait dépourvu de caractère et d'intérêt, malgré ses trois ou quatre grandes chapelles et sa très grande halle.

Quand j'y passai, c'était par les rues et la grande place une solitude complète. Seul, à l'ombre des piliers de la halle, se promenait grave et solennel, dans le silence absolu, un bourgeois qui semblait, engoncé dans sa redingote à grand collet et sa haute cravate du temps de Louis-Philippe, un vieil échantillon de provincial de 1830 oublié par le temps.

Une inscription sur un vieux mur dans un moulin, à la sortie de Questembert :

Ne passez jour de votre
vie, sans saluer la
Vierge Marie.
1704.

Il y a quatre bonnes heures de marche assez accélérée de Questembert à Elven, quatre heures sur un plateau parmi les bruyères sauvages, dans une vraie solitude où l'on rencontre bien en tout deux ou trois maisons perdues, sur une route longeant l'immense lande montagneuse, rocailleuse et déserte de Lanvaux bleuissant à l'horizon.

Une seule rencontre curieuse, c'est en pleine lande, à une lieue de Questembert, à l'entrée d'un ravin, un chêne isolé portant clouée à son tronc une petite niche grillagée en forme de boîte, avec une sainte Vierge en faïence de Quimper. Suspendus aux branches, devant la Vierge, pendent une foule de petits bonnets d'enfants, les uns déjà vieillis et effilochés, les autres presque neufs encore... ex-votos touchants accrochés en pleine solitude, prières de mères s'envolant directement vers le ciel à travers les branches du vieil arbre.

Enfin le bourg d'Elven est atteint. La célèbre tour d'Elven est encore à deux kilomètres au fond des bois, il faut prendre un petit chemin qui passe à côté de châtaigniers énormes, dont l'un a bien deux mètres de diamètre, puis le chemin devient sentier à peine tracé ; dans les ronces jusqu'aux genoux, en courbant la tête sous les branches, on gravit des monticules, on descend en des trous sauvages, dans des bas-fonds de marécages semés d'ajoncs ; on se croirait tout à fait perdu si de temps en temps, à travers les éclaircies, la tour n'apparaissait comme la tour du château de la Belle au bois dormant. Enfin un dernier effort et la voici.

Surgissant dans le silence absolu de cette solitude farouche, au milieu d'un inextricable fouillis de verdure, dominant des mamelons boisés d'un bleu sombre et des ravins sauvages, où sous les broussailles reluisent des eaux blafardes, le haut de la formidable tour d'Elven apparaît doré par le soleil couchant, pendant que l'obscurité descend peu à peu sur les bois et les bas-fonds.

L'effet est grandiose, ce qu'on appelle la tour d'Elven est un grand château ruiné élevant au-dessus des écroulements de remparts deux énormes tours au lieu d'une. C'est le château de Largoüet, forteresse du XIIIe siècle élevée par Odon de Malestroit. Ce château fut ébréché d'abord par les Français, pendant la guerre qui se termina par les épousailles du duché avec la France et de la duchesse Anne avec le roi Charles VIII, puis démantelé lors de démêlés entre la duchesse-reine Anne et le maréchal de Rieux qui l'avait réparé après les guerres.

A côté d'une chaumière de garde, un éboulement revêtu de terre et de broussailles, comblant le fossé à la place de l'ancien pont-levis, permet de gagner la porte ouverte dans un haut pan de mur resté debout, étreint par le lierre et le taillis enchevêtré.

Des deux tours qui restent, la tour ronde est un vestige de l'ancien château ; la tour octogonale énorme et majestueuse, dressant des murailles d'une formidable épaisseur, percées d'ouvertures sombres et de grandes fenêtres à croisillons, avec de beaux mâchicoulis couronnés par les ruines d'un petit châtelet supérieur, est un donjon reconstruit au commencement du XVIe siècle.

Cette vieille tour d'Elven hantée par les seuls corbeaux, cette magnifique ruine, dans le plus sauvage des paysages, c'est bien l'idéal du château romantique, perdu dans les bois, se dressant énorme et fantomatique sous l'étreinte des lierres, impressionnant par la mélancolie qui tombe de toutes les crevasses et de tous les trous et plane sur tous les horizons.

MALESTROIT, CHAPELLE DE LA MADELEINE.

LA PLACE HENRI IV A VANNES

XXV

VANNES

PORTES ET REMPARTS. — LES VIEUX LAVOIRS SOUS LA TOUR DU CONNÉTABLE
CLISSON AU CHATEAU DE L'HERMINE. — LA PLACE HENRI IV. — LE PORT
CONLEAU ET ARRADON

Voici, en sa verdoyante campagne, la vieille cité des Vénètes, Vannes, capitale du territoire resté le plus longtemps purement celtique avant de devenir l'un des grands évêchés de la Bretagne chrétienne, terre sacrée des Celtes dont les monuments couvrent encore le sol, épars sur tous les rivages de la petite mer du Morbihan et dans ses îles vers les rivières d'Auray et d'Etel, dans les landes de Carnac : peulvens, menhirs, dolmens ou cromlechs, autels druidiques, longues rangées mystérieuses de sphinx informes, tumulus au fond desquels reposent des chefs inconnus.

La vieille cité qui tint une place glorieuse ou importante dans l'histoire depuis qu'il y a une histoire et même avant, depuis les temps druidiques enveloppés d'un voile qui ne sera pas soulevé, depuis la résistance désespérée et la lutte jusqu'à la mort des Venètes contre les Romains, des temps de Jules César aux jours de la Révolution, la ville de Vannes, bien que bouleversée par les transformations de nos jours, conserve bien des vestiges, bien des souvenirs de son passé, même du plus lointain : remparts où se rencontrent quelques traces de l'époque romaine — tours du temps des ducs, — donjon dit du connétable, dernier reste du château de l'Hermine, — portes du moyen âge, — grande cathédrale remaniée de siècle en siècle.

On a tant reproché à Vannes son aspect ancien et son réseau embrouillé de ruelles étroites que la vénérable cité a voulu faire toilette, se régulariser un peu et s'embellir à la moderne. Aussi notre époque a-t-elle largement taillé à travers les vieux quartiers et dressé sur de grandes places des monuments considérables.

Voici le croquis de la ville actuelle :

Dans les quartiers modernes, nouveaux ou modernisés, commerçants ou bourgeois, sur de vastes places, de grands édifices tout neufs et tout blancs, un hôtel de ville d'abord, énorme et majestueux gardé par des lions, un palais de justice et une halle aux grains, puis un collège monumental à côté de son église du XVIIe siècle, de style jésuite.

La cathédrale se dresse au centre du vieux quartier, toujours irrégulier et tortueux celui-là, mais ayant gardé une physionomie artistique bien particulière par ses curieuses rues et ruelles qui descendent à la partie des remparts encore debout et bordés de fossés, présentant un beau développement de courtines et de tours avec la ville étagée en amphithéâtre par-dessus, et de vieux lavoirs au-dessous sur la petite rivière courant dans le fossé...

Puis s'allongent d'immenses faubourgs devenant peu à peu des villages, faubourgs de petites maisons alignées à l'ombre de bâtiments très vastes, très hauts et très gris, couvents ou communautés...

Enfin dans son encadrement de promenades, étincelle le port tranquille avec ses bateaux à voiles rouillées ou rougeâtres des pêcheurs du Morbihan. Tout l'intérêt de la ville se trouve concentré autour de la cathédrale et de la belle place Henri IV, extrêmement pittoresque de lignes et de couleur, qui pousse dans toutes les directions des rues et des ruelles non moins colorées, aux façades de bois en encorbellement.

La place Henri IV dessine, au pied même de la cathédrale, un simple carré qui semble une cour fermée, entre de hautes maisons surplombant à chaque étage, les unes à pignons aigus et ardoisés en haut, les autres à grands combles aux lignes ondulées, maisons à pans de bois apparents ou recouverts de peinture, à grosses poutres moulurées. Sur les ruelles qui débouchent aux angles du carré, les étages supérieurs se rejoignent presque; ainsi, dans l'angle donnant sur le

LA PORTE POTERNE A VANNES

parvis au pied des clochers, ces maisons semblent former une porte avec leurs toits croisés par-dessus lesquels la grosse tour montre son sommet et sa flèche. Joli tableau que cette place Henri IV, arrangée tout naturellement en décor de théâtre.

La grande cathédrale Saint-Pierre est un édifice très composite, réunissant des morceaux de toutes les époques, la grosse tour sur le portail, ogivale du XIIIe siècle, se termine par un peu remarquable couronnement moderne remplaçant une ancienne flèche écroulée. La déclivité du sol est assez prononcée à partir du parvis, sur la pente assez rapide, à droite et à gauche de l'église descendent de curieuses rues, la rue des Chanoines, la rue Saint-Guenhaël, la rue de la Bienfaisance...

Sur la rue des Chanoines, l'église présente d'importantes parties de façade latérale du XVIᵉ siècle. Là, derrière une grille, au pied de la chapelle dite du Saint - Sacrement élevée à la Renaissance sur forme circulaire, en rotonde plaquée de colonnes ioniques superposées, se trouvent les restes du cloître des chanoines, de la même époque, une ligne d'arceaux élégants en anse de panier, debout parmi quelques débris. L'abside est un mélange de parties de la Renaissance et de bonnes restaurations modernes.

Il y a dans tout ce quartier bien des maisons qui se découpent avec une carrure puissante ou qui intéressent par quelque détail original de leur vieille façade souvent abîmée ; ainsi dans la rue des Chanoines, des bustes grotesques accrochés à des pignons semblent converser d'un côté de la rue à l'autre et se raconter de vieilles histoires du temps de la splendeur de cette antique ruelle.

Sur l'autre flanc de l'église, c'est le carrefour de la rue Saint-Guenhaël et

LA PORTE PRISON A VANNES.

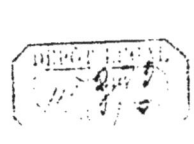

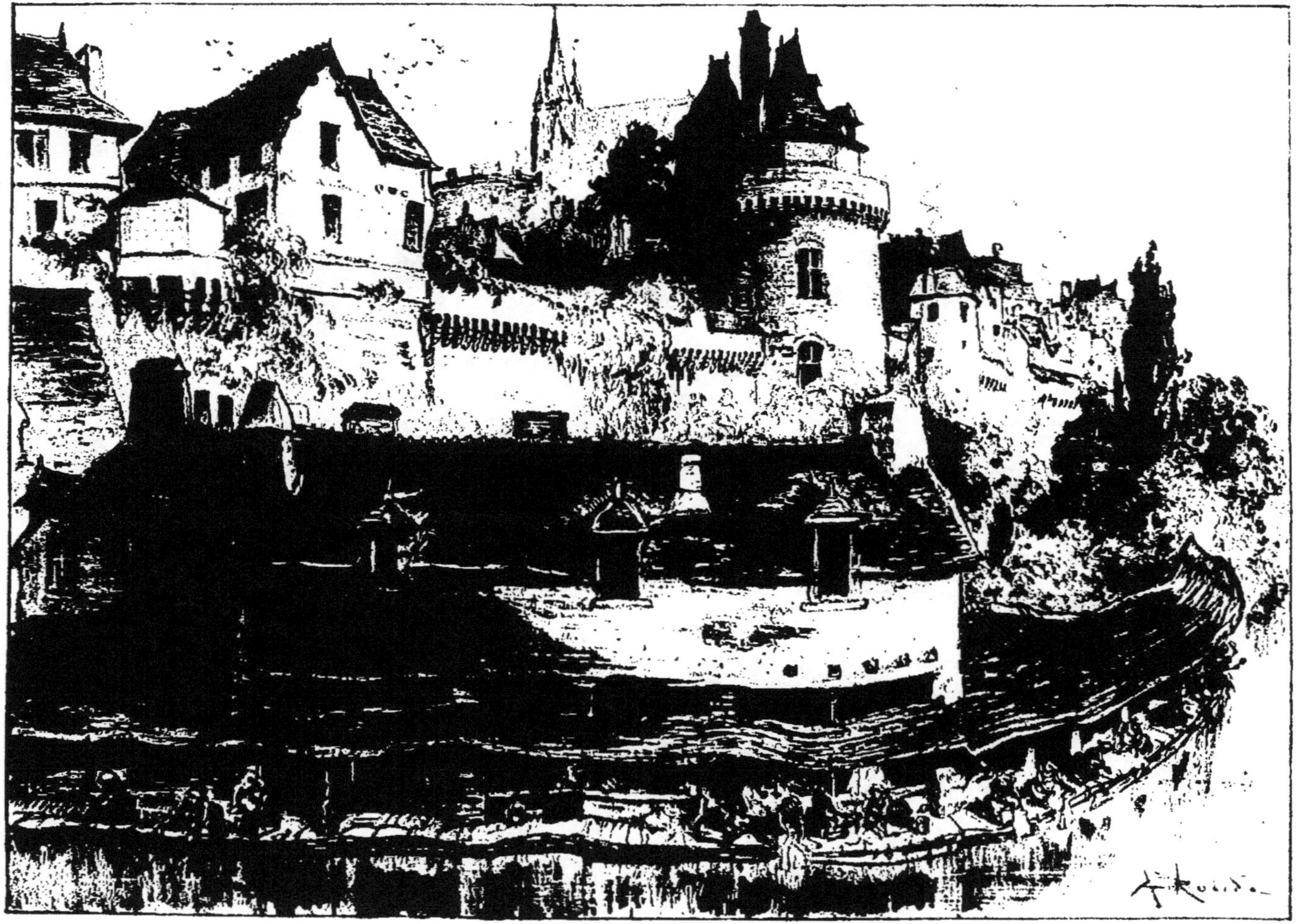

LES MURAILLES DE VANNES

Lith. BELFOND & Cie, 10, rue Gaillon, PARIS

VANNES, CARREFOUR SAINT-GUENHAEL

tout une file de façades de bois sur rez-de-chaussée de pierre à portes quelquefois taillées en ogive, sur perron abrité comme un porche par la forte avancée du premier étage. Les corbeaux soutenant les grosses poutres s'appuient parfois ici sur de grosses têtes grotesques en mascarons de pierre.

En descendant derrière l'église on trouve tout de suite le rempart englobé et perdu dans les maisons, se poursuivant sur une certaine longueur à travers les cours et par-dessus les toits; quelques portes sont restées, la porte Saint-Patern, la porte Prison, flanquées de tours à màchicoulis, la Porte poterne ouvrant sur un petit carrefour près de la ruelle des remparts qui file et tourne entre de vieux murs, à travers un enchevêtrement de vieux bâtiments, laissant entrevoir parfois des bouts de jardins s'appuyant à la muraille de ville, des sommets de tours ou bien les hauts pavillons accostés à la haute tour dite du connétable.

En sortant par la porte Poterne, charmante surprise : voici un large morceau pittoresque comme on en rencontre bien rarement aujourd'hui, réunissant dans un ensemble mouvementé les eaux, les verdures, les vieilles murailles et toute la masse désordonnée des grands toits de la ville s'étageant par-dessus en arrière-plan. Les remparts ont ici sur une bonne longueur un fossé très large dominé par la promenade de la Garenne. C'est un ensemble véritablement superbe, la rivière coule dans le fossé baignant au premier plan des lavoirs fort curieux établis dans de vieux bâtiments noircis aux toits gondolés, avec un petit quai étroit, une margelle de dalles disloquées où des files de laveuses sont installées sous un auvent ondulé tournant dans le sens de la rivière. C'est charmant et coloré, tout fourmillant de détails amusants, avec de belles ombres sous l'auvent d'ardoises, des noirs vigoureux dans les profondeurs du bâtiment, et toutes les lavandières agenouillées savonnant, tordant, tapant et jacassant, reflétées par la rivière.

Au-dessus des lavoirs et des jardins qui suivent, s'élève le rempart jauni escaladé par la verdure ou projetant par ses màchicoulis des feuillages de jardins. Comme toujours les maisons se sont emparées des courtines et des tours; dans les intervalles restés libres, bleuissent les toits de la ville en amphithéâtre sur la colline que dominent la haute nef et les tours de la cathédrale.

Au milieu de la ligne des remparts se dresse la grosse tour du Connétable, couronnée au-dessus de ses màchicoulis par un étage en retrait relié à d'autres bâtiments enlierrés jusqu'aux combles. La grosse tour du Connétable, célèbre par la mésaventure de Clisson, est le dernier reste du château de l'Hermine bâti par le duc Jean IV de Monfort à la fin du xive siècle. Vannes, pendant la longue guerre civile, avait, comme chacune des villes de Bretagne, passé par force des mains d'un prétendant aux mains de l'autre, et plus d'une fois. Rien qu'en la seule année 1342, la ville subit quatre sièges, elle fut enlevée par les troupes de Montfort dans un assaut nocturne qui suivait un assaut de jour, alors que les Vannetais fatigués étaient allés goûter un repos bien gagné. Reprise d'assaut un mois après par Clisson et Beaumanoir, elle se vit réassiégée encore deux fois peu après, mais sans succès, par le roi d'Angleterre allié de Montfort.

La guerre terminée, le duc Jean IV, pour augmenter la force de Vannes, construisit donc le château de l'Hermine. Déjà les querelles avaient éclaté entre le duc et le connétable de Clisson, qui allait marier sa fille au fils de Charles de Blois racheté par lui aux Anglais. Jean IV, craignant de voir son ancien ami et soutien

VANNES. MAISONS DEVANT SAINT-PATERN

le connétable porter ses vues sur le trône ducal, résolut d'en finir avec lui et trama le guet-apens de 1387, où Clisson tomba et faillit laisser la vie.

Le duc avait convoqué les Etats de Bretagne à Vannes, sachant que Clisson ne pourrait manquer de venir comme tous les seigneurs. Clisson, accueilli avec cordialité, prit part avec les principaux barons à un banquet donné dans le Castel; sur la fin du repas, le duc, sous prétexte de lui demander son avis sur ses nouvelles fortifications, entraîna le connétable jusqu'à la grosse tour et, tout en examinant les défenses, le laissa un peu passer devant. Clisson était à peine dans la tour que soudain la porte se ferma et que des grappes d'hommes embusqués

PLACE DU POIDS PUBLIC A VANNES

lui tombèrent sur le corps. Il était pris.

Jean IV, malgré toutes les prières des gentilshommes, avait donné l'ordre de noyer le connétable pendant la nuit, mais le sire de Bazvalen n'exécutant pas un ordre donné sous l'empire de la fureur, épargna ce crime à son maître. Néanmoins le connétable fut gardé quelque temps dans la grosse tour qui subsiste seule aujourd'hui de tout le château, et il ne fut relâché que moyennant une énorme rançon et la remise de tous ses châteaux de Bretagne. Le connétable s'en fut marier sa fille au prétendant Jean de Penthièvre, et, sans laisser refroidir sa fureur, s'en revint tout bouillant reprendre de vive force tous ses châteaux l'un après l'autre.

Le duc, à la suite de son guet-apens, en eut pour des années de guerres, coupées de quelques fausses réconciliations. L'assassinat de Clisson dans une rue de

MAISONS RUE DU PORT A VANNES

Paris par Pierre de Craon, ne débarrassa pas Jean IV de son ennemi; Clisson, à moitié tué, se releva quinze jours après plus menaçant et plus acharné à la guerre. Le roi de France s'en mêlait, le connétable allait avoir pour auxiliaire une armée française conduite par le roi Charles VI en personne, lorsque le spectre de la forêt du Mans sauva le duc de Bretagne.

Le gros donjon où Clisson fut enfermé servait, il y a peu d'années, de local au musée archéologique, mais ce musée a été transporté un peu en arrière, dans une vieille maison de la place des Lices. Ce musée est surtout riche en antiquités celtiques, butin des fouilles faites aux environs de Vannes, sous les innombrables monuments préhistoriques de la région. Il y a quelques vieilles maisons intéressantes sur cette vaste place des Lices dont le nom indique la situation devant le château de jadis; à part la maîtresse tour, il ne reste du château de l'Hermine que des fragments de murs utilisés dans les bâtisses, au fond des cours de ces maisons.

Devant la cathédrale, une vieille construction ogivale, noire, morne et serrée entre les maisons, aujourd'hui dépôt des pompes à incendie de la ville, fut jadis la chapelle du présidial de Vannes. De même, la salle de spectacle est l'ancienne salle haute des halles où siégeaient le présidial et le parlement de Bretagne et où furent tenus, convoqués par François Ier, les Etats de 1532 qui sanctionnèrent la réunion du duché à la France. Il n'y a rien de monumental par là, rien que de vieilles maisons sans apparence. Les bâtiments de l'ancien hôtel de ville n'avaient non plus aucune architecture. Ce sont des constructions du xvie siècle, petites et d'aspect minable, maintenant occupées par des petits locataires.

SUR LA PLACE DES LICES A VANNES

Quelques ornements aux vieilles façades se voient encore de loin en loin, comme à la maison de la rue Noé qui porte sculptées à l'encoignure deux figures grotesques ricanantes qu'on appelle, dit-on : *Vannes et sa femme.*

Les maisons anciennes non abîmées par les changements sont encore nombreuses à Vannes, sur quelques beaux tournants de rues, au fond de vieilles places d'une bonne couleur. La place du Poids public, par exemple, encadre fort joliment un petit marché avec ses anciens pignons et sa grande maison du xviie siècle, ornée sur l'angle d'une échauguette carrée à angles arrondis, portant sur un curieux encorbellement à trompe.

Tout près se trouvent la rue Le Hellec aux vieilles constructions du xvie siècle, la rue des Orfèvres qui garde la maison où mourut saint Vincent Ferrier, un prédicateur dominicain d'origine espagnole qui parcourut la Bretagne de ville en ville et de bourg en village, remuant toutes les âmes par ses prédications. Ce moine passa ses dernières années à Vannes au milieu d'une telle vénération de tous, du simple paysan à la duchesse, qu'après sa mort, en 1417, la ville le prit solennellement pour patron.

Au bout de la rue conduisant au port s'élève la porte de Saint-Vincent où le moyen âge n'a rien à voir et qui n'est qu'une construction décorative du xviie siècle plaquée de colonnes. De ce côté quelques coins, quelques rues ou places, comme la place de la Poissonnerie, ont encore de l'aspect, avec les grandes maisons que surmontent parfois des tours rondes portant un large étage carré au sommet.

Sur le quai, une haute maison à pignon nouvellement restaurée a ses encoignures de granit ornées de sculptures assez bizarres, au milieu desquelles se lit l'inscription suivante :

AU NOM DE DIEU, DIEU SOYCT EN MES AFFAIRES.
Yves le K. M. E. et Perrine Le Bac, sa compaigne, ont faict faire se logis en juing 1565.

Le faubourg Saint-Patern dont l'église moderne est sans intérêt, a des apparences de village, mais elles se dessinent bien ces vieilles rues aux petites maisons renversées en arrière, aux pignons bas à pans de bois gondolés, le tout, vieux murs et vieilles poutres, peint en blanc du haut en bas. Au bout du faubourg se trouve l'étang au Duc, une nappe d'eau assez vaste, dont un entourage de bâtiments industriels a gâté le pittoresque.

C'est sur la promenade de la Garenne qui mamelonne ses beaux ombrages devant les remparts et la tour du connétable, que furent, en 1795, fusillés une grande partie des prisonniers faits à Quiberon. Le long du port, une autre promenade ombragée suit le quai, d'où l'on peut gagner, à quelques kilomètres, les rives de la petite mer du Morbihan et l'île de Conleau qui abrite sous ses pins une petite plage de bains.

Il n'est guère de côtes plus coupées, découpées et embrouillées que ces rives du Morbihan aux environs de Vannes. Que de détours il faut faire pour découvrir les sites intéressants, comme le village d'Arradon qui plane sur une vaste étendue d'eau semée d'îles nombreuses, mais ils ont leurs charmes aussi ces détours infinis, ces méandres compliqués dans une belle campagne, sous l'ombrage des grands chênes alignés sur les chemins, à travers la feuillée bruissante desquels scintillent des anses lacustres plutôt que marines, au-dessous des pentes vertes.

VANNES ET SA TERRE, SCULPTURES GROTESQUES, RUE NOÉ.

LE PONT D'AURAY

XXVI

AURAY. — CARNAC

SAINT-GILDAS. — LA CHAPELLE DES MARTYRS
LE GRAND PÈLERINAGE DE SAINTE-ANNE D'AURAY
DES CHAMPS DE CARNAC A LOCMARIAKER
LE MORBIHAN. — LE TUMULUS DE L'ILE GAVR'INIS

Sur le sol sacré des druides devenu la terre de Sainte-Anne, la petite cité d'Auray se cache en un pli de colline, entre le sanctuaire fréquenté par tant de pèlerins d'aujourd'hui et les mystérieux monuments du culte d'autrefois, autels celtiques ou tombeaux épars dans les landes âpres et désolées de Carnac.

Auray, petite ville de 4 ou 5000 habitants, jadis riche et prospère, est un port sur une rivière, le Loch, qui descend se jeter dans la petite mer du Morbihan devant l'île de Gavr'inis. La ville s'étage sur la rive droite du Loch coulant entre deux coteaux, avec le faubourg de Saint-Goustan sur la rive gauche.

Un vieux pont relie les deux parties de la ville, un pont très pittoresque dont le tablier a des becs triangulaires sur chaque pile. Au-dessus, du côté de la ville, la colline forme une masse de verdure sur laquelle se détachent les vergues et les voilures de quelques navires du port, c'est la promenade du Loch, sillonnée de petits sentiers qui conduisent au belvédère d'où l'on a des vues très étendues sur la descente de la rivière. Derrière, sous les avenues, s'exercent les soldats de la garnison. Des uniformes modernes ! l'aspect de la ville est si ancien que cela fait l'effet d'un anachronisme...

ENTRÉE DE LA GRANDE PLACE A MALESTROIT

Lith. BELFOND & Cⁱᵉ, 16, rue Gaillon, PARIS

De l'autre côté, le faubourg Saint-Goustan, qui a beaucoup de caractère, commence par une grande place assez triste au bout du pont, bordée de vieilles maisons de bois, basses et larges, d'un étage seulement couronné d'un pignon.

HALLE ET HÔTEL DE VILLE D'AURAY

Des ruelles escaladent le coteau ou courent parallèlement à la rive, vieilles pierres jaunies et vieux pans de bois disloqués se perdant bientôt dans les verdures des jardins et des champs. Une ruelle grimpante et raboteuse comme un lit de torrent monte à l'église Saint-Goustan où il est resté un vieux porche très simple devant la nef restaurée.

La partie principale de la ville, assise en haut de la colline de droite, est assez mélancolique. Ce sont des rues et ruelles aux petites maisons basses, aux murailles d'un gris sombre, avec, de loin en loin, de vieux bâtiments d'anciens couvents à mine sévère. Au centre de la ville est une grande place triste aussi et grise, au fond de laquelle s'élève un hôtel de ville du siècle dernier, surmonté d'un petit beffroi. Derrière cet hôtel de ville s'appuie une vaste halle couverte d'un immense comble sous lequel marchands, paysans et acheteurs semblent des ombres mystérieuses perdues sous une forêt de piliers de bois, dans les profondeurs sombres où se dessinent vaguement de grands escaliers à balustres montant à des greniers sous les charpentes.

La paroisse de ce côté est Saint-Gildas, un grand édifice de style Renaissance daté de 1636 sur l'un des pignons, présentant une haute tour du XVII° siècle, à colonnes doriques sur les angles, et un portail latéral à fronton, avec des gargouilles ogivales en forme de canons braqués sous la balustrade et posés sur la tête de lions debout aux angles du fronton. L'intérieur est gothique.

GARGOUILLE DE SAINT-GILDAS
A AURAY

Il y a encore d'autres édifices religieux : la chapelle de l'hôpital, qui dresse sur une rue un peu plus loin un petit clocher sur porche, entre deux larges contreforts ; les Capucins, et enfin l'ancienne chapelle du Saint-Esprit, déclassée et devenue caserne, avec des fenêtres de chambrées garnies de pantalons rouges dans ses grandes ogives.

C'est aux portes d'Auray, dans les landes que l'on traverse en allant à Sainte-Anne, que, le 29 septembre 1364, eut lieu le dernier choc entre Blois et Montfort, la dernière et décisive bataille qui coucha sur le sol autour du cadavre de leur chef, la plupart des partisans de Blois et termina la longue guerre civile. Auray qui depuis vingt ans avait été plusieurs fois assaillie et prise, était assiégée par Montfort, et la garnison aux abois venait de convenir de se rendre si elle n'était secourue. Quand Charles de Blois approcha, les assiégeants laissèrent loyalement cette garnison rejoindre l'armée franco-bretonne conduite par Du Guesclin. Dans les deux armées on avait l'impression que cette bataille devait abattre à jamais l'un des partis et tout terminer. Des présages avaient frappé l'esprit des deux prétendants. D'un côté, Du Guesclin, le terrible connétable, amenait à la bataille une foule de seigneurs bretons et français, les premiers barons de Bretagne ; de l'autre, Clisson commandait de non moins vaillants hommes d'armes soutenus par les compagnies anglaises de Jean Chandos et de Robert Knolles. Cette bataille fut un effroyable carnage, un horrible et confus enchevêtrement d'hommes et de chevaux, de cavaliers bardés de fer, d'archers et de coutiliers, un écrasement sous les grandes haches et les lourds marteaux de fer, un égorgement de tout ce qui tombait. Malgré les efforts désespérés de Du Guesclin qui avait tenu un instant la victoire, le désastre fut complet pour le parti de Blois, presque tous ses barons succombèrent. Dans le ruisseau sanglant coulant sous les tas de morts écrasés dans leurs armures, à côté de sa bannière déchirée, le cadavre de Charles fut trouvé, revêtu d'un dur cilice sous son armure. La Bretagne appartenait à Montfort.

Il faut voir cette route de Sainte-Anne, qui traverse le champ de bataille, un jour de grand pèlerinage, à la fin de juillet. Sur les trois ou quatre kilomètres qui séparent Auray du bourg de Sainte-Anne, on marche entre deux rangées de mendiants extraordinaires. Toute la cour des miracles bretonne s'est donné rendez-vous ici. Ils sont là tous, les descendants du pauvre *Misère*, de ce malheureux *Misère*, qui fut le premier fils d'Adam et d'Ève, l'aîné d'Abel et des autres, selon la légende bretonne qui explique tant de choses!

Sur les bas côtés de la route, psalmodiant des complaintes, des appels à la charité des pèlerins, en breton ou en français, entremêlant les deux langues, sur tous les tons de voix possibles, les uns débitant des prières monotones, ou clamant de lamentables supplications, pendant que d'autres, pour se faire entendre par-dessus le chœur, crient d'une voix aiguë leurs appels à la charité, ils détaillent leurs infirmités ou racontent le malheur qui leur est arrivé, en scandant les psalmodies explicatives d'interruptions et de soupirs.

— Ce n'est point fainéantise, bonnes gens!... c'est la maladie, bonnes gens!... la maladie! pendant des mois, bonnes gens! pendant des années! a ravagé, bonnes gens!... mon pauvre corps!...

Cela est crié en français, puis répété en breton. Cette abondante et ambulante cour des miracles d'un pittoresque horrible, a trimballé sur la route toutes les infirmités possibles, toutes les plaies qui peuvent affliger la pauvre humanité. Il en est venu de tous les coins de la Bretagne, des estropiés montrant leurs moignons, des infirmes exposant de hideuses anatomies, des femmes déguenillées exposant des poitrines effroyables et des bras desséchés, des innocentes qui ricanent et se dodelinent tirées par leurs mères, des malheureux se traînant à terre, des moitiés d'homme se roulant dans d'informes chariots de bois, tous se pressant et se bousculant autour des pèlerins, pendant que d'autres infirmes qui ne peuvent remuer gémissent sur des matelas déposés en bas du talus, ou que de graves aveugles barbus assis en haut de ces talus, enveloppés dans les trous de leurs manteaux, murmurent des *Pater noster* et des appels à la charité...

La foule des pèlerins est d'une couleur plus gaie. Ils vont par troupes serrées, par groupes du même village, par paroisses, le recteur en tête, ou par familles, tous portant au bras leurs provisions dans des paniers. Il y en a de toutes les parties de la Bretagne. Des cantons les plus lointains ou les plus enfoncés dans les terres, le chemin de fer pendant huit jours jette incessamment des convois de pèlerins sur la route; de tous les côtés il en arrive en voiture ou à pied. C'est un mélange des costumes et des types les plus divers, paysans et gens des villes, bonnes dames de province, travailleurs des champs, la faucille entourée de paille plantée derrière la tête dans le collet de leur veste, marins du Morbihan, bonnes vieilles venues de très loin et réalisant un désir caressé pendant des années, petites troupes de prêtres, la sacoche en bandoulière, religieuses de toutes les couleurs...

Les paysans, par malheur, ont trop souvent sacrifié les bragou-bras et ne portent plus que la veste, mais les femmes partout gardent fidèlement leurs beaux atours. Tous les dialectes bretons sont parlés dans la foule, on voit même des gars venus de côtés opposés qui ont du mal à faire comprendre leur celte particulier.....

Le bourg de Sainte-Anne est comble. L'église est un très grand édifice moderne de style Renaissance breton. En avant, dans une grande prairie, s'élève la *Scala sancta*, un petit édifice à coupole auquel on accède par deux escaliers latéraux formant comme un immense perron couvert. On vient de dire une messe en plein air, des quantités de pèlerins sont encore là. C'est, dans les groupes se reposant ou priant, un mélange incroyable de vulgarités et de beautés, de gens allongés sur l'herbe et dormant sur leurs paniers, et de figures réellement superbes d'expression, sculpturales, priant, le chapelet à la main, les yeux et l'âme dans le ciel.

A la fontaine miraculeuse, à côté de la prairie, les pèlerins se pressent encore, faisant des ablutions, buvant l'eau sainte et continuant leurs dévotions.

Ils ont passé la nuit où ils ont pu, dans l'église même, dans des granges, sous des tentes ou des abris préparés sous les arbres. On n'avance que pas à pas dans l'église et dans le petit cloître, on se presse aux autels pour faire brûler des cierges, et aux confessionnaux alignés très serrés dans l'église.

Ce grand pèlerinage, en l'honneur de la mère de la Vierge, fut institué au commencement du xviie siècle, à la suite des visions d'un paysan nommé Yves Nicolazic, qui construisit une chapelle en un champ désert. Un seul fait suffit pour donner une idée du nombre des pèlerins : cette année, après la grande procession aux flambeaux, on a commencé à donner la communion à minuit, et le défilé des fidèles ne s'est terminé qu'à six heures du matin.

L'heure du déjeuner est arrivé. Toutes les auberges et maisons du bourg regorgent. Une odeur de graisse et de friture plane sur tout le pays ; sur le pavé de la grande rue, des tables faites de madriers posés sur des tréteaux se couvrent de plats et de saucisses fumantes, et tout le monde s'installe dans la gaie bousculade, devant la charcuterie et les pots de cidre que l'on remplit à d'immenses tonneaux rangés devant les maisons... L'après-midi sera employée en dévotions, en visites aux petites boutiques d'objets pieux ou de médailles de Sainte-Anne... Quelques braves Bretons auront bien un peu bu quand viendra le soir et dormiront dans des coins, mais ce n'est qu'une ombre au tableau pour souligner la piété et la belle tenue des autres, et cela ne les empêchera pas quand ils seront réveillés par les cantiques, de se relever très candidement pour se joindre aux processions.

Sur le côté de Sainte-Anne, à peu de distance de la station d'Auray, il est un autre monument qui fait naître d'autres émotions par les tragiques événements qu'il commémore et par l'évocation réellement impressionnante de souvenirs des guerres civiles presque récentes. C'est la chapelle des Martyrs, annexe de la Chartreuse d'Auray.

La Chartreuse, édifice du XVIIIe siècle, remplace un couvent élevé par le duc Jean VI, vainqueur, sur son champ de victoire. La Chartreuse est occupée actuellement par une communauté qui recueille et élève les sourdes-muettes ; l'intérieur a quelques parties remarquables, comme le petit cloître vitré où les petites sourdes-muettes prennent leurs récréations l'hiver et l'église qui possède une superbe grille de chœur à grandes fleurs de lys en fer forgé.

Près de la Chartreuse, cachée dans la verdure, dans un silence de cimetière, s'élève la chapelle des Martyrs, de style grec, érigée sous la Restauration à la mémoire des royalistes fusillés à la suite de leur malheureuse expédition de Quiberon.

ÉGLISE DE CARNAC

Une jeune fille sourde et muette guide le visiteur dans le temple qui ne renferme qu'un grand mausolée de marbre orné aux angles de génies portant les palmes du martyre. La jeune muette ouvre la porte de bronze et fait signe au visiteur de la suivre dans l'intérieur du mausolée. Il n'y a rien là qu'une sorte de puits sombre, une ouverture béante dans le caveau blanc. La muette allume une lanterne suspendue à une poulie et la fait glisser dans le trou. Penchez-vous alors et vous apercevez au fond de ce puits noir, un amas d'ossements humains entassés confusément sur lesquels des crânes blanchis semblent étinceler aux lueurs de la lanterne. Cette visite faite dans le silence, les gestes de la sourde-muette qui semblent presque mystérieux, cette apparition des victimes elles-mêmes, tout est d'un effet sinistre très saisissant.

Sur les côtés du sarcophage, parmi diverses inscriptions, au-dessus d'une liste de 952 noms, des bas-reliefs illustrent quelques-uns des épisodes de la terrible journée, le débarquement des royalistes et le dévouement vraiment sublime de Gesril du Papeu qui, pour faire cesser le feu des Anglais après la capitulation, gagna leurs vaisseaux à la nage, accomplit sa mission et malgré les instances des officiers anglais, se rejeta à la mer pour s'en aller retrouver ses compagnons d'infortune et périr fusillé avec eux.

Les prisonniers de Quiberon, Sombreuil, Soulanges, d'Hervilly, Mr de Hercé, évêque de Dol, condamnés par une commission militaire, malgré la capitulation consentie sinon signée, périrent fusillés, une partie à Vannes, et une partie ici même dans la vallée de Kérézo, à l'endroit marqué non loin de la chapelle des Martyrs par une autre chapelle expiatoire.

C'est à plusieurs milliers d'années en arrière maintenant, qu'il faut remonter. La terre au delà d'Auray n'appartient pas à notre temps, ce n'est pas la France, ce n'est même pas la Gaule; c'est un sol qui malgré le temps a conservé l'empreinte puissamment marquée de ses possesseurs lointains, la terre sacrée, à ce bout du monde celtique, d'ancêtres mystérieux dont nous ne savons presque rien, mais qui ont laissé épars dans les landes, sur les rivages de la mer ou dans les îles ces monuments incompréhensibles, témoignages éternels de force et de puissance, souvenirs de grands événements absolument oubliés, tombeaux d'illustres chefs inconnus, autels de religions complètement perdues :

Le dolmen monstrueux songe sur les collines.....

Là, dans un rayon dont le centre est Carnac, le sol est couvert de pierres celtiques éparpillées, de menhirs isolés debout parmi les bruyères, de menhirs rangés en cercles formant des cromlechs, de blocs alignés en longues files, de dolmens formant allées couvertes et de dolmens enfouis sous tumulus.

Ces ancêtres d'avant l'histoire, ces grands-pères inconnus, dont le souvenir même, dans nos pays mille et mille fois remués et bouleversés, est à jamais enfoui sous les siècles accumulés, on retrouve leurs traces, on les retrouve eux-mêmes, à cette fin de terre du Morbihan, visibles à fleur de sol, dans l'éternité de ces rudes et frustes monuments qu'ils ont érigés par les plaines.

Carnac est un bourg aux maisons grises sur un sol âpre et rude balayé par le vent de la mer, on y arrive par Plouharnel, station de la petite ligne ferrée de Quiberon où de la gare même on aperçoit un beau groupe de menhirs dressés à côté d'un vieux moulin de pierre. Et partout ensuite, sur les horizons sévères, se distingueront quelques pierres énormes et sombres soulevant la maigre et grise végétation, des dolmens moussus plaqués de taches jaunes, ouvrant des trous sombres sous leurs tables ou encadrant un coin de ciel.

L'église de Carnac, mystérieuse à l'intérieur, voûtée en bois et toute peinturlurée, est un édifice du xvii° siècle, à grosse tour carrée surmontée d'une flèche, et pourvue d'un porche lourd et fort bizarre formant avec d'énormes blocs de granit un baldaquin à jour. Tout le monument est d'un gris sombre; pour sa construction les monuments celtiques ont été exploités comme une carrière, les pierres des druides sont devenues les autels chrétiens, le porche et bien d'autres parties ont été taillés, paraît-il, dans le granit des plus beaux menhirs.

Un bœuf sculpté au portail de l'église de Carnac rappelle qu'elle est dédiée à saint Cornély, patron des bœufs, invoqué contre toute épizootie. La fête du saint c'est le pardon des bœufs; tous les bestiaux des environs sont amenés à l'église, ils suivent au dehors la procession et sont solennellement bénis. Les gens de Carnac rattachent aussi le nom de saint Cornély à leurs champs de pierres; pour eux, les fantastiques menhirs de la plaine sont les *Soudards de saint Cornély*, une armée de barbares qui poursuivaient le saint pour le massacrer et que celui-ci, avec une simple invocation à Dieu, arrêta dans leur marche et pétrifia ainsi en longues files.

A travers les petites maisons, sur un sol légèrement montueux, on gagne bientôt, dans la maigre et caillouteuse lande de Carnac, les alignements du Menec où des centaines de menhirs, de blocs de toutes les formes et de toutes les dimensions, sont rangés sur onze lignes parallèles, qui se continuent, après une interruption de quelques centaines de mètres, par les dix alignements de Kermario et ensuite par ceux de Kerlescan à demi cachés sous les bois.

Des dolmens nombreux se rencontrent à travers champs, sur les points culminants. On a fouillé sous les tables de granit et l'on a trouvé souvent, avec des crânes et des ossements, des haches de silex, des colliers, des ornements de métal et même quelquefois des brassards d'or. Tout ce butin remplit actuellement plusieurs musées, le musée de Vannes, celui de Carnac et celui que l'on peut voir dans un hôtel de Plouharnel.

Les deux milliers de menhirs qui ont survécu à tant de causes de destruction, épars sur quelques kilomètres, sont les vestiges d'alignements plus considérables qui comprenaient encore douze ou quinze mille menhirs au xvi° siècle, et davantage sans doute dans les temps nébuleux d'avant l'histoire, alignements ondulés se terminant en cromlechs, réunion prodigieuse de blocs de granit apportés de loin et pour une destination inconnue.

Et de l'autre côté de Plouharnel, à Erdeven, d'autres alignements existent comprenant encore un millier de menhirs, dont quelques-uns ont jusqu'à cinq ou six mètres de hauteur.

Quand le temps est gris et que le vent gémit sur la côte, il est vraiment d'une grandeur étrange, l'aspect des landes de Carnac semées parmi les tristes bruyères de débris de menhirs brisés, hérissées de toutes ces pierres mystérieuses, de tous

LA TABLE DES MARCHANDS A LOCMARIAKER

ces fantômes de granit debout depuis tant de siècles sur des horizons mornes. Ce n'est pas affaire d'imagination : toutes les lignes du rude paysage, et les tonalités diversement sombres des ondulations à maigre végétation, des énigmatiques blocs écroulés ou debout, tout concourt à donner cette impression de sauvage désolation. Et de tous ces mystères on ne saura jamais le mot ; on ne connaîtra jamais exactement la raison d'être et la signification de ces longues rangées de mégalithes.

Bien des systèmes ont été échafaudés pour expliquer ces immenses réunions de pierres érigées dans la mélancolie des landes ou entassées parmi ronces épineuses et bruyères, sur les ondulations de la plaine vaguement bossuée de tertres disparus, de galgals émiettés à la longue, détruits par l'agriculture ou traités comme des carrières naturelles.

Interrogés par la science, partout au pied des dolmens le pic des chercheurs a découvert des restes de sépulture, des vestiges d'incinération. Il semble certain que la grande lande qui s'étend au long de la mer, de Carnac ou même de Locmariaker à Erdeven et Belz, sur cinq ou six lieues de longueur, fut un immense cimetière, une nécropole religieuse et peut-être nationale, où parmi les enceintes sacrées et les sanctuaires dessinés par les pierres dressées, les chefs religieux, les

Lith. BELFOND & Cie, 10, rue Gaillon, PARIS

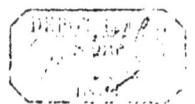

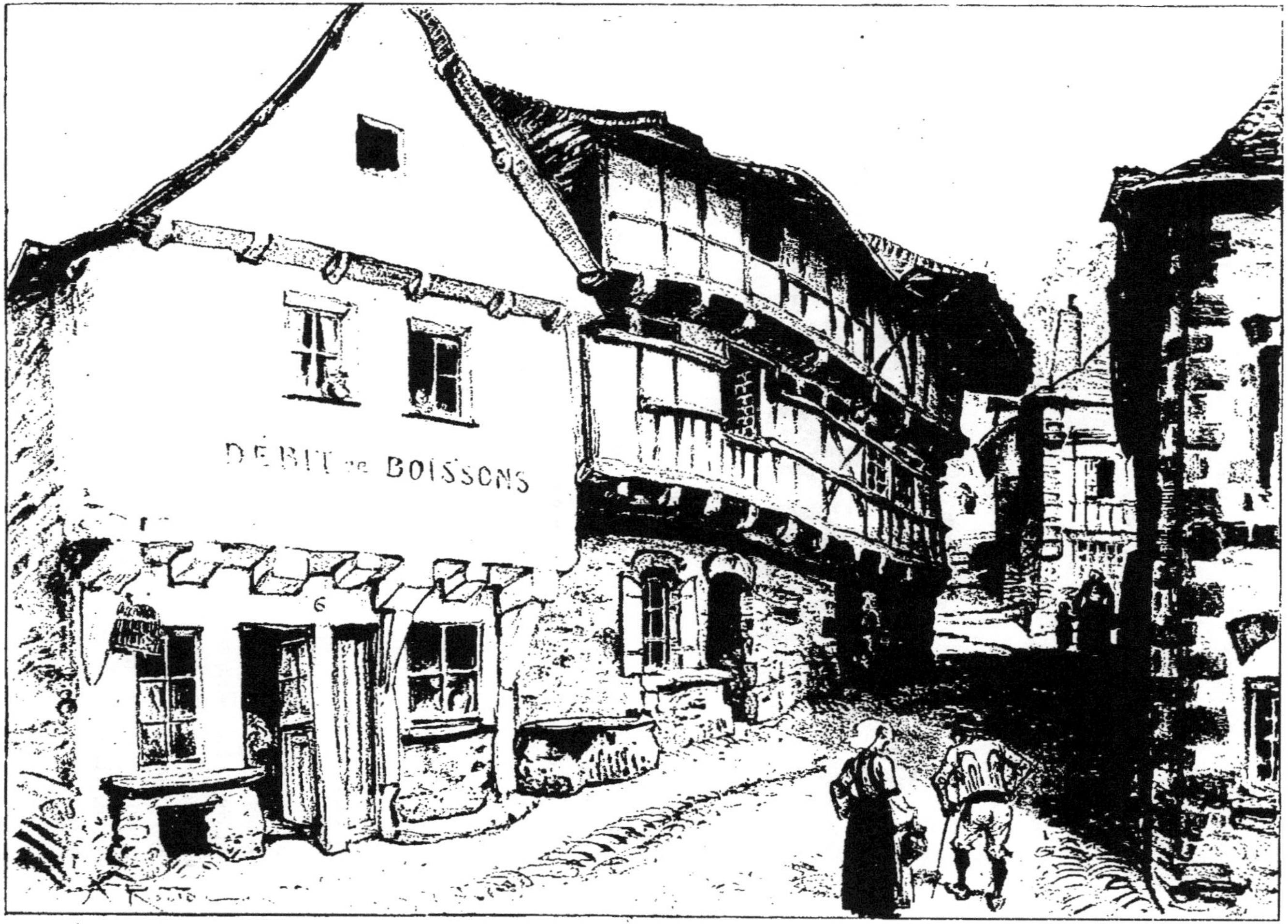

druides renommés et les grands chefs de guerre, venaient dormir leur dernier sommeil bercé par la plainte éternelle de l'Océan.

Quel caractère de grandeur imposante et mystérieuse devait avoir alors la lande funèbre, mamelonnée de carns plus ou moins hauts, hérissée sur des lieues de longueur de ces peulvens, de ces menhirs alignés à perte de vue ou rangés çà et là en cercles mystiques, dominés par le grand tumulus de Saint-Michel où, du fond de sa grotte sépulcrale, l'âme de quelque grand chef semblait planer encore sur sa

LA TABLE DE LA FÉE, A LOCMARIAKER.

terre et sur ses guerriers ensevelis autour de lui. Sur ce territoire de Carnac, tous les noms de localités dérivent d'une idée funèbre. D'après les celtisants, Menec signifie *lieu du souvenir*, Kermario, lieu ou cité de la mort, Kerlescan, lieu des cendres, Carnac, *ossuaire*, et Plouharnel, village d'ossuaires.

La destination funéraire de cet immense champ de pierres reconnue, une portion de mystère n'en reste pas moins que toutes les trouvailles sous les ruines de dolmens écroulés ne peuvent éclairer. Que saura-t-on jamais des hommes enfouis là, avec leurs haches de pierre, leurs ornements et leurs colliers? Que saura-t-on des peuples qui ont édifié de pareils monuments en nombre si colossal?... Tous les rêves sont permis quand on songe au formidable travail que tout cela représente et aux difficultés d'érection, aux ressources de tous genres nécessaires, aux moyens employés pour couvrir les dolmens de tables de pierre pesant des milliers de quintaux et pour dresser l'énorme obélisque aujourd'hui renversé de Locmariaker dont on évalue le poids à 250,000 kilogrammes !

Tout ce qui, de ces monuments, a survécu aux ravages, non pas du temps, impuissant contre l'indestructible granit, mais des hommes, aux destructions opérées en grand jadis, est actuellement sauvé. Les champs de Carnac, monuments historiques, sont sous la sauvegarde de l'État, qui achète les landes couvertes d'alignements, relève les menhirs tombés, et rétablit, quand la chose est possible, les dolmens affaissés.

La plaine de Carnac est dominée par la butte de Saint-Michel, le plus important tertre sépulcral de France, un immense galgal, agglomération de pierres tassées formant une butte de vingt mètres de hauteur sur quatre-vingts de longueur. Des chercheurs ont en partie fouillé ce gigantesque tumulus et trouvé un dolmen souterrain au fond duquel, dans la chambre funéraire, ils ont pu recueillir, au milieu de cendres et d'ossements calcinés, quelques haches et un collier de jade.

Une modeste chapelle couronne le carn de Saint-Michel à l'un des bouts du plateau, elle a remplacé une construction du moyen âge qui, elle-même, avait été précédée sans doute d'un monastère des premiers âges du christianisme. Du sommet de ce tumulus, toute l'immense lande druidique apparaît et toute la côte découpée en criques, avec Belle-Isle au large, avec la grande pointe de Quiberon, la presqu'île basse allongeant une ligne de rochers sur une bordure de sable jaune, au bout d'un isthme étroit et long que défend le fort Penthièvre de sinistre mémoire.

C'est sur la grève de Carnac, au-dessous de la chapelle Saint-Michel que, le 2 juin 1795, débarqua l'armée des émigrés ; et c'est sur les sables de Quiberon que, après une pointe sur Auray dont la garde nationale prit tout entière la cocarde blanche, après quelques combats et l'échec de la tentative de soulèvement de la Bretagne, acculées à la mer par les manœuvres de Hoche, jetées dans les vagues par les baïonnettes républicaines, devant les embarcations de la flotte anglaise que la tempête empêchait d'approcher, les bandes royalistes périrent désespérées.

Au-dessous du tumulus de Saint-Michel passe la route de Locmariaker, sur la petite mer du Morbihan. On gagne, en quittant ce territoire de Carnac, le petit port de la Trinité-sur-Mer, placé dans un fiord très mince, simple fissure par laquelle un filet de mer remonte à quelques kilomètres dans les terres. Un bac est établi au goulet du fiord, au passage de Kérisper ; c'est l'affaire d'un grand quart d'heure de lutte contre le violent courant pour aborder à l'autre rive.

Le terrain est plus accidenté, il n'y a plus d'alignements de ce côté, mais de nombreux dolmens et des plus beaux se rencontrent, avec quelques menhirs, sur les renflements du sol. Là, soulevant les bruyères qui couvrent les tertres, les énormes blocs de rocher dominent les vastes étendues de la petite mer du Morbihan et la longue bande de la presqu'île de Rhuys fermant l'horizon du côté de l'Océan, par-dessus les nombreuses îles ou îlots, où d'autres mystérieux dolmens perdus en mer écoutent depuis tant de siècles le silence des solitudes.

Locmariaker est un bourg de deux mille habitants dans une anse de la rivière d'Auray, devant le goulet donnant entrée dans le Morbihan, abritant ses barques de pêche et ses navires derrière une petite jetée qui pointe sous l'église.

Tout l'intérêt du pays est dans ses beaux monuments mégalithiques. A deux pas des maisons, au sommet du coteau, sont les plus grands dolmens connus, ouverts ou sous tumulus. Le *Mané-lud*, « Montagne de cendres, » vaste chambre sépulcrale enfouie sous un long tumulus ; le *Dol ar Marc' hadourien*, « Table des marchands, » magnifique dolmen dont les pierres portent quelques dessins gravés et qui encadre sous sa longue table tout un morceau étincelant du Morbihan. A côté gît le *Men-er-Hroeck*, « la pierre de la fée, » le plus haut menhir dressé sur la lande par les Celtes barbares, un prodigieux monolithe qui comptait jadis vingt et quelques mètres de hauteur, c'est-à-dire presque la hauteur de l'obélisque de Paris, avant que le feu du ciel ne l'eût couché en quatre morceaux dans les broussailles.

Presque dans les maisons de Locmariaker, se trouve encore un énorme dolmen, le *Dol-er-Hroeck*, « la table de la fée, » dont l'énorme pierre de recouvrement, longue de neuf mètres et large de près de cinq, s'est brisée par le milieu.

Il y en a bien d'autres semés aux alentours, menhirs debout ou renversés, allées couvertes, dolmens à demi enfouis ou grottes sépulcrales.

Le plus curieux des dolmens sous tumulus est le très célèbre dolmen de Gavr'inis dans une toute petite île du Morbihan. Il faut prendre un bateau à Locmariaker et naviguer pour l'atteindre pendant une demi-heure ou une heure et demie, suivant le vent et la marée. Le courant dans le chenal d'entrée est terrible et l'on a quelquefois de la peine à doubler les premières îles. Gavr'inis est un simple îlot derrière l'île Longue, il n'y a qu'une maison et un habitant, une bonne femme dont le mari travaille dans l'île aux Moines.

L'îlot se relève au centre en un tertre broussailleux qui est un tumulus fouillé seulement en 1832, avec une sorte de trou de renard au sommet, laissant filtrer dans l'intérieur un faible rayon de lumière. Au fond de ce tumulus une galerie longue de treize mètres sur un mètre cinquante de largeur mène à une chambre sépulcrale d'une largeur double ; les menhirs constituant l'allée couverte et les parois de la chambre sont ornés de bizarres sculptures ou plutôt de dessins gravés, cercles et ornements étranges. Ces énormes pierres sont paraît-il, d'un granit étranger à l'île, et ont été apportées d'assez loin peut-être.

Du sommet de la butte, tout le golfe du Morbihan apparaît, un îlot verdoyant en avant, avec des terrains cultivés, des groupes d'arbres et une ferme ; puis la grande île aux Moines et l'île d'Arz qui comptent quelques villages et un millier d'habitants chacune, et enfin sur la droite, la presqu'île de Rhuys où se cachent Sarzeau, les grosses tours de Sucinio, — l'important château des ducs de Bretagne qui joua un certain rôle dans l'histoire, — Saint-Gildas de Rhuys sur le rivage de l'Océan, où fut l'ancienne abbaye d'Abélard.

MAISONS PRÈS DE L'ÉGLISE A HENNEBONT

XXVII

HENNEBONT. — LORIENT

LA VILLE CLOSE. — NOTRE-DAME DE PARADIS. — LE GRAND SIÈGE D'HENNE-
BONT. — JEANNE LA FLAMME. — LE PORT DE LORIENT

Qu'ils sont charmants et pittoresques, ces pays de Bretagne blanchissant sous la verdure dans l'ensoleillement de leurs collines, ces petits ports de rivière où les navires de la grande mer, après avoir passé les côtes défendues par de dures et noires murailles de granit, viennent se nicher tranquilles, à l'abri de toute bourrasque, dans un doux petit coin de paysage riant !

Voici Hennebont qui semble un autre Quimperlé par son gracieux aspect dans le balancement de ses grands arbres. C'est une vieille petite ville étagée sur deux coteaux séparés par le Blavet, jolie rivière qui s'en va, en sortant de son couloir de collines resserrées en avant d'Hennebont, former conjointement avec le Scorff, le grand port de Lorient à quelques kilomètres.

NOTRE-DAME DE PARADIS A HENNEBONT

Le chemin de fer, après avoir traversé le Blavet sur un large viaduc, touche à Hennebont par son faubourg de la rive droite en haut de la route de Lorient. Une chaussée descend au pont par un détour, mais une voie plus courte s'offre, la rue Vieilleville, qui plonge directement en bas par une descente à pic à travers d'antiques bâtisses de pierres, à l'épiderme revêtu de la patine des siècles, de fortes et rudes maisons grises ou d'un jaune noir, ayant des mâchicoulis simulés sous la corniche et très peu d'ouvertures.

Des bouts de tours s'entrevoient à travers les arbres des jardins, sur des pierres devant les vieilles portes basses et cintrées de ces maisons, de vieilles femmes tricotent ou filent, jasant et bretonnant en travers de cette rue, d'une pente si raide qu'encore un peu on serait obligé de descendre en courant sans pouvoir s'arrêter.

Le bas de la colline est bientôt atteint, on est au pont devant la *ville close* de l'autre rive. Par ici encore, la rive du faubourg est bordée, au-dessus du chemin, de grosses roches couronnées de hauts bâtiments rébarbatifs.

Tous les sourires sont pour l'autre côté que le soleil de l'après-midi illumine et caresse. Hennebont sur ses coteaux fait vraiment un joli tableau, d'un charme très grand, un vaste paysage qu'en remontant un peu devant le pont on admire encore mieux.

En amphithéâtre sur une jolie colline en pente douce, les maisons se superposent, dessinant des rues grimpantes ou tournantes, toutes bien encadrées de verdures, avec des moutonnements de feuillages partout, sur lesquels les vieux toits se détachent admirablement. Çà et là des pointes de tours ou des bouts de remparts jaunis. En haut, par-dessus les maisons blanches, par-dessus les grands arbres des pentes, une belle flèche d'église s'élève dans le ciel toute dentelée de crochets et hérissée de tourelles ou de clochetons.

De chaque côté de ce bel étalement du vieil et coquet Hennebont sur les pentes de son coteau, se dessinent de beaux tournants de rivière fortement encaissés de collines où, dans l'atmosphère limpide, vers des fonds bleuâtres traversés de coups de soleil, des bateaux naviguent à travers la verdure.

Bien vieille, mais très gaie et très aimable, est la bonne ville à l'intérieur. En face, devant le pont, pour témoigner tout de suite de son vaillant passé, s'étend une ligne de murailles crénelées, une courtine de jadis qui renferme tout pacifiquement aujourd'hui quelque chose comme des magasins de vins. Une large rue monte sur le côté, dans la ville close, à travers les vieux quartiers, vers la grande place ouverte devant l'église.

Sur les rues plus ou moins larges, plus ou moins vieilles, sur les carrefours, bien des façades anciennes, restées intactes, renforcent d'une note chaudement pittoresque le bon aspect de l'ensemble et dessinent des coins mouvementés particulièrement intéressants. Ce sont des maisons pas bien hautes, quelquefois à pans de bois sur la façade, entre de gros murs latéraux ou de vieux pignons à grands toits. En tournant vers l'église ou vers la vieille porte de ville convertie en prison, rue Moricette, rue des Gentilshommes où je relève une inscription sur une porte d'auberge : « *Ici on trempe la soupe,* » il y a comme cela de nombreux vieux logis du xvie ou xviie siècle. Une maison datée de 1612, derrière la place de l'église, profile sur une ruelle une tourelle et de vieux murs gris à modillons sculptés sous les corniches. Tout près est le *Puits ferré*, au milieu d'un petit carrefour. C'est un puits à margelle surélevée de deux marches, surmontée d'une belle ferronnerie qui suspend quatre poulies à ses rinceaux terminés en feuillages contournés.

Les coiffes des femmes d'Hennebont, — c'est le moment de le remarquer autour de ce puits où les ménagères du quartier, le seau à terre, font la causette, — ne sont pas fort jolies, elles sont immenses, entourent la figure et retombent sur les épaules comme des espèces de capuches blancs.

L'église Notre-Dame de Paradis s'élève en haut d'une vaste et longue place en pente, entourée de grandes maisons de pierre et de vieux hôtels à hauts combles ardoisés d'une assez belle tournure. L'édifice de la fin du style ogival élève sur son porche une grosse tour jaune, avec une flèche de pierre, sur un étage en retrait flanqué de hauts clochetons réunis par des arcs-boutants qui se silhouettent fort agréablement sur le ciel.

Le grand portail, au bas de la tour, est superbe, c'est une très haute ogive aux élégantes découpures dentelées ouvrant sur un porche profond dont les murs sont garnis de fausses arcatures. Très fantastiques les gargouilles accrochées à la tour et autour de la nef, elles ont un faux air de chimères d'Extrême-Orient et ressemblent plutôt au chien de Fo des Chinois et des Japonais qu'à des monstres gothiques. L'intérieur de Notre-Dame de Paradis n'offre rien de bien remarquable; il y a seulement quelques jolies fenêtres flamboyantes ou à meneaux dessinant une grande fleur de lys.

Quelques bouts de rue imprévus, quelques coins sont à noter encore dans la ville close, par exemple rue Launay derrière la grande place, en contre-bas des grands hôtels, où la ruelle est enjambée par un petit pont à balustres de pierre, une simple passerelle en escalier, grimpant d'un petit balcon-terrasse au deuxième étage de la maison d'en face, ou plus loin le petit porche de la Congrégation, dans un angle de ruelle tournante, sous des toits que surmonte un petit clocheton ardoisé; puis de vieilles tours dans l'intérieur des cours, débris des anciennes fortifications et de grandissimes maisons de pierre à pavillons en pans de bois, dans la rue Portenbas, aux vieux murs de pierres noircies.

LE PUITS FERRÉ A HENNEBONT

Une porte de l'ancienne enceinte est restée debout, ouverte entre deux grosses tours rondes qui ont gardé leurs combles et leurs mâchicoulis; elle sert, je crois, de prison, destination que soulignent suffisamment d'énormes grillages de fer aux rares ouvertures.

Hennebont, en breton *Hen-Pont*, le vieux pont, cette douce et gracieuse petite ville enchâssée dans la verdure, fut une des fortes places de Bretagne. En tête de ville, sur la colline de la rive droite au-dessus du port établi dans le tranquille bassin du Blavet, elle eut une forteresse ducale dont il reste quelques pans de murs en haut du faubourg à l'aspect si ancien.

Ville aujourd'hui si riante et château disparu, enceinte de tours et rébarbatif donjon ont eu, aux temps du moyen âge, particulièrement au XIVe et au XVIe siècle, une existence agitée, et leur rôle fut important dans les grandes guerres de compétition entre Blois et Montfort, et ensuite pendant la Ligue.

RUE PORTENEUVE A HENNEBONT

Nombreux furent les sièges subis et les assauts vaillamment repoussés. Maintes fois ces débris du château, ces grosses tours perdues dans les maisons de la ville, ces fragments de courtines crénelées ont vu se dresser sur le revers de leurs

Lith. BELFOND & Cⁱᵉ, 10, rue Gaillon, PARIS

fossés les machines de guerre de Charles de Blois ou de Du Guesclin, s'établir les batteries de canons des royaux du prince de Dombes ou des Espagnols du duc de Mercœur.

L'épisode le plus célèbre de ces annales guerrières et aussi l'un des faits les plus grandement importants de la guerre civile, ce fut le siège subi dans les murailles d'Hennebont en 1341, par la vaillante comtesse de Montfort, Jeanne la Flamme.

VIEILLE PORTE A HENNEBONT.

La longue et sanglante tragédie bretonne commençait. Jean de Montfort venait d'être pris au siège de Nantes par l'armée franco-bretonne de Charles de Blois ; sa femme Jeanne de Montfort, loin de perdre courage, prit en main la direction de sa cause, elle envoya son fils âgé de trois ans, le futur vainqueur d'Auray, à Londres, traita avec le roi d'Angleterre et se jeta dans Hennebont pour y attendre des secours. Hennebont était peu auparavant tombé en son pouvoir par surprise, enlevé par un chevalier Henri de Spinefort à son frère Olivier de Spinefort, gouverneur pour Charles de Blois.

Charles de Blois espérant prendre la comtesse et finir la guerre d'un seul coup, s'en vint rapidement mettre le siège devant Hennebont. Mais alors Jeanne de Montfort montra un cœur vaillant d'héroïne. Endossant l'armure de guerre, chevauchant par la ville pour exhorter les bourgeois au courage, surexcitant les dévouements, courant aux remparts et prenant part aux sorties, elle fut l'âme de la défense, le véritable capitaine parmi les chevaliers qui l'entouraient.

A peine les soldats de Charles se furent-ils heurtés aux murailles, que les chevaliers d'Hennebont tombèrent sur eux pour escarmoucher et gêner leurs travaux. Armée de pied en cap, la comtesse parcourait les remparts et faisait tout préparer pour repousser les assauts, pièces de bois, pierres, pots de chaux vive; elle surveillait le placement des engins et bombardes. Comme les gens d'Hennebont excités à la vaillance par la vue de la noble dame en corselet de fer à l'endroit le plus chaud des remparts, repoussaient un assaut rudement donné, Jeanne s'avisa d'un bon tour de guerre.

Sautant sur son *palefroi blanc*, comme le dit le chroniqueur Froissart et aussi le vieux chant breton du *Barzaz-Breiz*, elle sortit soudain par une porte non assaillie et se jeta avec trois cents hommes d'armes sur le camp mal gardé de Charles de Blois. En quelques minutes la garde du camp est culbutée et Jeanne fait mettre le feu aux tentes et aux pavillons, aux chariots de l'ennemi ; alors l'assaut est abandonné, toute l'armée franco-bretonne se retourne sur la sortie ; *Jeanne la Flamme*, comme l'appelle le chant breton, est coupée de la ville...

Ne pouvant rentrer dans Hennebont, la petite troupe se serrant autour de la comtesse s'ouvrit un passage à grands coups d'épée, et chevaucha droit devant elle vers Auray qui tenait encore pour Montfort.

Un peu de désarroi s'était mis dans Hennebont, mais cinq jours après, Jeanne la Flamme reparut subitement, avec cinq cents hommes d'armes cette fois, et rentra presque sans coup férir dans ses murailles au bruit des cloches d'allégresse et des trompettes.

L'armée franco-bretonne, ayant à venger l'échec de ses assauts et l'incendie de son camp, poussait furieusement le siège, des *chats* avaient attaché le mineur au rempart que douze grands engins amenés de Rennes couvraient de projectiles et de blocs de rocher. Bientôt la situation des assiégés derrière leurs remparts si vigoureusement battus s'assombrit, le découragement se mit parmi les chevaliers qui ne pensaient plus pouvoir tenir longtemps sur les murs croulants, et parmi les bourgeois qui se voyaient désormais à la merci d'un assaut.

Déjà l'évêque Guy de Léon était allé au camp assiégeant et avait ouvert des négociations ; les chevaliers, voyant la situation désespérée, allaient traiter de la reddition. La comtesse les supplia d'attendre encore trois jours, et convint de rendre la ville si dans ce délai nul secours n'arrivait d'Angleterre. Alors du haut des tours du château, Jeanne, la mort dans l'âme, veille anxieusement. Rien ne paraît pendant trois jours, les grèves au loin restent solitaires et nulle voile ne remonte le Blavet. Le troisième jour finissant, l'évêque, les chevaliers et les bourgeois réunis dans une salle du château annoncent à la comtesse qu'ils vont ouvrir les portes, lorsque Jeanne, jetant un dernier regard d'angoisse vers l'horizon, par delà le camp assiégeant, pousse un cri de triomphe. Des voiles en grand nombre filaient sur le Blavet, c'était la flotte d'Angleterre tant attendue.

Les secours arrivés, la comtesse festoie joyeusement ses défenseurs, puis à la fin du festin, tous les chevaliers échauffés, Gaultier de Mauny en tête, rebouclent leurs armures et tombent sur les assiégeants. Un combat furieux s'engage, les assiégés ont le dessus, ils bouleversent et renversent tout, ils font un horrible massacre et parviennent à brûler les machines.

Charles de Blois fut contraint à la retraite, mais, une seconde fois dans la même année, les tours d'Hennebont virent reparaître son armée avec des engins nouveaux et le siège recommencer, mais sans plus de succès.

Trente ans après, Hennebont fut pris d'assaut sur une garnison anglaise par le connétable Du Guesclin. Deux siècles de tranquillité suivirent, puis les bonnes murailles furent réveillées par le canon des guerres de la Ligue. Elles allaient connaître encore les terribles émotions des sièges et le fracas des assauts.

Ce ne sont plus les Anglais qui remontent le Blavet, mais les Espagnols apportant leur concours au duc de Mercœur, maître de la Bretagne pour la Ligue. Les royaux commandés par le prince de Dombes ont pris Hennebont, ils occupent aussi un fort commandant l'entrée du Blavet, à Locpéran aujourd'hui Port-Louis, en avant du point où se fondera plus tard Lorient.

Les ligueurs, réunis aux Espagnols, durent prendre d'assaut le fort de Locpéran; excités par la résistance des habitants, ils tuèrent tout dans le village. Cette mise à sac est célèbre par la mort de trente jeunes filles qui se précipitèrent du haut des rochers dans la mer pour échapper aux outrages des soudards castillans.

Locpéran pris, les Espagnols s'y installèrent, gardant une porte sur la Bretagne. Hennebont bientôt tomba également, la Ligue y resta maîtresse jusqu'à la fin et les Espagnols ne quittèrent Locpéran qu'à la paix.

Plus en arrière dans la rivière, à la jonction du Blavet et du Scorff, dans une côte aux profondes découpures, aux longues pointes noirâtres, s'ouvre le grand port militaire de Lorient qui a grandi aux dépens de Port-Louis et l'a étouffé.

Lorient, patrie de Brizeux, le grand poète qui chanta la vieille Bretagne, est une ville neuve, née au xviiie siècle d'un entrepôt établi par la compagnie des Indes. Cet entrepôt prit peu à peu de l'importance; la ville naquit, s'augmenta continuellement de magasins, de chantiers de construction et enfin, baptisée *l'Orient*, pour rappeler son origine commerciale et les pays vers lesquels voguaient ses navires, elle devint ville forte, entourée au commencement du xviiie siècle de remparts élevés par la compagnie elle-même. Ces remparts eurent bientôt à repousser une attaque des Anglais, essayant en 1746 de détruire les établissements continentaux d'une compagnie puissante et prospère qui les inquiétait vivement par ses progrès commerciaux et militaires dans l'Inde.

D'agréable aspect dans son enceinte de remparts que des promenades ombragées relient au faubourg de Kérantrech, Lorient malgré tout, étant ville régulière, trop régulière, correctement bâtie sur des rues tirées au cordeau, n'a rien pour surexciter l'intérêt de quiconque n'est pas marin. Le principal c'est le port et l'arsenal, la ville à côté n'est que l'accessoire. Quand on a vu l'église Saint-Louis, du xviiie siècle et sur la place à côté, sous les petits arbres, la statue de l'enseigne Bisson qui se fit sauter avec son brick dans l'Archipel grec, on a tout vu.

Toutes les rues se ressemblent, elles aboutissent au quai ombragé longeant le port marchand, ou bien au grand mur qui enferme le port militaire et l'arsenal.

Le port militaire avec tous ses établissements, avec ses innombrables bâtiments avec ses pontons, ses vieilles frégates et tous ses navires, et tout son mouvement maritime et militaire, voilà tout l'intérêt de Lorient. Ces établissements ont un réel aspect de grandeur et en même temps un caractère architectural plus marqué qu'ailleurs en d'autres ports militaires, dus à ce que Lorient est une œuvre d'ensemble où le XVIII° siècle a mis son ampleur et sa note artistique.

L'entrée a une certaine majesté par la *Place d'armes* plantée d'arbres et encadrée de grands bâtiments, d'imposants pavillons construits par la compagnie des Indes; ces beaux édifices, les lignes d'arbres qui égayent les bâtiments blancs et tout l'immense développement de casernes, de magasins et d'ateliers, d'arsenaux et de parcs d'artillerie, de bassins et de quais, sont dominés par la haute et mince

UNE RUELLE A HENNEBONT

Tour de la Découverte, dressée aussi au XVIII° siècle sur un piédestal de verdure, pour surveiller la rade.

TOURS DU CHATEAU NEUF A CHATEAUBRIANT

XXVIII

REDON. — CHATEAUBRIANT

LE CLOCHER ISOLÉ DE REDON. — L'ABBAYE DE SAINT-SAUVEUR
RUINE MOYEN AGE ET CHATEAU RENAISSANCE
LE BOULEVARD DE LA TORCHE. — FRANÇOISE DE CHATEAUBRIANT

Pour gagner Nantes, et après Nantes le pays de Guérande, au bout des rivages de la Loire, par le chemin des écoliers, il y a encore quelques villes à voir. Sur la lisière des deux départements du Morbihan et de la Loire-Inférieure, apparaît la ville de Redon, en de jolis paysages boisés sillonnés par la Vilaine, par l'Oust qui vient de Josselin et par le grand canal de Nantes à Brest qui traverse toute la Bretagne, en empruntant successivement le lit de plusieurs rivières.

Redon est une toute petite ville, régulière et d'aspect paisible, assise sur les bords de la Vilaine et du canal, au pied de la haute tour gothique de l'ancienne abbaye de Saint-Sauveur, mère de la ville.

La ville est peu de chose, une longue grande rue coupée de ruelles transversales, et un quai à grandes maisons du siècle dernier. Peu de monuments, des petites rues calmes donnant sur des coins de paysage reposés, de vieux petits pignons sans grande apparence le long de la grande rue, voilà Redon.

Seule la place de l'Église relève un peu la modestie de l'ensemble. On aperçoit du chemin de fer qui coupe la ville en deux cette grande place avec le haut clocher dressé isolément en avant de l'église. Cette antique église abbatiale est un bel édifice roman assez abîmé extérieurement, moins par les siècles que par un grand incendie qui fit tomber la façade au siècle dernier et sépara l'église de sa grosse tour. Aux belles nefs romanes s'ajuste un magnifique chœur gothique du XIIIe siècle élevant de belles arcatures sous un triforium transparent très élevé.

CLOCHER CENTRAL DE SAINT-SAUVEUR DE REDON

L'église extérieurement présente d'intéressantes particularités. Une tour centrale romane est campée sur la croisée, une petite tour trapue, carrée aux angles arrondis, portant en retrait l'un sur l'autre deux étages d'arcatures très basses ouvertes comme des trous noirs. Saint-Sauveur, relié sans doute jadis aux fortifications de l'abbaye et de la ville, montre du côté du chœur des mâchicoulis à consoles et aussi, en certaines parties, de grands mâchicoulis en arcs d'ogive, jetés d'un contrefort à l'autre. Derrière l'église, les anciens bâtiments conventuels du XVIIe siècle, occupés par le collège, alignent aussi du côté du port quelques vieilles terrasses crénelées, derniers restes des remparts.

Le clocher isolé de Saint-Sauveur, devant le portail plaqué contre l'église diminuée de quelques travées, est un superbe morceau d'architecture gothique du XIVe siècle. C'est une masse vraiment belle se silhouettant admirablement, une grosse tour carrée appuyée de solides contreforts et d'une tourelle d'escalier également carrée sur un angle. La décoration c'est, dans le bas, la trace des ogives ou des arcatures de l'ancienne nef, et dans le haut, de grandes fenêtres ouvrant entre deux cordons de quatre-feuilles sculptés. Sur la grosse masse de la tour s'élève une petite flèche de pierre flanquée de petits clochetons.

Comme ces armures de fer dans les musées, fières et rébarbatives, heaume en tête et visière baissée, à pied ou dressées sur quelque cheval de bois, la lance ou l'épée au poing, donnant l'illusion de la vie, mais cependant vides de l'homme d'armes qu'elles ont revêtu et qui les a menées naguère en quelques chauds endroits, ainsi, sur les collines de Bretagne, bien des châteaux dressent intactes ou mutilées les vieilles tours féodales, armures de pierre donnant l'illusion du passé, solides corselets de chevaliers casqués d'ardoises, la girouette au poing en guise de pennon, fièrement campées sur quelque roc ou quelque groupe de collines, planant toujours sur les espaces comme du temps de leur guerroyante jeunesse.

De ces carapaces héroïques, vides aujourd'hui comme les armures des musées, combien en restent encore, ainsi éparpillées dans l'immense musée des champs, de ces manoirs perdus au fond des bois ou par les landes, de ces donjons fendus, cadavres au ventre ouvert debout sur l'ancienne motte seigneuriale, de ces castels épars dans les campagnes, châteaux plus ou moins épargnés par les guerres et le temps au-dessus du gros bourg, leur seigneurie de jadis, ou châteaux de ville, bastille ducale ou royale dressée en avant de l'enceinte murale d'une bonne ville comme supplément de défense !

Châteaubriant, charmante petite ville des confins de la Bretagne, en Loire-Inférieure, vers les provinces du Maine, montre ainsi sur le coteau qui la domine un antique souvenir de son passé féodal, plus qu'un château, deux châteaux réunis et contigus, c'est-à-dire les ruines formidables d'une forteresse du moyen âge et les tours et pavillons d'un beau château de la Renaissance bien conservé.

Au-dessus de l'étang de la Torche, sur une belle croupe de collines chargée de grands arbres laissant apercevoir dans le balancement de leurs branches tantôt d'élégantes lucarnes de la Renaissance, tantôt de grands pans de murs ébréchés et percés de trous, un double château s'élève : d'abord un vieux guerrier des rudes siècles des batailles, criblé de blessures et mutilé, une ruine sur laquelle çà et là des tâches de plâtre coulé dans quelque trou font l'effet de charpie et quelques menus ratistolages ou travaux d'aménagement, — car ces ruines sont habitées, — semblent des compresses et des bandages; puis à côté de la ruine féodale, un château de temps qui furent, sinon plus doux, du moins d'apparence moins rude, un château de la Renaissance, un palais du xvie siècle encore armé de tours mais cuirassé de moins fortes pierres.

La ville de Châteaubriant au pied de son double château, a dès longtemps brisé sa ceinture de murailles particulières et s'est un peu répandue par les brèches qu'elle y a faites; c'est une petite bourgeoise qui dédaigne ses atours de jadis et changé peu à peu chaque pièce de sa toilette, mais pas toujours, pas souvent au bénéfice de sa beauté. Ainsi font toutes nos villes, à l'exception de celles qu'une heureuse pauvreté met à l'abri des tentations d'une fausse coquetterie.

Une petite rivière longe les maisons de Châteaubriant; elle baigne encore sur un point un fragment d'anciennes murailles bien modifiées, amalgamées avec les maisons arrangées en un très joli tableau. C'est sur le boulevard de la Torche : Un petit pont de pierre aux toutes petites arches, donne entrée en ville devant les prairies et les maisons éparpillées du faubourg campagnard de Saint-Jean-de-Béré. Murailles couvertes d'herbes, morceaux de tours apparaissant au-dessus des maisons accrochées aux bouts de rempart, petit pont de bois jeté dans le fossé, portes ouvertes dans la muraille pour descendre à des pierres où des laveuses battent leur linge, tout cela se reflète dans l'eau tranquille, — mais pas pour longtemps, hélas! car on comble le large fossé qui n'aura bientôt plus qu'un mince ruisseau coulant presque invisible au pied des murs.

Ces murailles se retrouvent encore sur d'autres points, mais sans grand aspect pittoresque. Quelques façades curieuses brillent aussi çà et là parmi les vieilles maisons de Châteaubriant, donnant bonne figure à quelques carrefours de la Grande-Rue, rue du Pélican ou rue de Couëré. Sur une vaste place irrégulière s'élève comme à Redon un clocher isolé, mais un clocher peu joli, un clocheton quelconque planté sur une tranche d'église, ancien portail plaqué de colonnes de l'ancienne église Saint-Nicolas démolie. Ce clocher va disparaître aussi, on achève la nouvelle église, bel édifice gothique dont l'abside complètement terminée est flanquée à droite et à gauche à côté de curieux petits porches, de belles sacristies à pignons portant en leur milieu un coffre de cheminée en encorbellement à l'extérieur.

L'église Saint-Jean de Béré, dans le faubourg, est en restauration; celle-ci, simple église de campagne, est romane; son entrée a beaucoup de caractère par le vieux porche à rudes ornements, ouvrant près d'un bas-relief sous auvent, représentant une Annonciation un peu mutilée. L'intérieur, en contraste malheureux avec sa sévère architecture, a des autels du XVIIe siècle, énormes et contournés, chargés et rechargés de sculptures.

La colline aux deux châteaux s'élève en pente douce du côté de la ville, elle est plus abrupte vers le faubourg de la Torche que baigne un petit étang. Là, de grands arbres moutonnent et grimpent jusqu'en haut de l'escarpement sous les murailles ruinées. C'est le côté du vieux château, une ligne de courtines et de tours criblées de trous, montrant le ciel à travers leurs brèches. Bel aspect romantique de la grande ruine, des tours ouvertes dans leur partie supérieure, à tous les vents, crevassées et embroussaillées à leurs sommet et habitées dans leur partie infé-

37 [illegible] INTÉRIEUR DU CHATEAU — Lith. BELFOND & Cᵉ, 10, rue [illegible]

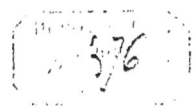

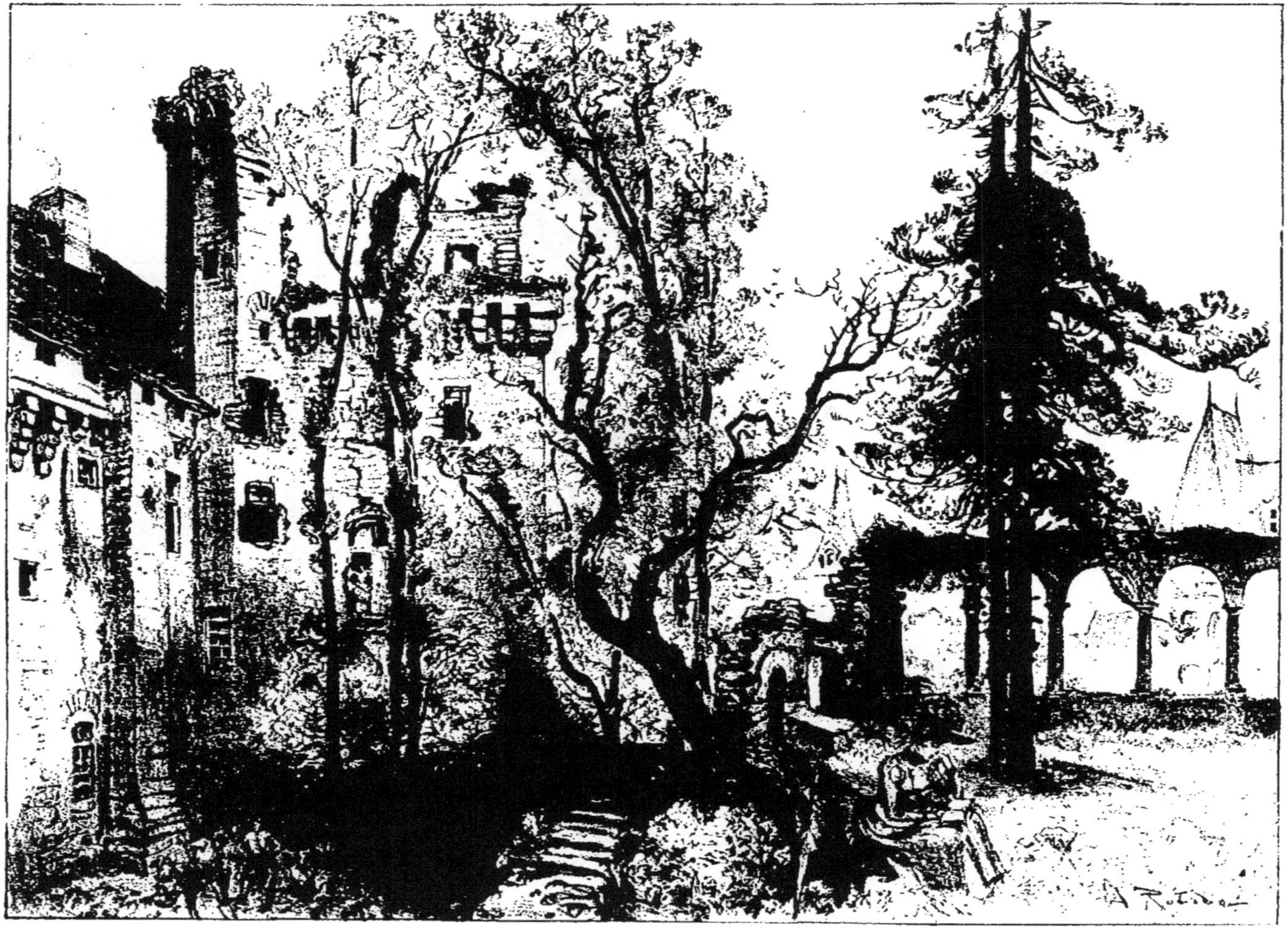

rieure, ainsi qu'on le voit avec surprise aux fenêtres d'en bas. Arbres et vieilles tours dominent la nappe herbeuse de l'étang de la Torche ; le tableau serait complet si les arbres, fort beaux d'ailleurs, sous lesquels circule un petit sentier grimpant, ne masquaient en partie la ruine.

Le château neuf est à la suite, sur la crête de la colline, enchâssé aussi dans

BOULEVARD DE LA TORCHE A CHATEAUBRIANT

l'épais feuillage d'une promenade tracée au-dessous au revers des anciens fossés. Sur la campagne, le château neuf élève par-dessus les arbres de grands corps de logis et de hauts pavillons flanqués de tours rondes, percés de fenêtres à croisillons de pierres et garnis sur leurs combles de lucarnes à frontons ornementés. La promenade tourne à la base des tours, un petit chemin plonge dans le vert sombre, dans les profondeurs mystérieuses sous les vieux arbres.

Les flancs tournés vers la ville sont aussi masqués, non par des arbres, mais par des maisons dont les jardins occupent ce qui reste des fossés.

L'entrée principale donnant accès dans la grande cour est ici sous la grosse tour de la prison actuelle, à côté de la gendarmerie qui occupe les tours voisines à l'angle du château neuf, mais il y a plus loin une autre entrée par un escalier filant entre les maisons et aboutissant à l'une des anciennes portes du vieux château.

On se trouve là dans une première cour, devant des bâtiments fort abîmés, puis soudain l'intérieur de la grande cour apparaît, lumineux, ensoleillé, avec sa grande ruine, son donjon troué, crevassé et lézardé, et son château neuf brillant au fond sous un coup de lumière, derrière les arcades d'une sorte de cloître Renaissance.

C'est un superbe tableau que cet ensemble de vieilles tours éventrées du moyen âge et d'élégantes constructions de la Renaissance, juxtaposées, se dressant à des plans divers parmi les verdures désordonnées. Cette grande cour occupe le sommet du plateau entre les deux châteaux ; en avant surgit du fond du fossé le gros donjon carré du vieux château, très atteint, très ébréché, ruiné tout à fait dans sa partie haute et dressant au-dessus les débris d'une tourelle à pans coupés.

Des arcades cintrées, parfois drapées de lierres dessinant comme une galerie de cloître, ferment la cour du château neuf; à travers la petite colonnade se montrent les corps de logis élégants et les grands combles des pavillons du château de la Renaissance.

Ce vieux donjon des sires de Châteaubriant, d'une des neuf baronnies primitives de Bretagne, est le plus ancien morceau du château bâti au XIe siècle par Briant, fondateur également du prieuré de Saint-Jean de Béré, fils d'un cadet du duc de Bretagne, Alain III, duquel Briant ville et castel prirent le nom. L'un de ses descendants fut le Geoffroy de Châteaubriant qui combattit à côté de saint Louis à Mansourah en Terre-Sainte, et reçut du roi cette magnifique devise pour ses armes : « Mon sang teint les bannières de France. »

Geoffroy venait de se marier, quand il se croisa avec les autres Bretons, malgré les supplications de sa femme Sybille, à qui la légende attribue le don de seconde vue. Longtemps on le crut mort, il était seulement captif. Tiré des mains des Sarrazins, il revenait après des années à son castel de Bretagne, sans avoir pu annoncer son retour ; mais Sybille n'avait pas besoin de messager, un beau matin, elle se leva troublée et annonça que son seigneur et maître était proche, elle fit baisser le pont et partit par les champs. Un chevalier s'avançait de son côté en grande hâte, c'était le croisé. Comme Sybille serrait enfin son époux dans ses bras, elle fléchit soudain les genoux et tomba morte devant lui.

Dans les guerres qui troublèrent les dernières années du dernier duc de Bretagne François II et les premières années de la petite duchesse Anne, dont plusieurs hauts et puissants seigneurs, parmi lesquels l'archiduc Maximilien, déjà veuf de Marie de Bourgogne, et le duc d'Orléans, qui l'épousa plus tard en deuxièmes noces, se disputaient la main et rêvaient surtout d'obtenir les domaines, en attendant qu'un cinquième ou sixième larron, Charles VIII, roi de France, survînt, rompant un mariage déjà contracté par procuration avec la fille de ce même Maximilien, et prit pour lui la duchesse et le duché, Châteaubriant fut assiégé et pris en 1488 par l'armée française, commandée par la Trémouille. L'artillerie de la Trémouille ouvrit de fortes brèches au vieux château, dont le démantèlement s'acheva peu après la Ligue.

Le château neuf fut élevé, dans la première partie du XVIe siècle, par Jean de Laval, mari de Françoise de Foix. C'était la Renaissance. Les seigneurs commençaient à rejeter un peu de ces armures de fer et de ces armures de pierre dans lesquelles ils ne se sentaient plus inexpugnables ; de grandes fenêtres s'ouvraient dans les grosses tours rébarbatives autrefois ; les vieux donjons daignaient s'égayer et sourire. Le sire de Laval, délaissant le château vieux percé par les boulets comme une écumoire, construisit à côté le château neuf qui se compose de plusieurs corps de bâtiments, encore suffisamment défendus sur la campagne, formant les deux côtés d'une vaste cour que la galerie en arcades ouvertes encadre sur un autre côté. Les grands pavillons du château neuf, dont le principal corps de logis est occupé actuellement par le tribunal, montrent aussi un double étage d'arcades en plein cintre.

De mieulx en mieulx
Pour l'achever je devins vieulx
1538

mit en épigraphe sur la porte de son château le sire de Laval content de son œuvre.

L'histoire de la célèbre comtesse de Châteaubriant, Françoise de Foix, femme du sire de Laval, est obscure et la légende a, dit-on, fortement brodé autour. Françoise fut longtemps la maîtresse de François Ier et la reine de la cour brillante du roi-chevalier, lequel roi-chevalier, tombé au retour de sa captivité de Madrid dans les fers de la duchesse d'Etampes, osa, pour les offrir à la nouvelle favorite, redemander à l'ancienne ses bijoux, que la comtesse de Châteaubriant renvoya aussitôt en lingots.

Après sa disgrâce, la comtesse retourna au manoir de Jean de Laval : comment osa-t-elle y rentrer, comment y fut-elle reçue par son mari, on ne sait. C'est alors que la légende apparaît. Elle raconte la longue et féroce vengeance du mari. Jean de Laval tint sa femme d'abord cruellement enfermée dans ce château qu'il s'occupait à orner et embellir, lui faisant expier dans une sévère solitude ses années brillantes et coupables. Cette existence de recluse dura sept longues années. Puis un jour le roi François, allant à Vannes faire voter par les Etats l'union complète du duché à la France, visita en son château le sire de Laval, gouverneur de la province. Il fallut bien alors permettre à Françoise de sortir de sa chambre close et lui laisser faire les honneurs du castel. Cette visite fut fatale à la malheureuse femme.

François, dit-on, se sentit à sa vue repris par son ancien amour. Françoise allait-elle quitter sa prison et rentrer en triomphe à la cour? tout était possible. Jean de Laval résolut d'y mettre bon ordre. Il réintégra Françoise au fond de sa tour, dans une chambre murée cette fois, sinistrement tendue de noir et éclairée seulement par des cierges. Au milieu de cette chambre, pour compléter la mise en scène, Françoise avait sous les yeux son cercueil tout préparé. Après six mois de captivité dans ce lugubre séjour, Françoise vit un matin entrer dans sa chambre son mari ac-

CARREFOUR GRANDE-RUE ET RUE DU PÉLICAN A CHATEAUBRIANT

compagné d'hommes masqués. Sur un signe du maître, ceux-ci saisirent la pauvre femme, la renversèrent et la maintinrent, puis deux chirurgiens lui ouvrirent les veines aux bras et aux jambes, pendant que le mari, les bras croisés, regardait froidement la vie de la pauvre femme couler avec son sang.

Cette dramatique expiation n'est pas prouvée heureusement. C'est une légende sans doute, mais qui cache probablement un peu de vérité sous ses exagérations et sa mise en scène ; légende qui restera pour toujours attachée aux vieilles pierres du manoir élégant et riant de Châteaubriant où l'on montre encore des appartements occupés par Françoise, sans doute avant la chambre funèbre ; légende que l'on se raconte à soi-même sans y croire, en songeant dans la belle cour d'un pittoresque

CHATEAUBRIANT, UN PAVILLON DU CHATEAU NEUF

si poétique, ensoleillée et fleurie, où chantent tant d'oiseaux dans le bruissement des feuillages, devant la calme façade du château neuf.

Réalité ou fiction, peu importe : dans tous les cas, le sire de Laval eût été un bourreau bien hypocrite, lui qui fit élever à sa femme dans la chapelle du couvent de la Trinité de Châteaubriant un tombeau sur lequel il fit graver ces mots encadrant des vers louangeurs de Clément Marot :

> Prou (beaucoup) de moins — Peu de telles — Point de plus.

à moins, ce qui est bien possible, que cette épitaphe bizarre, inscrite par le bon seigneur, n'eût tout simplement des sous-entendus ironiques et injurieux.

NANTES, L'ÉVÊCHÉ, DERRIÈRE LA CATHÉDRALE

XXIX

NANTES

CATHÉDRALE ET CHATEAU DUCAL. — LES TOMBEAUX DE LA CATHÉDRALE
LE BOUFFAY. — GRANDS HOTELS XVIIIe SIÈCLE DES QUAIS ET DES ILES

Lorsqu'en gagnant les petites villes de bains sous la vieille Guérande, aux derniers rivages de la Loire, on traverse Nantes avec le chemin de fer qui longe, sur le quai même, la façade fluviale de la ville, Nantes apparaît, en une vision rapide, comme une grande ville allongeant au fil du fleuve de majestueux et interminables quartiers, d'immenses lignes de formidables maisons et d'hôtels imposants, des quais remuants et affairés. Des deux côtés de la Loire, à travers le mouvement considérable des rives et du fleuve, à travers la fumée des navires et des locomotives, c'est le même déploiement de quartiers industriels d'abord, puis, ainsi que dans les grandes îles rétrécissant ici la large Loire, de fastueuses architectures du siècle dernier.

Mais en avant de la ville d'aujourd'hui, vivante et commerçante, de la Nantes à figure de capitale moderne, on avait aperçu la sentinelle du passé, veillant encore sur la rive, le vieux château gardien de la Nantes d'autrefois, resté comme une héraldique couronne murale au front de la noble cité ducale si transformée aujourd'hui.

C'est au pied de ce château, qui donne à l'entrée de la ville une si majestueuse tournure, que le chemin de fer jette ses voyageurs, dans le brouhaha des quais sillonnés de locomotives, de tramways, de véhicules de toutes sortes.

La grande ville moderne, commerçante, industrielle, qu'elle soit au nord ou au sud, à l'est ou à l'ouest, on sait ce que c'est, c'est bientôt vu. A peu de différences près, toutes les rues, tous les quartiers se ressemblent ; un morceau çà et là de quartier riche, de quartier industriel, de rue de négoce, peut échantillonner le reste. Mais les édifices et les souvenirs du passé, les particularités, les vieux morceaux à physionomie originale de la cité d'autrefois, c'est ce que l'on cherche au milieu de tout cela dans l'immense ville étalée sur la Loire en kilomètres de constructions.

Le cœur de la vieille ville est là, derrière le château, au pied de sa grande cathédrale. Des monuments d'autrefois il ne reste guère que ces tours guerrières et ces tours religieuses, autour desquelles s'est concentrée longtemps la vieille ville qui s'est développée ensuite et s'est élargie d'âge en âge. C'est là, dans les tronçons de vieilles rues coupées par les voies nouvelles que se retrouvent encore quelques grands et vieux hôtels et de hautes façades de maisons gothiques, de plus en plus rares cependant et cédant partout la place à des façades neuves.

Les traces d'un passé long et glorieux, à part les deux grands édifices, se sont bien effacées, la prospérité de Nantes au siècle dernier, les richesses de son commerce maritime, commerce qui comprenait aussi, il faut l'avouer, la traite des Noirs, ont fait naître sur de vastes espaces cette ville nouvelle à grandes lignes architecturales, ces bâtisses somptueuses aux grands balcons portés par des cariatides, et planter sur l'emplacement des fossés de l'antique cité ces promenades des Cours aux beaux ombrages qui vont de la rivière d'Erdre au fleuve de Loire.

La cathédrale de Nantes, ce vieil édifice encore en construction après des siècles de travail, élève son énorme masse en haut d'une faible montée au-dessus du château. La façade sur le portail rappelle en silhouette Notre-Dame de Paris. Ce sont deux robustes tours, réunies par un pignon au-dessus du grand portail. Le haut des tours est massif et sans décoration, mais le bas de la façade déploie les richesses du beau style ogival du XVe siècle qui a multiplié les ornements, qui a finement brodé la base des contreforts et les voussures des trois grands portails et plaqué par-dessus leurs ogives de belles arcatures en accolades ou en trèfles sous d'élégantes contre-courbes fleuries.

MAISON DE LA PSALETTE A NANTES

Cette façade fut édifiée, ainsi qu'une inscription de l'intérieur le constate, en 1434 au temps du duc de Jean V. C'est la troisième génération des cathédrales de Nantes sur cet emplacement. La première, édifiée aux premiers temps du christianisme, fut ruinée avec la ville par les Normands. Alain Barbe-Torte, quand il reconquit le pays de Nantes sur les pirates scandinaves fortement établis sur la Loire, entra à cheval avec ses gens dans les ruines de la basilique et rendit grâces au ciel sur un tas de décombres envahis par la végétation. Une église romane succéda au Xe siècle à la basilique primitive et fut à son tour remplacée par l'église actuelle dont le chœur n'est pas encore terminé.

Le grand vaisseau à l'intérieur est remarquable et d'un grand effet. Les piliers serrés qui soutiennent les tours et le buffet d'orgue et forment une sorte de vestibule, sont ornés de statues du XVᵉ siècle restaurées, et de jolis bas-reliefs en des cadres très ornementés représentant des scènes tirées de la Bible. Les chapelles du transept, en ce moment en restauration, renferment deux admirables tombeaux, deux chefs-d'œuvre, l'un de la Renaissance, et l'autre moderne : le tombeau du duc François II, dernier duc de Bretagne, et de sa femme Marguerite de Foix, dû au ciseau du grand sculpteur français du XVIᵉ siècle, Michel Colomb, breton de Saint-Pol-de-Léon, et l'autre, le tombeau du général Lamoricière, Paul Dubois *sculpsit*.

Le tombeau du duc François II, dit des Carmes, parce qu'il fut élevé primitivement dans le chœur de l'église des Carmes, démonté morceau par morceau à la Révolution et caché par l'architecte Crucy, fut réédifié à la Restauration dans la cathédrale. Les statues du duc et de la duchesse, avec le lion et le lévrier habituels à leurs pieds et trois anges soutenant des coussins sous leurs têtes, sont étendues sur une table de marbre noir, portée par un riche soubassement de marbre blanc, décoré d'un premier rang de niches rondes contenant des pleureuses et d'un deuxième rang de niches plus hautes renfermant seize statuettes d'apôtres, de saints et de rois.

SOMMET D'ESCALIER
DE LA PSALETTE A NANTES

Ce qui est admirable surtout, ce sont les quatre statues que Michel Colomb dressa aux angles du tombeau, quatre superbes figures allégoriques représentant, les deux plus belles, la Force, sous la figure d'une femme coiffée d'un casque à mufle de lion, revêtue d'une cuirasse et portant une tour crénelée d'où elle arrache un dragon fantastique, l'hydre de la violence, et la figure de la Justice sous les traits de laquelle on croit voir Anne de Bretagne elle-même, qui fit élever ce tombeau à ses parents ; les deux autres figures sont la Prudence portant une lanterne et la Sagesse, au double visage de femme d'un côté et de vieillard de l'autre.

Lamoricière couché dans son linceul en son majestueux monument de l'autre partie du transept, a également aux quatre coins de sa colonnade, quatre superbes figures de bronze, quatre statues allégoriques d'une expression admirable, le Courage militaire, la Foi, la Charité et l'Histoire.

A l'ombre de la cathédrale et derrière l'abside, s'élèvent, sous les arbres du cours Saint-Pierre, les vieux bâtiments de l'évêché ; en tournant par une ruelle au pied des tours, on trouve aussi la maison dite de la Psalette, qui fit partie de l'ancienne demeure des évêques et fut la maîtrise des chantres. C'est un très joli logis de pierre, offrant de beaux détails de sculptures; la porte, au fond d'une cour étroite, s'ouvre dans un pan coupé sous les étages carrés en encorbellement avec une petite tourelle accrochée dans un angle. Un bel escalier à vis et une cheminée remarquable au manteau semé d'hermines sont à voir à l'intérieur.

On descend de la cathédrale au donjon féodal, au dernier et superbe reste de la ville ducale, par la rue Haute du château qui montre d'assez curieux intérieurs de vieux hôtels.

En bas de cette rue, une petite maison très simple, occupée par un ferblantier appartient à l'histoire, c'est la maison de Guiny où la duchesse de Berry, après l'échec de sa tentative de soulèvement de l'Ouest en 1832, pendant qu'on la cherchait partout, resta deux mois cachée juste devant le château où elle pouvait voir s'exercer les troupes réunies à Nantes à l'occasion de l'échauffourée royaliste. Trahie par Deutsch, la maison fut envahie un jour de novembre, et la duchesse, introuvable d'abord malgré les plus minutieuses perquisitions, fut enfin obligée de sortir avec trois autres personnes, d'une cachette large de 1^m,50 pratiquée derrière une cheminée, dans laquelle pour se réchauffer les gendarmes de garde venaient d'allumer du feu.

Le château ouvre sa sombre porte entre deux tours en face du refuge de la duchesse de Berry. L'imposant ensemble de bâtiments qui composent le château de Nantes, la vaste enceinte de murailles flanquée d'une demi-douzaine de tours rondes et de deux gros bastions, est complètement entourée d'un large et profond fossé, sauf devant les courtines du quai, aujourd'hui frôlées par le chemin de fer et qui jadis trempaient dans la Loire.

C'est un château de la fin du moyen âge, alors que devant les progrès de l'artillerie, les châteaux eurent des tours moins hautes et de mine moins rude. Le duc François II le commença dans sa forme actuelle sur l'emplacement d'une précédente forteresse; le château soutint l'attaque des Français en 1487 et subit alors un siège de six semaines. C'était la fin de la Bretagne ducale. Après trois années de chevauchées dans la Bretagne envahie, d'intrigues embrouillées entre plusieurs épouseurs, de retraites devant les troupes de Charles VIII, la petite duchesse Anne épousa Charles et devint reine de France. Elle termina le château de Nantes et y ajouta les tours du côté de la Loire. C'est dans la chapelle du château qu'en 1499, Anne, veuve de Charles VIII, épousa Louis XII, l'ex-duc d'Orléans, son ancien prétendant, réfugié jadis à la cour de son père.

La ville de Nantes fut une vaillante ligueuse, le duc de Mercœur construisit alors les bastions tournés vers le nord. Les murailles élevées par le duc François se distinguent d'ailleurs par leurs mâchicoulis tréflés des remparts de la reine Anne qui portent des mâchicoulis à consoles de la Renaissance.

L'intérieur de cette imposante enceinte, toute remplie aujourd'hui d'artilleurs et de canons, est fort remarquable. Le grand logis dont on aperçoit le sommet du dehors par-dessus les tours, se dresse élégant et formidable dans l'angle de la vaste cour entre la porte et le grand escalier montant au crénelage des courtines. Il date aussi d'Anne de Bretagne, c'est un grand corps de bâtiment extrêmement élevé, où la décoration s'enrichit au fur et à mesure qu'elle monte, pour devenir tout à fait remarquable et touffue aux grandes lucarnes des combles et surtout à la façade d'angle qui contient l'escalier, aux grandes fenêtres murées d'en haut si élégamment encadrées de frontons à crochets, contre-courbes et fausses arcatures. Cet angle de l'escalier qui menaçait ruine est en restauration actuellement. Au pied est le grand puits très ancien, à margelle sculptée polygonale ornée d'animaux fantastiques en façon de gargouilles et surmontée d'un magnifique couronnement de fer forgé.

Le 25 mai 1800 une effroyable explosion fit trembler le château tout entier sur ses bases, c'était la tour des Espagnols, un des bastions du xvie siècle, qui sautait avec une énorme quantité de poudre et plusieurs milliers de gargousses, écrasant la chapelle d'Anne de Bretagne et des bâtiments divers, tuant une centaine de personnes et renversant aux environs bien des maisons.

A l'est du château dont on peut faire en grande partie le tour par les plates-formes des tours et courtines, commencent au-dessus de la place de la duchesse Anne les belles allées du cours Saint-Pierre et du cours Saint-André, tracées au siècle dernier sur le revers des anciens fossés. Cette belle promenade du Cours, passant sous l'abside de la cathédrale, est coupée en son milieu par la place Louis XVI sur laquelle s'élève une colonne élevée en 1790 à Louis XVI « restaurateur de la liberté », laquelle a dû faire bien souffrir trois ans après le farouche Carrier. La place Louis XVI, d'une belle élégance, est noblement encadrée par la cathédrale surgissant des beaux ombrages et par le grand vieux logis de l'évêché, au-dessus d'un petit corps de garde, faisant face à de grands hôtels du siècle dernier.

En suivant les quais, on trouve, à deux pas du château, une vieille place dont le nom célèbre se retrouve à chaque page des annales de Nantes, la place du Bouffay, où s'éleva, jusqu'en 1848, l'ancien château des comtes de Nantes, devenu palais de justice et prison. L'histoire de ces lugubres bâtiments va du démoniaque Gilles de Retz au féroce Carrier. Là furent jugés l'ogre Gilles de Retz, plus tard Chalais, puis, au moment de la conspiration de Cellamare, les gentilshommes bretons lâchement dénoncés par la duchesse du Maine. Le jeune marquis de Pontcallec, du Couëdic, Talhouet et Montlouis furent décapités sur la place à neuf heures du soir, au milieu d'un peuple affligé, murmurant dans le silence solennel, un sourd *miserere* avec les condamnés. En 93, le tribunal révolutionnaire siégea au Bouffay et la place fut l'abattoir monstrueux de Carrier.

VIEILLES MAISONS PLACE DU BOUFFAY A NANTES

Ici juges et bourreaux opéraient côte à côte, les victimes n'avaient que deux pas à faire entre le tribunal et l'échafaud.

La place, aujourd'hui que le Bouffay n'existe plus, a secoué ses terribles souvenirs et regarde placidement son petit marché. C'est dans ces quartiers entre la cathédrale, le château, la Loire et l'Indre qui débouche en Loire devant l'île

Feydeau, que se rencontrent les derniers débris du vieux Nantes, les maisons et hôtels du XVIe siècle oubliés par les transformations et démolitions.

Derrière l'église de Sainte-Croix, édifice du XVIIe siècle qui garde en haut de sa tour l'ancien beffroi municipal du Bouffay, placé là sous un lourd campanile à grandes figures d'anges sonnant de la trompette, se dresse toute une rangée de grands pignons serrés, ardoisés du haut en bas. La rue de la Juiverie à côté a gardé aussi de curieuses façades du même genre, ainsi que toutes les petites rues environnantes, couloirs étouffés entre de hautes constructions. Parmi les pignons de bois ardoisés se montrent de vieux hôtels moyen âge très lugubres d'aspect, élevant de noires tours carrées au fond des cours, dans la rue de Biord, sur la place Saint-Vincent où le Mont-de-piété occupe un des plus sombres de ces vieux logis, rue Saint-Jean, un

COUR D'UNE MAISON DE L'ILE FEYDEAU A NANTES

peu plus haut, où les sœurs de Saint-Vincent de Paul habitent un hôtel du XVe siècle.

L'un des hôtels de la rue de Biord est le logis de Pierre Landais, où le duc François et sa fille Anne de Bretagne se réfugièrent quand les boulets français les forcèrent à quitter le château pendant le siège de 1487.

Ce sont les derniers restes de la ville ducale, au delà c'est la ville moderne, les quartiers élevés dans la grande transformation qui se poursuivit pendant tout le cours du xviii° siècle et les immensités bâties de nos jours.

L'hôtel de ville dans un vieil hôtel arrangé à différentes époques et la préfecture, palais à colonnades et portique grec, construit au siècle dernier pour la Chambre des comptes de Bretagne sont aussi dans ce quartier entre les Cours et l'Erdre.

Nantes moderne a son centre de l'autre côté de l'Erdre à la place Royale, ornée d'une monumentale fontaine au sommet de laquelle une statue de la ville armée du trident neptunien domine la figure de la Loire accompagnée de ses affluents.

Tout près, entre cette place et le musée de peinture s'élève l'église Saint-Nicolas, gothique édifice moderne.

De la place Royale part la rue Crébillon si animée, qui conduit à la place Graslin et au cours Cambronne. Avec la rue du Calvaire plus haut, la rue Voltaire, la rue Racine, la rue Jean-Jacques-Rousseau, ce sont les grands artères de la ville moderne.

Les monuments sont d'hier ou d'aujourd'hui, c'est le théâtre Graslin de la fin du siècle dernier, le palais de justice tout à fait moderne flanqué de la gendarmerie et de la prison, la Bourse, du commencement de notre siècle, sur le quai. Ce quai de la Fosse, immense façade sur le fleuve, aux énormes blocs de maisons du siècle dernier, coupé de ruelles étroites comme un trou de chat, commence par la maison des Tourelles, logis du xvi° siècle où, dit-on, Henri IV, en 1598, signa l'édit de Nantes, assurant la paix et la liberté religieuse.

Une des curiosités de cette partie de la ville c'est le passage Pommeraye, une galerie commerçante qui descend par étages successifs de la rue Crébillon à la rue Jean-Jacques-Rousseau. Après la place Bretagne, dans les quartiers populaires, la rue du Marchix conduit à la place Viarmes, intéressante seulement par deux souvenirs de la Chouannerie. C'est là qu'en 93, la grande attaque de Nantes par les colonnes vendéennes qui se croyaient déjà maîtresses de la ville, échoua par la mort de Cathelineau. Un savetier aperçut de la fenêtre de sa mansarde le général vendéen au blanc panache, tournant avec ses meilleurs hommes les positions attaquées de front, il l'ajusta longuement et l'abattit. Les Vendéens atterrés par cette mort perdirent courage et, affaiblis par la vaillante résistance des Nantais, battirent en retraite. Cathelineau avait avec lui dans ses colonnes trois de ses frères, quatre beaux-frères et seize cousins qui tous tombèrent successivement dans ces horribles guerres.

Trois ans après, au même endroit, sur cette place Viarmes qui vit périr dans le combat le brave Cathelineau, un autre chef vendéen au renom moins pur celui-là, Charette, type de partisan terrible et rude, fougueux et endiablé, ressemblant fort aux chefs ligueurs du xvie siècle, s'en vint finir sous les balles d'un peloton d'exécution.

Le xviiie siècle qui a remanié Nantes de fond en comble a mis sa marque artistique surtout aux grandes maisons bâties par les riches négociants sur la Loire même, devant le fleuve qui leur amenait les richesses d'outre-mer, aux files de grandissimes hôtels des quais et des îles Gloriette et Feydeau. C'est un développement de hautes façades très fastueuses, ornées de sculptures, mascarons, cartouches, encadrements de portes, grands balcons de fer forgé soutenus par d'énormes cariatides d'une grande variété d'invention. Elles sont étonnantes, toutes ces cariatides ou consoles de balcons, c'est tout le long des quais une débauche de fantaisies sculptées, fort élégantes, mais parfois aussi des plus bizarres. La palme de l'étrangeté revient à une façade du quai de la Fosse dont les balcons sont portés au premier étage par des amours aux ailes de papillon hauts de trois mètres.

Non loin de là sourit un immense Cupidon adolescent dont la tête porte un balcon « bien posé sur un coussinet ». Quant aux génies, aux hercules, aux déesses, aux têtes de Turcs, de nègres, d'Indiens, aux animaux fantastiques, on ne les compte pas.

L'île Feydeau qui ressemble à l'île Saint-Louis de Paris, en est bordée sur les deux côtés, sur le quai Duguay-Trouin où l'un des plus importants hôtels a été gratifié du nom de Temple du Goût et quai Turenne, non moins joli, où le n° 9 montre une cour très remarquable aux grandes fenêtres cintrées ornées de balcons de fer forgé d'un joli motif.

Nantes s'étend au loin dans les grandes îles traversées par une série de ponts aboutissant au vieux pont de Pirmil devant Saint-Jacques, et plus loin encore sur la rive droite, de quai en quai, par des quartiers qui n'en finissent plus et atteignent à quelques kilomètres Chantenay, grand faubourg d'usines et de carrières.

Après ces interminables faubourgs, la large Loire, toujours s'élargissant, s'en va voir tourbillonner dans le ciel les fumées manufacturières de Basse-Indre et d'Indret, et, devenue presque bras de mer, court rapide à travers de vastes horizons pour rencontrer seulement à Saint-Nazaire les grands navires qui ne remontent plus son lit ensablé.

SAINT-NAZAIRE

XXX

SAINT-NAZAIRE. — GUÉRANDE

PLAGES DE FIN DE LOIRE. — LE PAYS SALÉ
LA GRANDE COTE DU BOURG DE BATZ. — LE CROISIC
LES REMPARTS DE GUÉRANDE. — UNE NOCE DE PALUDIERS DE SAILLÉ

Le grand fleuve venu de si loin, des montagnes de l'Ardèche, coulant vers sa fin dans les sables et les marais salants, au pied de la gothique cité de Guérande, prend déjà une ampleur de bras de mer. Sur sa droite court parallèlement à lui depuis Nantes, le *Sillon de Bretagne*, la longue ligne de collines qui porte sur chaque croupe ou sur chaque mamelon des groupes de moulins à vent. Le sillon de Bretagne, c'est l'ancien rivage de Loire, au pied duquel s'étendent de vastes marais, les immenses tourbières de la *Grande-Brière*, entre le Sillon remontant vers le nord à partir de Savenay et les collines de Guérande.

Savenay n'est qu'un gros bourg sans intérêt particulier, mais en situation pittoresque sur une pente du Sillon, dominant de haut les verdoyantes plaines où miroite de loin la grande Loire. C'est dans ce vaste paysage que finit misérablement la grande armée vendéenne, épuisée par des mois de poursuites et de batailles de Granville au Mans, et acculée maintenant au bout de la Loire. On sait dans quel lamentable état les survivants des quatre-vingt mille hommes traînant quinze mille femmes ou enfants, prêtres ou religieuses, qui passèrent le fleuve en octobre 93, arrivèrent à Savenay le 22 décembre et se défendirent un jour et une nuit avec le courage du désespoir, jusqu'à destruction complète.

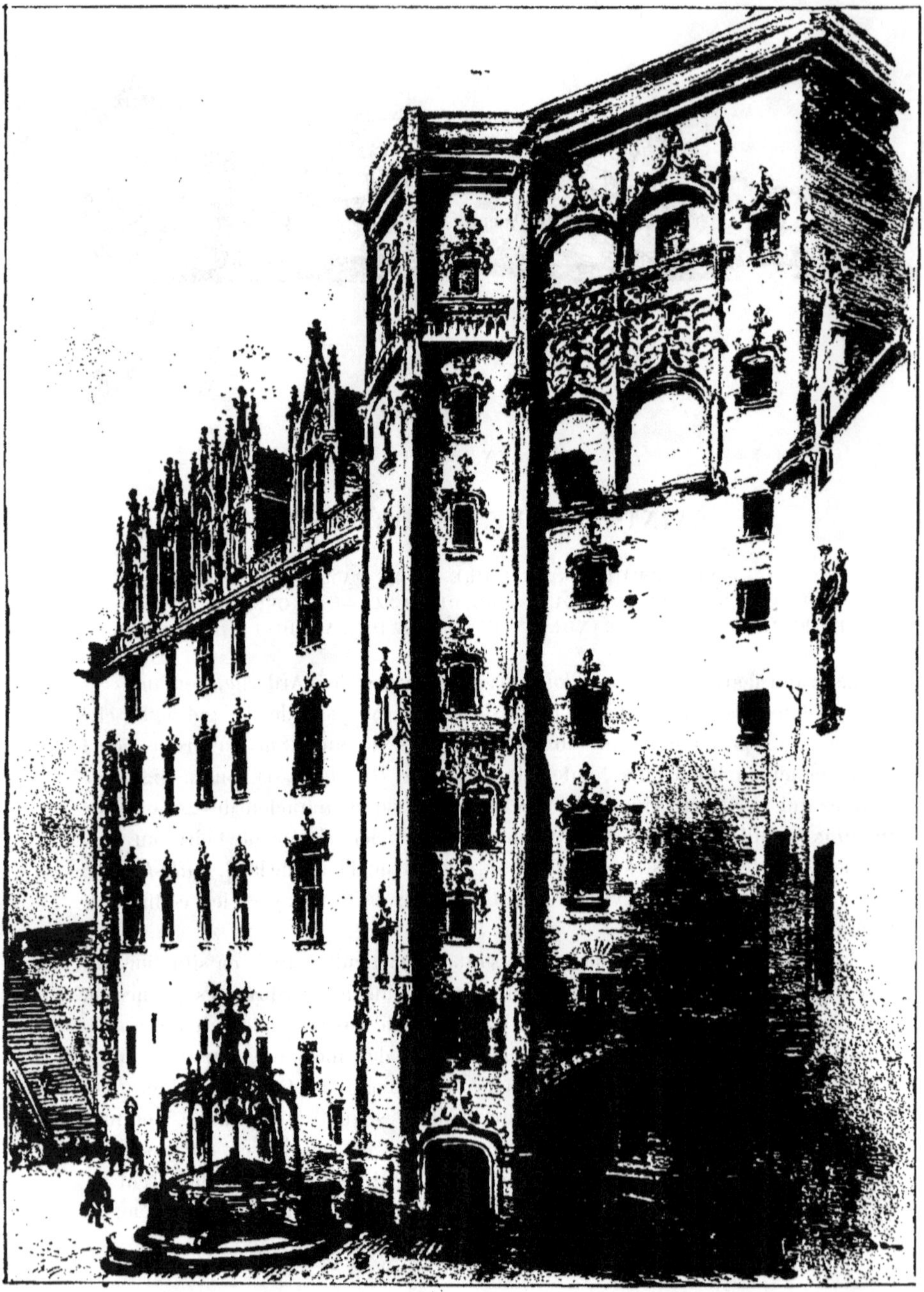

LE GRAND LOGIS — CHÂTEAU DE NANTES

Lith. BELFOND & Cie, 16, rue Gaillon, PARIS

Juste à l'embouchure de la Loire, un port a détrôné le vieux Paimbeuf de l'autre rive et reçoit non seulement les grands transatlantiques, mais encore tous les navires d'un tonnage un peu fort que la Loire ensablée ne veut plus laisser remonter jusqu'à Nantes. C'est Saint-Nazaire, à peine âgé d'une quarantaine d'années.

C'est dire qu'en dehors de ses bassins, de ses quais où s'alignent les immenses

LES MARAIS SALANTS DU BOURG DE BATZ

paquebots des lignes d'Amérique, qu'en dehors du mouvement de son port, la ville toute neuve n'a rien de spécialement attirant. Il existe pourtant, à côté de l'importante cité qui a surgi ici à l'Américaine, le vieux Saint-Nazaire d'autrefois, c'est-à-dire d'hier, un gros village de pêcheurs aux vieilles maisons serrées en bordure sur la petite falaise au-dessous d'une vieille petite église noire.

C'est le seul côté pittoresque de la ville. Saint-Nazaire possède un dolmen; les vieux Celtes qui dans la nuit des temps ont érigé ces énormes blocs de granit, ne se doutaient pas qu'ils travaillaient à l'ornement d'un square, leur dolmen est aujourd'hui en pleine ville, devant de grandes maisons et tout près d'une gare. Saint-Nazaire communique avec l'autre rive de Loire par des bateaux qui conduisent à Mindin où est le lazaret et touchent là-bas à de curieux embarcadères de charpentes dressant d'énormes poutres, avec pont mobile montant ou descendant suivant flux et reflux.

Juste devant Saint-Nazaire est la porte de mer par où les eaux brunes de la Loire s'écoulent et se mêlent aux eaux vertes de l'Océan, en un large estuaire cerné par la pointe de Saint-Gildas au pays de Retz et par la pointe du Croisic, dernier relèvement du sol breton.

Cette extrémité des côtes bretonnes, c'est le pays de Guérande, — presqu'île si l'on considère la forte dépression des tourbières de la Grande-Brière — un territoire très particulier dont l'ossature est formée par une ligne de collines partant de Saint-Nazaire et aboutissant à Piriac, avec une seconde ligne rocheuse en avant, la Grande-Côte, de Penchateau à Batz et au Croisic.

Entre les coteaux de Guérande et cette ligne de rochers du bourg de Batz, il n'y a pour ainsi dire pas de sol, la mer s'infiltre et communique réellement du Croisic au Pouliguen par les mille canaux des vastes marais salants, sur lesquels vit une belle et intéressante population.

Sur un espace de plusieurs lieues le Marais est divisé en une infinité de carrés irréguliers, séparés par de minces talus herbeux entre lesquels circulent d'étroits canaux nommés étiers; chaque carré de marais est subdivisé lui-même en petits compartiments nommés fars ou œillets, bordés par des petits chemins de terre battue larges de quelques centimètres. L'eau de la mer entrant par les canaux est amenée peu à peu, de compartiment en compartiment aux œillets, où elle n'a plus qu'une profondeur de cinq centimètres à cinq milimètres. C'est là que le paludier travaille. Pendant la saunaison, en juillet et en août, quand le soleil chauffe et pompe l'eau des œillets, le paludier circulant sur les petits sentiers amène avec de grands râteaux le sel qui s'est formé et l'amasse en tas sur de petites plates-formes rondes, où les femmes viennent le recueillir pour le porter aux *Mulons*, énormes meules de sel étincelant au soleil.

Le vaste pays du sel, largement ouvert aux brises du large qui vont caresser sur leur colline les tours de Guérande, a de grands et beaux aspects par les mois de soleil. Sur cet immense damier coupé et recoupé à l'infini, protégé contre la mer par le rempart rocheux de la Grande-Côte, les villages paludiers apparaissent chacun sur un soubassement de roches basses, comme des îlots qu'ils furent jadis : Saillé, Carheil, où se voient la chapelle et le curieux rocher druidique de Saint-Cado près d'un vieux manoir de la Renaissance à demi ruiné occupé par des cultivateurs; le bourg de Batz et ses hameaux, Roffiat, Kermoisan, Kervallet, les seuls îlots du Marais où l'on parle encore breton. Deux hauts clochers se profilent dans le ciel, la haute tour de l'église de Batz et celle du Croisic tout au bout de l'horizon, des moulins battent des ailes sur des monticules du marais et sur les coteaux de Guérande au-dessus du pays salé filant dans le bleu vers Piriac.

Dans les œillets du marais travaillent les paludiers en longues blouses blanches; les femmes transportant le sel de la *ladure* au mulon se silhouettent sur les talus, jambes nues, jupes relevées par une corde ceignant les reins, le grand vase de bois plein de sel sur la tête.

Le vieux costume s'en va, hélas! A Batz il n'y a plus que les vieillards qui le gardent et s'en parent les jours de grandes fêtes, tandis qu'à Saillé les hommes de quarante ans le portent encore aux cérémonies. Ce costume se compose de plusieurs vestes ou camisoles de flanelle sur lesquelles se rabat un grand col de chemise, de larges braies blanches serrées aux genoux, de bas blancs à coins dans des souliers jaunes.

La veste de dessus est bleu foncé au bourg de Batz et rouge à Saillé, elle a une large bordure blanche ainsi que les manches, celle d'en dessous est bordée de vert. Le paludier complète ce costume par un immense feutre noir à floche multicolore voltigeante, dont les bords se relèvent de différentes façons, suivant que l'homme est célibataire, marié ou veuf, ou même veuf désireux de se remarier.

Le costume des femmes est superbe. Ne parlons pas des femmes de Batz qui l'ont abandonné et ne le tirent des armoires que pour le montrer moyennant finance aux baigneurs des plages; les femmes de Saillé gardent les lourdes robes de laine blanche ou violette, les corsages à entournures de velours noir laissant passer des manches rouges à larges parements de vieille étoffe ra-

L'ÉGLISE DU CROISIC

magée d'or, les tabliers violets à grands rubans à franges dorées, les devants de corsage en cuirasse épaisse de drap brodé d'or, les bas rouges à coins, les souliers jaunes à rubans violets, les grandes collerettes xvie siècle et les cornettes blanches. Un jour de fête comme le 15 août, la vieille église de Saillé au clocher trapu, présente un tableau d'un charme étrange et d'une originalité vraiment bien rare maintenant, avec ses rangées de femmes multicolores, agenouillées dans les vieux bancs de bois et ces grands paludiers à vestes rouges, faisant comme un champ de coquelicots dans la pénombre de la nef.

Saillé, comme tous les villages du Marais, est une réunion de petites maisons

VIEIL HOTEL AU CROISIC

basses à grands toits d'ardoises jaunies, serrées en un seul bloc. Dans ces vieilles maisons dont chaque fenêtre ou porte est surmontée d'une croix tracée à la chaux, le mobilier est original aussi ; il est par tradition resté purement Louis XIII, ce sont des tables à pieds en balustres, des armoires à lourde corniche et panneaux sculptés, des vaisseliers, de grands lits à colonnes sous des lambrequins verts ornés de rinceaux en rubans jaunes. Armoires, tables, vaisseliers, lits, bancs à coffre devant les lits, tout est peint en rouge cramoisi, et cela met une vraie gaité dans ces intérieurs quelquefois obscurs.

Par malheur, le pays du sel a perdu sa prospérité de jadis. Des contrées plus favorisées pour le climat et pour les moyens de transport produisent à meilleur compte et le temps n'est plus où le paludier, sa récolte de sel faite, s'en allait

LE MANOIR DE KERBODU AU CROISIC

porter ce sel au loin, quelquefois au delà des pays bretons, marchant comme un muletier espagnol, à la tête d'un convoi de mules chargées de sonnailles.

Sur la petite baie du Pouliguen, ouverte derrière les rochers des Evens, scintillent des plages au sable fin, très fréquentées pendant la saison.

C'est Escoublac et Pornichet, où le sable est par trop envahissant, c'est le Pouliguen, un charmant petit port et une anse ombragée par un bois, non pas des rangées de pins maigres et maussades comme il en pousse dans les sables, mais un bois de grands arbres tortillés et touffus poussant jusqu'à la limite du flot.

Le Pouliguen est un port sardinier, il eut jadis une certaine importance si l'on en juge par les vieilles maisons des XVIe et XVIIe siècles qui bordent le port. Quelques-unes, des maisons d'armateurs du temps de Henri IV ou de gros propriétaires de marais, ont des airs de petits manoirs et portent sur les cours de grosses tours d'escalier carrées.

A Penchâteau au delà des villas du Pouliguen perchées au-dessus des petites criques, un grand retranchement celtique, précédé d'un profond fossé isole l'extrême pointe et en fait une sorte de citadelle bien défendue, pourvue de petits havres naturels dans les découpures de la côte. Des archéologues qui placent dans les Marais sous Guérande, où de nombreux débris antiques ont été découverts, et non à Vannes sur le Morbihan, la cité des Venètes, voient dans ce retranchement un oppidum des Venètes. D'après eux, ce serait ici, entre le Croisic et Guérande, la mer battant au-dessus du Marais actuel le bas des collines guérandaises, que César livra la grande bataille navale où succombèrent les Venètes.

A Penchâteau commence la *Grande Côte*, deux lieues d'une côte rocheuse extraordinairement découpée en belles criques, petites ou grandes, entassements de rochers, chicots pointant du fond de la mer à marée basse, roches percées en ponts naturels, grottes profondes et fissures dans lesquelles s'engouffre la mer montante, qui bat le fond avec un bruit formidable et fait jaillir à chaque vague par des trous perçant le sol au sommet de la falaise, des jets d'écume semblables à de petits geysers.

Le bourg de Batz est au milieu de la Grande Côte, au-dessus d'une crique de noirs rochers où s'abritent quelques petites barques. Sur un sol dénudé émergeant très peu du Marais, le village assez mélancolique se resserre autour de son église, Saint-Guénolé, dont la haute tour domine tout le paysage. L'église gothique a beaucoup de caractère extérieurement et intérieurement. Sa tour est du XVIIe siècle et ne la pare pas beaucoup. A côté s'élèvent les ruines ogivales de la chapelle Notre-Dame du Mûrier, encore presque complète, sauf les voûtes.

Le Croisic, à l'extrême pointe de la Grande Côte, formant presqu'île à une lieue de Batz, est encore un de ces petits ports qui ont connu jadis des jours plus prospères. C'est un port du XVIe siècle, déchu de son importance, une ville réduite au tiers de ce qu'elle fut autrefois. Les annales du Croisic racontent la part prise par la ville, tant par ses murailles que par ses navires, à toutes les guerres de jadis, pour Montfort contre Blois, contre les Français pour le duc François ou la duchesse Anne, contre les Espagnols, contre les Anglais aussi et surtout.

Du temps de la grande prospérité des armateurs et négociants du Croisic, il est resté sur le port quelques beaux logis du XVIe siècle ou du commencement du XVIIe, à forte carrure, à encadrements de granit et haute tour d'escalier. L'église Notre-Dame de Pitié, au-dessus de ces logis et des maisons basses des pêcheurs, élève un clocher à dôme de pierre, qui n'est qu'une répétition de celui du bourg de Batz.

A l'extrémité du Croisic, une longue jetée pointe en mer sur des roches noires ; de ce côté, à peu de distance du rivage, derrière la chapelle et la batterie Saint-Goustan, se voit Kerbodu, une ferme-manoir du XVe siècle, aux vieux murs gris, avec deux grandes lucarnes sur le toit et une tour ronde à comble en éteignoir au-dessus de la petite porte par où les vaches rentrent à l'étable.

C'est du mont Saint-Esprit à l'entrée du Croisic, ou du mont Lenigo plus loin, buttes plantées d'arbres formant belvédères, que peut le mieux se distinguer l'étrange configuration du sol. On domine de là toute la côte, tout le port et tout le pays du sel. Au-dessous s'étend le grand Trait, petit golfe en arrière de la rade, bassin d'entrée des marais défendu contre la mer par la chaussée de Penbron, au bout de laquelle une longue dune s'en va rejoindre le rivage abrupt et rocheux de la Turballe. Dans l'immense espace balayé par les brises s'aperçoit tout le Marais divisé en milliers de compartiments, avec l'entre-croisement de ses talus et les mulons coniques étincelant au soleil, encerclé au loin par la ligne des collines guérandaises où des villages et des fermes se distinguent dans les creux et sur les pentes.

Au bout de cette ligne de collines, après le village de la Turballe, qui lance contre la sardine toute une flotte de barques de pêche, il est, derrière la pointe de Castelli, un autre nid de pêcheurs bien moins connu, Piriac, qui fut autrefois une ville et un port d'une certaine importance. Dans le tout petit bourg d'aujourd'hui, il est resté quelques traces de ces grandeurs d'antan, quelques grandes maisons du xvie siècle à tournure de manoirs sur le port, et derrière l'église, d'autres maisons plus anciennes, des pignons portant sur d'énormes murs latéraux à grandes gargouilles.

La côte n'est qu'une suite d'écroulements de rochers, d'îlots battus par les vagues, de murailles basses assiégées, ébréchées, démolies, percées de trous et de grottes, s'enfonçant profondément sous la falaise que dominent parfois d'informes monuments mégalithiques.

La vieille reine gothique de ce coin de terre si intéressant par ses aspects originaux et par ses populations, montre là-bas au-dessous de larges plans verdoyants et de belles masses d'arbres, ses toits, ses pointes de tours et la flèche de son église. Lorsqu'on a traversé le Marais par la belle route qui gravit après Saillé les escarpements hérissés d'antiques moulins de pierre, on se heurte tout à coup à de vieux remparts à mâchicoulis dominant ici des fossés où l'eau dort sous les plaques vertes, bordant là des promenades solitaires aux grands vieux arbres. Ceinture d'épais feuillages et ceinture de murailles revêtues de lierre et de broussailles, c'est le double corset de Guérande, que cette vieille ville n'éprouve pas le besoin de rejeter.

Guérande a conservé toute l'enceinte construite au xve siècle après les guerres civiles par le duc Jean V, presque toutes ses tours et ses quatre portes, la porte du faubourg Bizienne, la porte de Saillé, la porte Vannetaise, peu importantes et la porte Saint-Michel, solide châtelet montrant sur la campagne deux grosses tours rondes à mâchicoulis et créneaux.

Derrière ces murailles se cache la petite ville serrée autour de son église Saint-Aubin, la petite cité bien calme, bien tranquille, bien endormie, aux petites maisons basses, aux vieux hôtels un peu déjetés sous le poids des ans, dressant des

PLACE DE L'ÉGLISE A PIRIAC

façades jaunies ou noircies sur des cours silencieuses avec des pointes de tourelles dépassant les vieux toits d'ardoises et les feuillages échevelés des jardinets; quelques rues entre-croisées allant d'une porte à l'autre, quelques ruelles tournant derrière le rempart forment toute la ville. On a un peu surfait, depuis la description célèbre de Balzac, son aspect moyen âge, ce n'est en réalité que du moyen âge assez modeste.

L'église Saint-Aubin est un bel édifice, qui porte la marque de plusieurs époques ; à l'intérieur, dans la nef d'un bel effet, se remarquent quelques vieux chapiteaux romans historiés de diableries, quelques détails de sculptures et un enfeu seigneurial.

Le portail du XVe siècle restauré depuis la chute, en 1876, d'une flèche de pierre récemment élevée, montre à droite de la porte la chaire extérieure pratiquée dans l'épaisseur de l'un des contreforts, une jolie tribune non encorbellée sous un abat-voix sculpté formant un dais à trois faces trilobées.

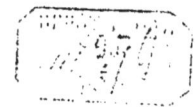

PORTE ST MICHEL A GUÉRANDE.

Lith. BELFOND & Cie, 10, rue Gaillon, PARIS

Outre cette vaste église Saint-Aubin, Guérande possède un autre édifice gothique beaucoup plus petit, la chapelle Notre-Dame la Blanche, restaurée de nos jours et rendue au culte après avoir été longtemps magasin à fourrages.

L'antique Guérande, s'il n'est pas prouvé qu'elle succède à la ville des Vénètes, Veneda ou *Giren*, la *ville Blanche* que l'on veut voir un peu plus bas sur le coteau, n'en a pas moins des annales très chargées. La ville primitive périt au temps des invasions de pirates scandinaves qui, pendant des siècles peut-être, trouvèrent dans les îlots rocheux de cette fin de Loire des citadelles très sûres d'où ils pouvaient s'élancer pour porter au loin leurs ravages. Si longtemps établis sur cette côte, en colonies pacifiques ou bien en bandes de pirates, les Scandinaves laissèrent de leur sang parmi les populations bretonnes et ces grands paludiers blonds aux yeux bleus des villages du sel, isolés au milieu d'une race brune plus petite, descendraient, paraît-il, d'une colonie de ces hommes du nord.

LA CHAIRE EXTÉRIEURE DE SAINT-AUBIN A GUÉRANDE.

Guérande fut rebâtie au sommet du coteau. Au commencement de la grande guerre civile, en 1342, la ville tenant pour Montfort se vit assiégée par une armée de routiers-pirates espagnols et génois, commandés pour Charles de Blois, par Louis d'Espagne. Après plusieurs assauts infructueux, les assiégeants s'emparèrent enfin des brèches et, dans la fureur de l'assaut, massacrèrent tout ce qu'ils trouvèrent de vivant devant eux, boutèrent le feu aux maisons et aux églises où s'étaient réfugiés les femmes et les enfants.

La malheureuse Guérande n'était pas tout à fait morte, bientôt ses églises furent reconstruites, ses fortifications rasées se relevèrent et elle put de nouveau recevoir bravement toute attaque. Ce fut dans son église Saint-Aubin qu'après la bataille d'Auray les représentants des deux partis, les seigneurs et évêques de Bretagne réunis en un congrès solennel, signèrent le traité qui mit fin à la longue guerre civile.

Les murs de Guérande eurent encore maints assauts à soutenir, mais à côté du terrible siège de 1342, ce ne furent qu'algarades sans conséquence. Le grand Clisson, au cours de ses luttes contre le duc Jean V, ne parvint pas à les forcer. Quand les Français assiégèrent Nantes, dans la guerre qui se termina par l'incorporation du duché à la France, Guérande envoya au secours du duc François cinq cents hommes déterminés portant sur leur hoqueton la croix noire de Guérande. Conduits par Dunois, les Guérandais s'ouvrirent un passage à travers les lignes françaises et, se jetant rudement en avant à toutes les attaques, conquirent pour leur ville un grand renom de courage.

Quelques débarquements espagnols repoussés, quelques troubles pendant la Ligue, tels sont les seuls événements importants de l'histoire de Guérande jusqu'à la révolution. En 93, elle est prise par les royalistes et occupée pour quelques jours et les derniers coups de canon qu'elle entend sont tirés par une attaque royaliste pendant la petite chouannerie de 1815.

Mais ceci se passait hier et j'ai connu, il y a quelques étés seulement, un blanc paludier d'un des villages du bourg de Batz, un fidèle des vieux costumes et des vieux souvenirs, qui me raconta l'arrivée à Batz de *Messieurs* portant cocarde blanche avec quelques vieux chouans de la grande guerre, le soulèvement des gars du Marais et leur marche sur Guérande avec deux canons pris à une petite redoute élevée sous l'Empire à la pointe de Penchâteau, puis les pièces mises en batterie devant la porte Saint-Michel, royalistes et soldats de l'intérieur tiraillant pendant toute une journée...

Dans la petite Grande-Rue conduisant à cette porte Saint-Michel, robuste construction servant aujourd'hui d'hôtel de ville et de prison, dans cette rue très peu animée d'ordinaire, voici ce que l'on peut voir quand un paludier de Saillé prend femme :

Un cortège précédé d'un violoneux, hélas ! dans le plus vulgaire des costumes, s'avance et va s'éparpillant de boutique en boutique. Tous les gens de la noce ont arboré les beaux habillements de cérémonie ; ce sont les paludiers rouges et les paludières multicolores vus à l'église à la messe du 15 août. Ils sont venus dans Guérande acheter les cadeaux pour les mariés ; par groupes dans les boutiques, ils se chargent de pièces de toile ou de drap, vaisselle, batterie de cuisine, boisseaux à mesurer le sel, une grosse commère parée comme une châsse marchande une horloge.....

Quand tous les achats sont faits, chacun portant son cadeau, le cortège se reforme derrière un gaillard qui brandit, accrochés à un balai, une quantité de menus ustensiles et la noce s'enfonce sous la porte Saint-Michel pour gagner une des auberges du faubourg où le vin chaud est préparé.

Mais le violoneux fait grincer son archet devant l'auberge pleine de tumulte ; à ce bruit, laissant discourir les vieux, toute la partie jeune de la noce se lève. La mariée en robe violette, avec devant de corsage en cuirasse dorée très bombée, cocardes et nœuds de rubans violets à la ceinture, croix et chaînes d'or sur la grande collerette prend la tête d'une ronde avec les demoiselles et les garçons d'honneur. Sur l'esplanade devant la porte Saint-Michel, vestes rouges et grands chapeaux, robes de toutes les couleurs tournent en cadence, peu à peu tous sont venus se joindre à la ronde qui s'anime et se déploie comme un grand serpent aux mille couleurs sous les vieux remparts sombres. Le crin-crin fait rage, une voix aiguë de femme chante les innombrables couplets des vieilles et interminables rondes que toutes les voix accompagnent aux refrains.

Enfin quand, après une heure ou deux de rondes chantées, tout le monde est essoufflé, la chaîne diminue et se dénoue, chacun se dirige vers les carrioles remisées dans un coin au pied des tours, et bientôt toute la noce à la file descend au grand galop la côte de Guérande entre les grands moulins dressant leurs ailes sombres au-dessus du vaste Marais.

Et la vieille porte Saint-Michel et la promenade solitaire du tour de ville retrouvent leur tranquillité habituelle, collines boisées, murailles enlierrées et grands toits mousseux dépassant le rempart, dorés par les rayons d'un soleil qui décline et tombe peu à peu là-bas derrière la Grande Côte, par delà les dernières roches bretonnes, dans la mer éblouissante.

PALUDIER DE SAILLÉ

ÉGLISE DE PERROS-GUIREC

TABLE DES CHAPITRES

I. — VITRÉ

A vol d'oiseau. — Une Pompéi du moyen âge. — Vieille ville et grand château. — Le château de Vitré et ses souvenirs. — Le dernier seigneur. — Le châtelet et la ligne des tours. — Le manoir de Pierre Landais 1

II. — VITRÉ (suite)

La ville. — Sous les porches. — Quelques vieilles cours. — La chaire extérieure de Notre-Dame. — Le château des Rochers et Mme de Sévigné. — Le château Marie 17

III. — FOUGÈRES

Une ville haut perchée. — Les ruines des remparts. — Le château de Fougères et ses tours. — Surienne, le preneur de villes. — La descente de la rue Poterie. — Pontorson et Cancale. 27

IV. — DOL ET COMBOURG

Les derniers porches. — Colonnes et chapiteaux aux gravats. — Une ruine de grande cathédrale. — L'évêché de Dol et son dernier évêque. — Les remparts et le mont Dol. — Combourg un jour de marché. — L'étang et le château des Chateaubriand 37

V. — SAINT-MALO. — SAINT-SERVAN

Le vaisseau de granit et les forts de la rade. — Chateaubriand sur le Grand-Bey. — Le tour des remparts du Môle à la Quiquengrogne. — Le nid de corsaires. 48

VI. — SAINT-MALO. — SAINT-SERVAN

Grands hôtels et vieilles rues. — Quelques maisons illustres. — La garde canine de Saint-Malo. — Côté austère et côté gai de Saint-Servan. — La vieille cité d'Aleth. — La tour Solidor et ses petits ports 60

VII. — DINAN

La côte de Dinard à Saint-Jacut-de-la-Mer. — Sur la Rance. — Haute silhouette féodale de Dinan. — Montée de Jerzual. — Le beffroi. — Du Guesclin. — Le prieuré de Lehon . . . 70

VIII. — RENNES

Le Rennes xviiie siècle. — Débris du vieux Rennes d'avant le grand incendie. — La porte Mordelaise. — Vieilles rues et vieilles cours. — Les escaliers de bois extérieurs. — Rennes assiégé. — Du Guesclin et Bembro. — La truie de Penhoet 82

IX. — MONTFORT. — LAMBALLE

La légende de la Cane. — Vieille porte et hôtel de ville. — L'église fortifiée de Lamballe. — La place du marché. — Les épis de faîtière. — Le Penthièvre. — La Noue Bras-de-Fer . 97

X. — MONCONTOUR

Bloc de tours et de vieilles maisons vu du château des Granges. — Saint-Mathurin et son pardon. — L'église. — Erquy, Dahouet et les gorges du Gouessant. 108

XI. — SAINT-BRIEUC

La cathédrale-donjon et les sièges qu'elle soutint. — Dernières vieilles maisons. — Une nuit de Brumaire. — Le Légué et la tour de Cesson. 116

XII. — GUINGAMP

Notre-Dame de Bon-Secours. — Du Guesclin à Maël-Pestivien. — Le siège de Guingamp. — Vieux moulins. — La fontaine de la Pompe 125

XIII. — PAIMPOL-TRÉGUIER

Route de Paimpol. — Binic. — L'abbaye de Beauport. — La grande place de Paimpol. — Lézardrieux. — Entrée de Tréguier. — La cathédrale et le cloître. — Le grand saint Yves . 131

XIV. — LANNION

La plus curieuse maison de Bretagne. — Vieux pignons. — La croix de Geoffroy de Pont-Blanc. — L'église de Brelevenez. — Perros-Guirec et la Clarté. — Une étrange région. — Les rochers de Ploumanach. — Tonquedec 140

XV. — MORLAIX

Sous le viaduc. — Les Lances de Tréguier. — Ruelles et venelles. — Fontaine des Carmélites. — Les Jacobins. — Maisons à lanternes. — Escaliers et ponts d'allées en bois sculpté. — Le Pavé et la Grande-Rue. — Visites royales et autres. 149

XVI. — ROSCOFF ET SAINT-POL-DE-LÉON

La rivière de Morlaix. — Château du Taureau. — Saint-Jean-du-Doigt. — Le Kreisker et la cathédrale de Saint-Pol. — Façade maritime de Roscoff. — L'île de Batz. — Kerouzéré, Kergounadech et Kerjean. 168

XVII. — LE PAYS DES CALVAIRES

Grandes églises de petits villages. — Cimetières monumentaux. — Ossuaires. — Arcs de triomphe et grands calvaires. — Saint-Thégonnec, Guimiliau, Landivisiau. — Ruines de la Roche-Maurice. 177

XVIII. — LANDERNEAU. — BREST

Un vieux pont à maisons. — Saint-Houardon et Saint-Thomas. — Moulin de Rohan. — La rivière de Landerneau. — Le Folgoet. — La ville et le château de Brest. 185

XIX. — CHATEAULIN

Vert pays de Léon et rochers de Cornouaille. — Le passage de Plougastel. — Le calvaire. — Au faubourg de Châteaulin. — Le bourg de Pleyben. 195

XX. — QUIMPER

Le mail sur l'Odet. — Les clochers de la cathédrale. — Saint Corentin et le roi Grallon. — Le port et le faubourg de Locmaria. 202

XXI. — DOUARNENEZ. — PENMARCH

Une ville sardinière. — L'île Tristan et le brigand de Cornouaille. — Le porche de Pontcroix. — Audierne et la pointe du Raz. — Ruines d'une ville défunte. — Pont-l'Abbé. . . 209

XXII. — QUIMPERLÉ. — CONCARNEAU

L'étang de Rosporden. — Le faubourg des sardineries. — Concarneau insulaire. — La Ville Close et les trente cavaliers huguenots. — Entre l'Isole et l'Ellé. — Le vieux pont de Quimperlé. — Sainte-Croix et Saint-Michel 222

XXIII. — LE FAOUET. — PONTIVY

Les chapelles du Faouet. — La chapelle sur le précipice de Sainte-Barbe. — Saint-Fiacre, clochers à jour et jubé. — Guémené. — Kernascleden. — Le château de Pontivy. 235

XXIV. — PLOERMEL. — JOSSELIN

La ville et l'église de Saint-Armel. — Le grand porche. — Le combat des Trente. — Entrée de Josselin. — Notre-Dame du Roncier. — Le château. — Malestroit. — Questembert. — La sauvage tour d'Elven 242

XXV. — VANNES

Portes et remparts. — Les vieux lavoirs sous la Tour du Connétable. — Clisson au château de l'Hermine. — La place Henri IV. — Le port. — Conleau et Arradon 251

TABLE DES CHAPITRES

XXVI. — AURAY. — CARNAC

Saint-Gildas. — La chapelle des Martyrs. — Le grand pèlerinage de Sainte Anne d'Auray. — Des champs de Carnac à Locmariaker. — Le Morbihan. — Le tumulus de l'île Gavr'inis . . 272

XXVII. — HENNEBONT. — LORIENT

La Ville Close. — Notre-Dame de Paradis. — Le grand siège d'Hennebont. — Jeanne la Flamme. — Le port de Lorient 284

XXVIII. — REDON. — CHATEAUBRIANT

Le clocher isolé de Redon. — L'Abbaye de Saint-Sauveur. — Ruine moyen âge et château Renaissance. — Le boulevard de la Torche. — Françoise de Châteaubriant 293

XXIX. — NANTES

Cathédrale et château ducal. — Les tombeaux de la cathédrale. — Le Bouffay. — Grands hôtels XVIIIe siècle des quais et des îles 302

XXX. — SAINT-NAZAIRE. — GUÉRANDE

Plages de fin de Loire. — Le pays salé. — La grande côte du bourg de Batz. — Le Croisic. — Les remparts de Guérande. — Une noce de paludiers de Saillé 312

LIT BRETON

PIGNON DE LA CATHÉDRALE DE SAINT-POL-DE-LÉON

TABLE DES GRAVURES

	Pages
La tour d'Elven (hors texte)	1
Alignements de Kermario à Carnac	1
Le moulin du Sillon à Saint-Malo	1
Murailles de Vitré au-dessus de la Vilaine	3
Vitré, un morceau des remparts	4
Vitré, carrefour rue Poterie	5
Vitré, la tour Saint-Laurent, vue de l'intérieur du château	7
Vitré, près l'ancienne porte d'En Bas	8
Château de Vitré. Extérieur (hors texte)	9
Vitré, maison rue d'En-Bas	9
Vitré, cour du château	12

V. F. — T. II.   42

TABLE DES GRAVURES

Vitré, le Châtelet, côté de l'intérieur 13
Vitré, manoir de Pierre Landais. 15
Vitré, place du Marchix 16

LE CHATELET A VITRÉ (hors texte). 17

Vitré, la chaire extérieure de Notre-Dame. 17
Vitré, gargouille de l'hôtel Hardy. 19
Vitré, la maison des bustes, rue Baudrairie. 20
Vitré, escalier extérieur rue Baudrairie 21
Vitré, maisons faubourg Saint-Martin. 23
Vitré, une cour rue Notre-Dame. 24

FOUGÈRES, RUE POTERIE (hors texte) 25

Vitré, maison rue Poterie 25
Vitré, Adam et Ève, sculptures rue Notre-Dame 26
Saint-Malo, le Grand-Bey. 26
Fougères, la porte Saint-Sulpice 27
Fougères, le beffroi. 28
Fougères, entrée du château 29
Fougères, la tour du Gobelin et la poterne. 32

FOUGÈRES, LE CHATEAU (hors texte). 33

Fougères, sous les remparts 33
Fougères, les murailles de la ville. 35
Gargouille à Saint-Sulpice. 36
Place du Marché à Combourg 37
L'église de Pontorson. 38
La maison des plaids à Dol 39
Maison à porche dans la Grande-Rue à Dol 40

CHATEAU DE COMBOURG (hors texte). 41

Dol, porche dans la Grande-Rue. 41
Cathédrale de Dol 43
Dol, le grand porche de la cathédrale. 44
Dol, la Grande-Rue. 45
Dol, la promenade des Remparts. 46
Vieil hôtel à Dol 47
Saint-Malo, entrée du château 48

UNE RUE DE SAINT-MALO (hors texte). 49

Le château de Saint-Malo 49
Rue des Orbettes à Saint-Malo. 51
Saint-Malo, tombeau de Chateaubriand. 52
Saint-Malo, le rempart de la porte Notre-Dame. 53

TABLE DES GRAVURES

Le môle de Saint-Malo et le fort de la cité en Saint-Servan 55
Saint-Malo, maison de la duchesse Anne. 56

La tour Solidor a Saint-Servan (*hors texte*) 57

Saint-Malo, une porte rue Mahé-de-la-Bourdonnais. 57
Saint-Malo vu du fort de la cité. 60
Saint-Malo, maison de Duguay-Trouin. 61
Saint-Servan, maisons sous la paroisse 64

Dinan (*hors texte*) 65

Maison ancienne à Saint-Servan 66
Tombeau dans le prieuré de Dinard. 67
Le fort de la Latte au cap Fréhel 69
Porte Saint-Malo à Dinan 70
Dinan, le bas de la rue de Jerzual 72

La tour de l'horloge a Dinan (*hors texte*) 73

Dinan, porte de Jerzual, intérieur. 73
Une place à Dinan 76
Dinan, le donjon de la reine Anne 77
Vieille porte à Dinan 80

Rennes, maisons rue Saint-Guillaume (*hors texte*) 81

Sur la Rance, le chêne vert 81
Carrefour rue du Champ-Dolent à Rennes 82
Rennes, escalier de la cour des Carmes 84
Rennes, tourelle d'escalier rue du Four-du-Chapitre. 85
Rennes, les grands toits de la place des Lices. 88

Eglise Notre-Dame a Lamballe (*hors texte*) 89

Rennes, ancienne église Saint-Yves. 89
Rennes, rue de la Poulaillerie 92
Rennes, porte Mordelaise 93
Rennes, gargouille du Palais de Justice 96

Moncontour (*hors texte*) 97

Porte de Montfort-la-Cane 97
Vieilles maisons à Montfort. 99
La prison à Montfort 100
Lamballe, place de la Croix-aux-Fèves. 101
Vieille maison à Lamballe. 104

Rue Fardel a Saint-Brieuc (*hors texte*) 105

Lamballe, le porche de Saint-Martin 105
Sur le champ de foire, à Lamballe 107

Les murs de Moncontour.	108
Moncontour, clocher de Saint-Mathurin.	109
Une niche à Moncontour.	111
Le vieux moulin à Pleneuf.	112

GRANDE-RUE DE GUINGAMP (*hors texte*) 113

Entrée du port de Dahouet.	113
La tour de Cesson au Légué	115
Saint-Brieuc, pignon rue du Bas-Fardel	116
Cathédrale de Saint-Brieuc.	117
Saint-Brieuc, maison du Saint-Esprit.	120

ENTRÉE DE TRÉGUIER (*hors texte*) 121

Saint-Brieuc, maison du « brigand de Cornouaille ».	121
Rue de la Clouterie à Saint-Brieuc.	123
Fermes bretonnes.	124
Façade latérale de Notre-Dame de Bon-Secours à Guingamp	125
Guingamp, moulins sur le Trieux.	128

PLACE DU MARCHÉ A LANNION (*hors texte*) 129

Fontaine de la Pompe à Guingamp	129
Tréguier, porche de la cathédrale.	131
Maison sur la place de Paimpol.	133
Tréguier, entrée du cloître.	136

PLOUMANACH (*hors texte*) 137

Tréguier, le cloître de la cathédrale.	137
Sur un contrefort de la cathédrale.	139
Maisons devant le port à Lannion.	140
Lannion, maison de bois rue des Capucines.	141
Frise d'une maison de Lannion.	143
La croix de Geoffroy de Pontblanc.	143
Lannion, maison sur la place du marché.	144

MAISONS DEVANT LA HALLE A MORLAIX (*hors texte*) 145

L'église de Brélenevez.	145
Dans le faubourg à Lannion	146
Église Notre-Dame de la Clarté à Ploumanach	147
Tonquedec.	148
Église Saint-Melaine à Morlaix	149
Une façade de la Grande-Rue.	152

INTÉRIEUR DE MAISON A LANTERNE A MORLAIX (*hors texte*) 153

Ancienne porte des Vignes à Morlaix.	153
Maison de la duchesse Anne à Morlaix.	155
Cheminée de la maison de la duchesse Anne.	156

Grande-Rue à Morlaix.	157
La venelle au son à Morlaix	159
Sommet d'escalier, Grande-Rue.	160
Fontaine des Carmelites a Morlaix (*hors texte*).	161
Morlaix, intérieur d'une maison à lanterne	161
Rue des Lavoirs à Morlaix.	164
Sous le viaduc.	167
Galerie supérieure dans la chapelle du Kreisker	168
Stalles de la cathédrale de Saint-Pol	168
Roscoff (*hors texte*)	169
Église de Saint-Jean du Doigt	169
Le château du Taureau	171
Maison à Saint-Pol-de-Léon.	172
Le Kreisker	173
Maison à Saint-Pol	174
Saint-Pol-de-Léon, fontaine Notre-Dame de Gloire.	175
Clocher de Roscoff	176
Calvaire de Guimiliau (*hors texte*).	177
Portique du village de la Martyre	177
Château de Kerouzéré.	178
Arc de triomphe du cimetière de Saint-Thégonnec	180
Calvaire du Saint-Thégonnec.	181
Calvaire de Lampaul.	183
Château de la Roche-Maurice.	184
Le Pont de Landerneau (*hors texte*)	185
Le Folgoet, l'église et le doyenné	185
Le pont de Landerneau.	186
Place du marché à Landerneau,	187
Le moulin de Rohan sur le pont de Landerneau	188
Ancien ossuaire de Saint-Thomas à Landerneau	189
Une place à Landerneau	191
La fontaine du Folgoet	192
Église et Calvaire de Pleyben (*hors texte*)	193
Le jubé du Folgoet.	193
Le château de Brest.	194
Le passage de Kerhuon sous Plougastel	195
Le calvaire de Plougastel	197
Église du faubourg de Châteaulin.	199
Un Carrefour a Quimper (*hors texte*)	201
L'ancien ossuaire de Pleyben.	201

La rue du Lycée à Quimper.	202
Statue du roi Grallon	204
Place de la Cathédrale à Quimper	205
Carrefour du Pichery à Quimper	207
Fronton de la cathédrale de Quimper	208

Porche de l'Église de Pontcroix (*hors texte*) **209**

Église Sainte-Nonna à Penmarch	209
La plage de Douarnenez et l'île Tristan	210
Une rue de Pontcroix.	213
Une ferme de Penmarch.	216

Concarneau (*hors texte*) **217**

Porte du cimetière de Penmarch	217
Une ferme de Penmarch.	220
Clocher de Rosporden.	221
Bords de l'Ellé à Quimperlé	222
La porte et le pont à Concarneau.	224

Porche de Saint-Michel à Quimperlé (*hors texte*) **225**

Concarneau, porte de Lauriec	225
Bords de l'Isole à Quimperlé	228
Quimperlé, la tour de Saint-Michel	229
Quimperlé, ruines de Saint-Colomban.	231
Chapelle Saint-David à Quimperlé.	232

Le Vieux pont de Quimperlé (*hors texte*). **233**

Quimperlé, les hôtels de la rue du Château sur l'Ellé	233
Le château de Pontivy.	235
La halle du Faouet	236
Chapelle Sainte-Barbe au Faouet	237
La rue du Pont à Pontivy	240

Chapelle Saint-Fiacre au Faouet (*hors texte*). **241**

Vieille maison à Guéméné	241
Rue Saint-Nicolas à Josselin	242
Le portail de Saint-Armel à Ploermel	244
Vieux remparts à Ploermel.	245
Maison renaissance à Ploermel.	246
Une petite place à Ploermel	247
Ploermel, carrefour derrière l'hôtel du duc de Mercœur	248

Le château de Josselin (*hors texte*) **249**

Josselin, portail de Notre-Dame du Roncier	249
La Grande-Rue à Josselin.	251
L'oratoire du Connétable à Josselin	252

Maison de la rue Saint-Michel à Josselin.	255
Josselin, petite rue sous le château	256

FAÇADE INTÉRIEURE DU CHATEAU DE JOSSELIN (*hors texte*) 257

Porche de l'église Saint-Gille à Malestroit	257
Malestroit, chapelle de la Madeleine.	260
La place Henri IV à Vannes	261
La porte poterne à Vannes	263
La porte prison à Vannes	264

LES REMPARTS DE VANNES (*hors texte*). 265

Vannes, carrefour Saint-Guenhael.	265
Vannes, maisons devant Saint-Patern	267
Place du Poids-Public à Vannes.	268
Maisons rue du Port à Vannes	269
Sur la place des Lices à Vannes.	270
Vannes et sa femme, sculptures grotesques rue Noé.	271
Le port d'Auray	272

ENTRÉE DE LA GRANDE PLACE A MALESTROIT (*hors texte*) 273

Halle et hôtel de ville d'Auray	273
Gargouille de Saint-Gildas à Auray	274
Église de Carnac	277
La table des Marchands à Locmariaker	280

FAUBOURG SAINT-GOUSTAN A AURAY (*hors texte*) . . . 281

La table de la Fée, à Locmariaker.	281
Maisons près de l'église à Hennebont	284
Notre-Dame de Paradis à Hennebont	285
Le puits ferré à Hennebont	287
Rue Portenbas à Hennebont	288

LE CLOCHER ISOLÉ DE REDON (*hors texte*). . . . 289

Vieille porte à Hennebont	289
Une ruelle à Hennebont	292
Tours du château neuf à Châteaubriant	293
Clocher central de Saint-Sauveur de Redon.	294

INTÉRIEUR DU CHATEAU DE CHATEAUBRIANT (*hors texte*) . . . 297

Boulevard de la Torche à Châteaubriant	297
Carrefour Grande-Rue et rue du Pélican à Châteaubriant	300
Châteaubriant, un pavillon du Château Neuf	301
Nantes, l'archevêché derrière la cathédrale.	303
Maison de la Psalette à Nantes	304
Sommet d'escalier de la Psalette à Nantes	305
Vieilles maisons place du Bouffay à Nantes.	308

TABLE DES GRAVURES

Cour d'une maison de l'île Feydeau à Nantes 309
Saint-Nazaire 312

LE GRAND LOGIS AU CHATEAU DE NANTES (*hors texte*) 313

Les marais salants du bourg de Batz 313
L'église du Croisic 315
Vieil hôtel au Croisic 316
Le manoir de Kerbodu au Croisic 317
Place de l'Eglise à Piriac 320

PORT SAINT-MICHEL A GUÉRANDE (*hors texte*) 321

La chaire extérieure de Saint-Aubin à Guérande 321
Paludier de Saillé 323
Eglise de Perros-Guirec 325
Lit breton 326
Pignon de la cathédrale de Saint-Pol-de-Léon 327
Locmariaker 328

LOCMARIAKER

www.ingramcontent.com/pod-product-compliance
Lightning Source LLC
Chambersburg PA
CBHW050538170426
43201CB00011B/1480